JN095408

Modern Buddhist Studies

近代仏教スタディーズ 増補改訂

仏教からみたもうひとつの近代

大谷栄一・吉永進一・近藤俊太郎＊編

法藏館

増補改訂 近代仏教スタディーズ

目次

はじめに

二〇一五年夏、こんな光景をみた。場所はドイツのとある町、高架駅の下に入っていたファンシーグッズの店である。その一角に、仏像が置いてあったのである。豚の貯金箱やらキティちゃんを売っている店の真ん中に、掌にのるような小さな仏像が山と積んであり、その横には、机の上で楽しむミニ石庭セットがこれまた積まれていた。

仏教がもはやアジアだけのものではないとよく言われている。現在、欧米で仏教はブームというよりいまや定着したかのようにみえる。アップル社を創立したスティーブ・ジョブズが亡くなったとき、その禅の師匠だった鈴木俊隆が脚光を浴びたことは記憶に新しい。しかし、もはや、ジョブズのような東洋マニアだけの特権的なものでもなく、キティちゃんの横で、数ユーロで売買されるものとなっているのである。

これほどに仏教がグローバル化し、一般化したのは、日本仏教だけの力による、とは言えない。それでも、やはり日本仏教の力は大きい。たとえば、ファンシーグッズ屋の仏像は、ストレス軽減といった意味合いを込めて売られていた。これは現在、仏教由来のマインドフルネス瞑想が心理療法として欧米で手堅い人気を集めているからであるが、そうした瞑想法が欧米で受容されるにいたったのは、すでに禅が一九五〇年代から流行していたからである。そして、その禅ブームを起こした人物が、じつは、日本人の鈴木大拙だったのである。欧米人が実践的に共感できるテキストを書いたのは、彼の功績である。しかし、大拙の仏教思想は、彼一人で作り上げたというよりは、明治二〇年代、三〇年代の日本で、欧米の思想や文化を吸収した青年仏教徒たち（大拙もその一人だった）の議論を通じて練磨されたものであった。このように考えると、日本仏教の国際化と近代化は連動して進んできた――そう考えることもできる。

ドイツの話はさておいて、ここからは本題の日本仏教の話である。ここで、「近代」とか「近代化」という言葉に、何だよと思われた人もいるかもしれない。「仏教みたいな古くさいものに、近代なんてハイカラなものがあるの？」などの声も聞こえてきそうである。たしかに仏教に近代なんて変である。しかし、それが結びつくのだから近代仏教はおもしろい。

百聞は一見に如かず、まずは本書二八八頁を開けて、建築家の伊東忠太がデザインした築地本願寺の写真をみていただきたい。インド風、しかしインドには実在しないインド風の建築物である。たぶん、近代仏教のハイカラ感を理解していただくには最良のサンプルだろう。

あるいはこう考えてもいい。いま急に仏教に興味を抱いたとして、その時、あなたはまずどこに行くだろうか？ 自分の檀那（だんな）寺の住職に相談に行く人はまずいないだろう。まずは図書館、あるいは巨大書店の宗教の棚をみるのではないだろうか。そこで最初に手に取る本は、たとえば五木寛之の著書であったりするかもしれない。あるいは、さらに詳しい知識を求めていたら、とりあえず大学教授の肩書きのある執筆者の書いたものを探すだろう。そして、それらの仏教書で得心すれば、寺に参拝することもないかもしれない。読書だけで完結する仏教、居士（こじ）仏教者の著作、大学という権威。こうした形の仏教というのは、やはり明治以降になって形成された仏教としか言いようがないだろう。

ご存じのように、近代、つまり明治維新から太平洋戦争の終結までの間に、日本は大きく変わった。西洋文明を受け入れ、憲法と国会と天皇制をつくり、産業を興し、アジアを侵略し、植民地を支配し、戦争を続けていた時期である。医学は漢方から西洋医学になり、自然科学と技術が教育の重要な柱になり、漢文の素養が不要になり、実用的な外国語として英語が重視されるようになった。つまり近代は、現代日本の社会、経済、生活の基盤をつくった時代ということになる。仏教も変化する時代のなかで生き残るためには近代化せざるをえなかった。しかも、決して下手ではなかったのである。

明治維新後まもなく、東本願寺（真宗大谷派）は大谷光瑩（おおたにこうえい）をヨーロッパに派遣し、西本願寺（真宗本願寺派）は赤松（あかまつ）

連城、島地黙雷、北畠道龍などをやはりヨーロッパに送っている。日本仏教は、西洋文明の到来を座して待つのではなく、むしろみずから西洋へ打って出たわけである。そうした教団トップ層の欧州視察に続いては、優秀な若者を東京大学に留学させ、あるいは欧州、インドなどへ送りだしている。そして、明治一八（一八八五）年には、西本願寺が京都に普通教校（現在の龍谷大学）という一般科目を重視した学校を開設している。明治政府には遅れたものの、明治初めに廃仏毀釈などの逆風が吹いていたことを考えれば、仏教のスタートダッシュはなかなか鮮やかなものであった。

現代まで続く近代仏教なるものの特徴が現れるのは、意外に早い。おおよそ明治一〇年代後半から明治三〇年代はじめ頃には形をなしている。その頃現れた近代仏教の基本的特徴をまとめてみると次のようになる。

一つめの特徴は大学制度の創設と学術の発展である。明治一〇年代後半、東本願寺の僧侶で東京大学に学んだ井上円了が仏教論を次々に執筆している。円了は仏教が哲学的であると弁護し、当時ハイカラなキリスト教こそ迷信的だと批判する。仏教は（新宗教や迷信とちがって）合理的、哲学的、学術的であるべきだという前提は、彼が近代仏教にもたらした「お約束」と言っていい。もちろん仏教の近代には、逆に霊能や奇跡の世界を開いていく人々もあり、あるいはより民衆的な運動もあったのだが、円了以降、西洋の学術を修めた知識人たちが中心になっていった。そうした知識人仏教徒が寺院の代わりに依拠した場のひとつが、大学である。円了は哲学館（現在の東洋大学）を開き、他の仏教各派も大学を設置していく。大学が進歩的、国際的な仏教者の拠点となり、時には宗門との闘争基地になることもある。あるいは、大学でなければ、会館や会堂といった建物を自前で建設することもある。近角常観が東京の本郷に建てた求道会館は、その好例である。

二つめの特徴はメディアの拡大である。明治二〇年前後、日本各地に仏教結社が誕生し、それぞれが定期刊行物を発行していた時期がある。仏教雑誌が爆発的に増えたのだが、短命で終わったものも少なくなかった。明治三〇年代には、清沢満之とその門下による精神主義と仏教清徒同志会の新仏教運動という、仏教革新運動では並び称される二大運動が起こっているが、とくに新仏教運動はメディアの活用という点で興味深い運動であった。というのは、新仏教運動は会館のような拠点を持つことなく終わったのである。雑誌『新仏教』への執筆、編集、発行が、彼らの活動の大半を占めていた。雑誌というメディアが、発信者（執筆者）と受信者（読者）をつなぎ、寺院に代わる社会空間を構成した。

そして、三つめの特徴は、国際化の進展である。日本（とくに京都）ローカルの仏教運動が、世界的な仏教運動につながったのもかなり早い。明治二一年には、普通教校の有志たちが英語仏教誌 *Bijou of Asia*（亜細亜之宝珠）を創刊し、海外宣教会という伝道団体を結成している。この仏教雑誌への海外からの反響は小さくなかった。じつは、一九世紀末にかけて、仏教は欧米で最初の流行をみており、海外宣教会よりもやや早く、アメリカでは最初の仏教雑誌も創刊されている。これらの日米の仏教雑誌とインドや欧米の仏教雑誌、神智学雑誌などが、お互いに手紙と出版物を交換しあい、時には記事も共有している。さらに、海外宣教会は、ロンドンにも支部を置き、チャールズ・フォンデスがヨーロッパで最初の仏教伝道も行っていた。維新からわずか二十数年で、世界中の仏教徒をつなぐネットワークが誕生し、日本の仏教徒がその中心のひとつであったということは、仏教がいかに「ハイカラ」であったかを証明していよう。

あるいは、明治二二年に神智学協会会長オルコットの来日を実現させた京都の英語教師、平井金三（ひらいきんざ）がいる。彼は、臨済宗で得度したうえで明治二五年に渡米し、アメリカで最初の日本仏教の講演活動を行っている。明治二六年のシカゴ万国宗教会議での彼の英語演説は大絶賛を浴びた。彼の活動はアメリカに大きな足跡を残すことはなかったが、その後の釈宗演（しゃくそうえん）、千崎如幻（せんざきにょげん）、佐々木指月（ささきしげつ）から鈴木大拙まで続く、禅のグローバル化の出発点は彼の明治二五年の渡米にあったのである。

以上の大学制度の創設、メディアの拡大、国際化の進展の三点を、思い切り大雑把に括ってしまえば、仏教の近代化とは、仏教が（日本の）寺院から出て行く過程だと言ってもいい。あるいは、私たちが仏教の知識を求めるときに、なぜ寺院に行かずに、図書館へ行くようになったのか、さらにあるいは、なぜドイツの町で仏像がたたき売りされるにいたったかという過程でもある。その間の歴史は、仏教という言葉から連想するような、静かで落ち着いた悟りすました姿ではなく、時にはばかばかしく、時には沈痛で、時にはあやまち、時には洞察力にあふれ、大谷光瑞から宮沢賢治まででさまざまな「濃い」キャラの絡まりあうダイナミックな歴史なのである。だから、近代仏教はおもしろい。

しかもまだ、研究は進行中である。たとえてみれば、本書は、近代仏教史という迷宮都市の最新のガイドブックである。ただし、ようやく市街地の全貌らしきものがみえてきたところだろうか。次々と新しい資料が発掘され、年々、地図は書き換えられている。今まで大通りだと思っていたところが来年には閉鎖されているかもしれない。境界線はどんどん拡大し、絶対ありえないと思っていた場所に横道がみつかったりする。そういうわけで、本書は決定版でもないし、出口も書いてない。しかし、読者のみなさんが迷宮の散歩を楽しめるようにつくったつもりである。ぜひ本書を活用して路地の奥まで入り込み、近代史を仏教の側から路上観察していただきたい。どうかよき旅を!

（吉永進一）

第1章 「近代仏教」とは何か？

「ブッディズム(Buddhism)」とは、近代の西洋で創られた概念である。日本語の「仏教」も明治時代から新たに用いられるようになった。「近代」と「仏教」の奥深い関係から、「近代仏教」の特徴をとらえることにしよう！

「近代仏教」を定義する

創られた「仏教（Buddhism）」

「近代仏教（Modern Buddhism）」とは一九世紀以降、日本を含むアジア、欧米の世界中に現れた仏教の近代的形態を意味する。ただし、アジアでは伝統思想である仏教が再編され、西洋では新たに移入されたという違いがある。アジアの近代仏教の展開を考える際には、植民地主義への視点が欠かせない。なぜならば、アジアの近代（Modern）のはじまりは、一九世紀に西洋諸国がその圧倒的な軍事力によってアジア諸地域に進出し、植民地化を図ったウエスタン・インパクト（西洋の衝撃）をきっかけとするからである。

そもそも、「ブッディズム（Buddhism）」という言葉自体が近代以前には存在しなかった。それは、近代の西洋世界で創られた概念なのである。もちろん、歴史上の人物である釈迦牟尼世尊（しゃかむにせそん）（釈尊、ブッダ。紀元前七世紀〜五世紀の間に現在のネパール・ルンビニに生誕）の教えを源流とし、古代以来、アジア各地で継承されてきた経典や儀礼、僧伽（サンガ）は存在した。現代では仏教はアジアのみならず、世界中に広まり、グローバル化している。しかし、今の私たちが当たり前のように話す「仏教（Buddhism）」という言葉は、近代になって新たに創り出されたものである。

では、どのように創られたのか？　宗教学・宗教哲学を専門とするフィリップ・アーモンド（Philip C. Almond）によれば、「仏教」は一九世紀前半に西洋で「発見」された（参考文献は巻末を参照のこと）。ただし、仏教に関する情報の断片は早くからキリスト教世界に伝わっていたという。たとえば、「バルラーム（Barlaam）とヨサファト（Josaphat）」の伝説がある。これはキリスト教に取り込まれたブッダ伝説で、一一世紀以降の西洋中世に広く普及した。インドの王子・ヨサファトが聖者バルラームの導きによってキリスト教に改宗するという宗教物語である。Josaphat はアラビア語の Yudisatf に由来し、サンスクリット語の Bodhisattva（菩薩＝悟りを開く前の釈尊）の変形である。

その後、一三世紀から一八世紀にかけては、アジアを訪れた商人で冒険家のマルコ・ポーロ（Marco Polo, 1254～1324）やドミニコ会、イエズス会などのカトリックの修道会の宣教師らによって仏教が西洋に伝えられた。ちなみに、日本に初めてキリスト教を伝えたフランシスコ・ザビエル（Francisco Xavier, 1506～1552）が鹿児島に上陸するのが、天文一八（一五四九）年のことである。ザビエルは日本の仏教と出会った。

こうした前史があるものの、仏教が西洋に本格的に受容されるのは、一九世紀前半を待たなければならなかった。「Buddha」「Buddoo」「Boudha」「Boudhou」という言葉が英語圏やフランス語圏で普及し、「Buddhism」という言葉が英語の学会誌に登場するのが、この時期である。一八世紀末から東洋学が発展し、仏教学が形成されるなかで「ブッダ」や「仏教」が学問的な対象として整備されることで、仏教に関する認識が深められ、仏教が「発見」されるのである。ただし、当時はブッダのアフリカ起源説やブッダ二人説（原始的な偶像と歴史上の人物）など、さまざまなイメージが錯綜していたのも事実である。

こうして近代の西洋世界に仏教が伝わった背景には、アジアにおけるイギリスやフランスの植民地主義的な進出が

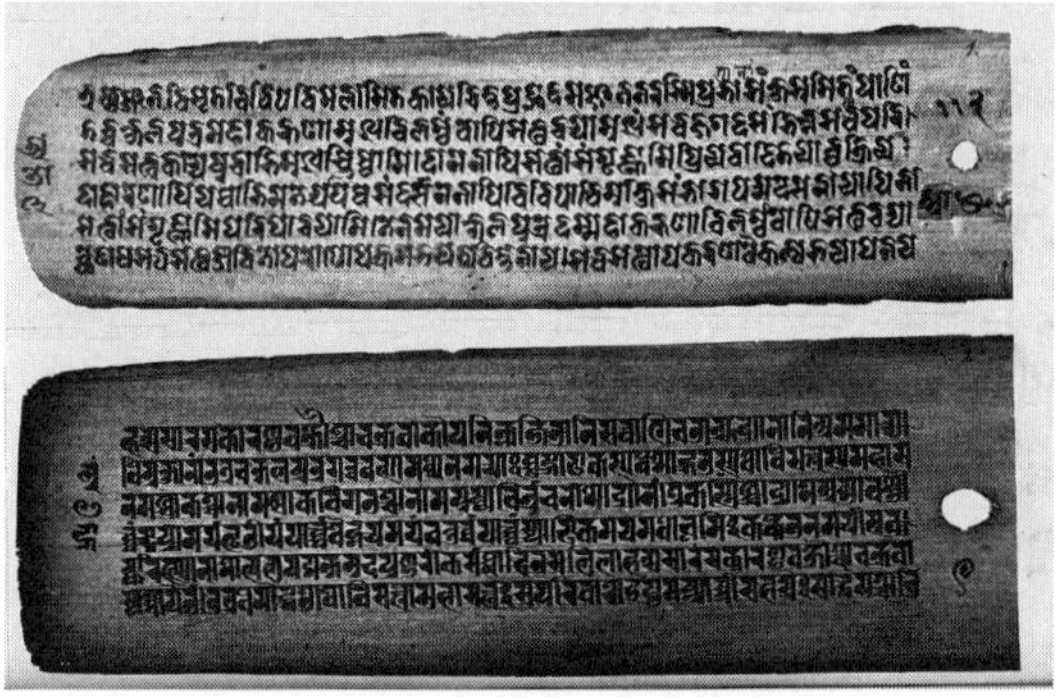

写真１　ホジソンがネパールからもたらしたサンスクリット語の仏典の写本

出典：*Catalogue of Buddhist Sanskrit manuscripts in the possession of the Royal Asiatic Society* (Hodgson Collection), Hertford : Stephen Austin & Sons, 1876?

あった。たとえば、ネパールから仏典の写本を西洋にもたらしたイギリスのネパール公使のブライアン・H・ホジソン（Brian Houghton Hodgson, 1800~1884）は、イギリス東インド会社（東洋貿易を独占し、インドの植民地経営にあたったイギリスの会社）の社員であり、『仏教のスケッチ――ネパールの仏典から』（一八二八年）などの著作がある。このように、ホジソンの仏教研究は大英帝国の植民地政策と不可分のものであった。

いわば、当時のアジア（ただし、インドを除く）に実態としては存在したものの、概念としては存在していなかった「仏教」は、西洋の植民地主義とオリエンタリズム（東洋に対する西洋のゆがんだ見方）にねざした西洋人の東洋学者によって生み出されたのである。つまり、「仏教」概念は近代の所産なのである。

「近代仏教」のさまざまな特徴

では、こうした「近代仏教」の特徴をどのようにとらえればよいのだろうか。たとえば、アメリカの仏教学者、チベット学者のドナルド・ロペス（Donald S. Lopez, Jr.）は、伝統仏教（Classical Buddhism）と近代仏教（Modern Buddhism）の違いについて図1のようにまとめている。

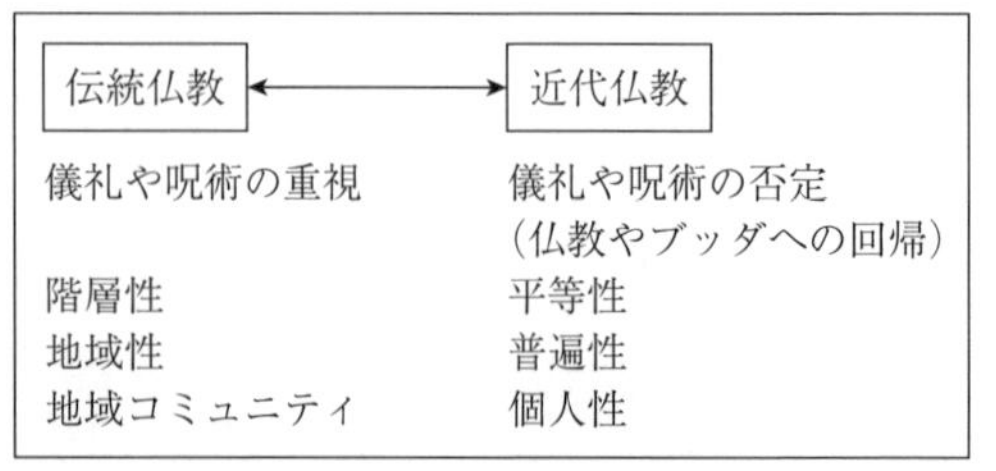

図1　伝統仏教と近代仏教の比較

出典：Donald S. Lopez, Jr., “Introduction” in Lopez (ed.), *A Modern Buddhist Bible: Essential Readings from East and West*, Beacon Press Books, 2002, p. ivより作成。一部加筆

すなわち、近代仏教は儀礼や呪術を否定し、もともとの仏教やブッダそのものに回帰することを強調し、平等性、普遍性、個人性を重視する仏教のあり方である、と述べる。それは、合理的・理知的な仏教のイメージである。

また、「仏教とモダニズム」の関係、南アジア仏教を研究するデヴィッド・マクマハン（David L. McMahan）は、

「近代仏教」という概念に代えて、「仏教モダニズム（Buddhist Modernism）」という概念を用いる。それは、ヨーロッパの啓蒙主義や科学的合理主義、ロマン主義、プロテスタンティズム、心理学、社会思想や政治思想という近代的な諸思想と結びついて形成されたものであり、西洋近代の影響を受けて成立したハイブリッド（異種混淆的）な宗教的・文化的形態であるという。

写真２　1970年代初頭の新潟県山古志村での葬式
出典：萩原秀三郎・須藤功『日本宗教民俗図典２　葬送と供養』法藏館、1985年

　しかし、ロペスとマクマハンの「近代仏教」「仏教モダニズム」概念は一面的である。そう指摘するのは、仏教学者の末木文美士（すえきふみひこ）である。末木によれば、日本の近代仏教は二人が示した近代仏教の一方に、「葬式仏教」と呼ばれるあり方が近代以降、今日まで存在している。近代の葬式仏教は前近代の遺物ではなく、近代になってから再編成された近代仏教の別の側面であるという。

　ロペスとマクマハンの「伝統仏教／近代仏教」図式では、近代仏教が近代化した仏教の形態としてとらえられているが、末木の「葬式仏教／近代仏教」図式では、両者が近代化された仏教の形態として把握されているのである。私も末木の意見に賛同するが、末木の図式をさらに拡張する必要があると考える。

日本の近代仏教の特徴とは？

「宗教」と「仏教」

日本における「仏教」概念の成立もまた、近代の出来事だった。「仏教」という言葉の使用は明治時代にはじまり、それ以前の千余年間は「仏法」や「仏道」と呼ばれていた。仏教学者の三枝充悳によれば、近代日本で「仏教」の語が浸透したことで、一九世紀末からは漢字文化圏一般にこの言葉が普及した。それと同時に、英語の「religion」の訳語として、「宗教」が転用されると、そのなかに「仏教」が含まれるようになったという。

近代日本における「仏教」概念の形成を考える時、「近代と仏教」をつなぐのが「宗教」概念である。「宗教」という言葉もまた、（前近代から言葉自体はあったが）近代になってから現在の意味で用いられるようになった。近代日本の「宗教」概念の成立と定着については、鈴木範久、山口輝臣、磯前順一、星野靖二らの研究がある。ここでは、宗教学者の磯前の研究に依拠しながら、「宗教」と「仏教」の関係について考えてみよう。

磯前は、「宗教」という言葉が明治初期の「レリジョン（religion）」の訳語となったことをきっかけに、諸宗教を包括する意味をもつようになったと指摘する。ただし、「宗教」に統一される以前のレリジョンの訳語には、「宗旨」のようなプラクティス的な意味（儀礼のような非言語的な慣習行為）を強く含むものと、「教法」のようにビリーフ（教義・信条のような概念化された信念体系）を中心とするものの二つの系統があった。近代以前の日本ではプラクティス（practice）的な用法が一般的で、ビリーフ（belief）の使用は知識人層に限られていたが、明治一〇年代にレリジョンが後者の「宗教」に統一されていったという。さらに、西洋のレリジョン概念の中核には、キリスト教（とくにプロテスタンティズム）の影響があり、個人の信仰を基調とし、儀礼的要素を排したビリーフ中心主義の特徴があることを指摘している。

こうした「宗教」概念の成立にともなって、「仏教」概念も成立したのである。近代以降の「仏教」概念には「宗教」概念にみられるビリーフ中心主義が反映されており、それは"Buddhism"という西洋近代的な宗教概念である、と磯前は述べる。

じつは、先にみたロペスやマクマハンの「近代仏教」「仏教モダニズム」概念は、まさに磯前の言う西洋近代的な宗教概念に近いことが理解できるだろう。ただし、近代以降の日本仏教すべてがビリーフ中心主義なのではない。近代末木が指摘するように、プラクティス重視の葬式仏教もあり、日本の近代仏教の重層性を見極めることが必要となる。

日本の近代仏教の類型図

ここで、宗教社会学者の西山茂が提示した図式を参照してみたい。西山は、日本の民俗仏教との関連から、日本の近代仏教の成層構造を図2のように示した。

西山によれば、日本の近代仏教は上（①）からみれば、仏教であるが、下（②③）からみると、民俗仏教であるという。これまでの議論と突き合わせると、①がビリーフ、②③がプラクティスに当てはまることが理解いただけるであろう。

ここで私は、磯前が示したビリーフ／プラクティスの分析概念と、出家／在家という近代仏教の担い手の区別を分析軸にして、それに西山の研究を重ねることで、図3のような類型図を作成し、日本の近代仏教の重層性を示したい

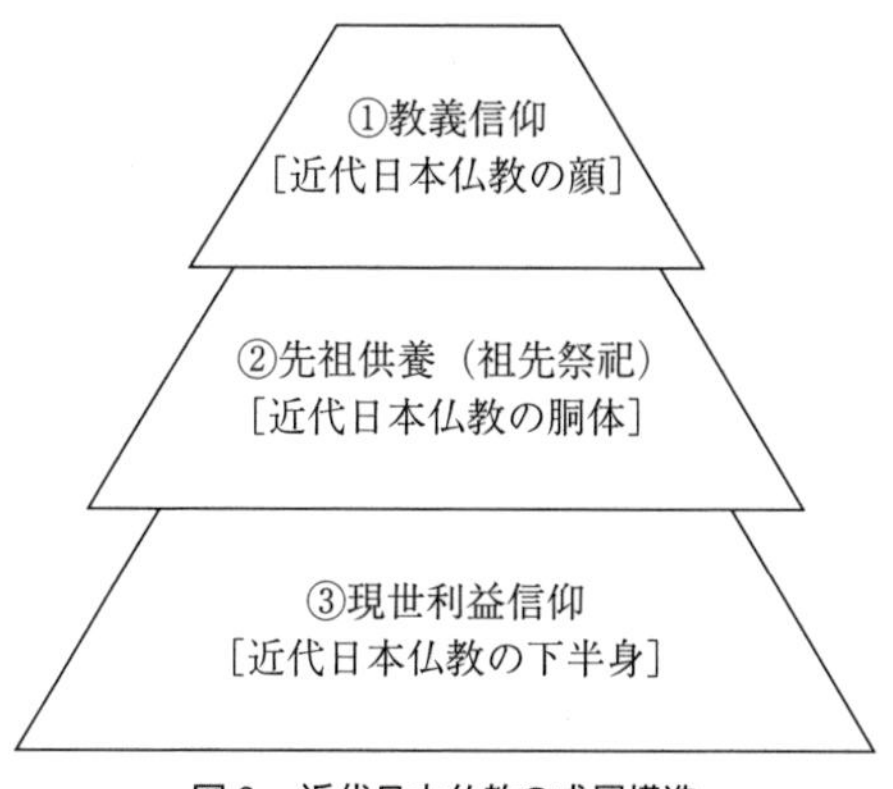

図2　近代日本仏教の成層構造

出典：西山茂「近代仏教研究の宗教社会学的諸課題」『近代仏教』5号、1988年、8頁をもとに作成

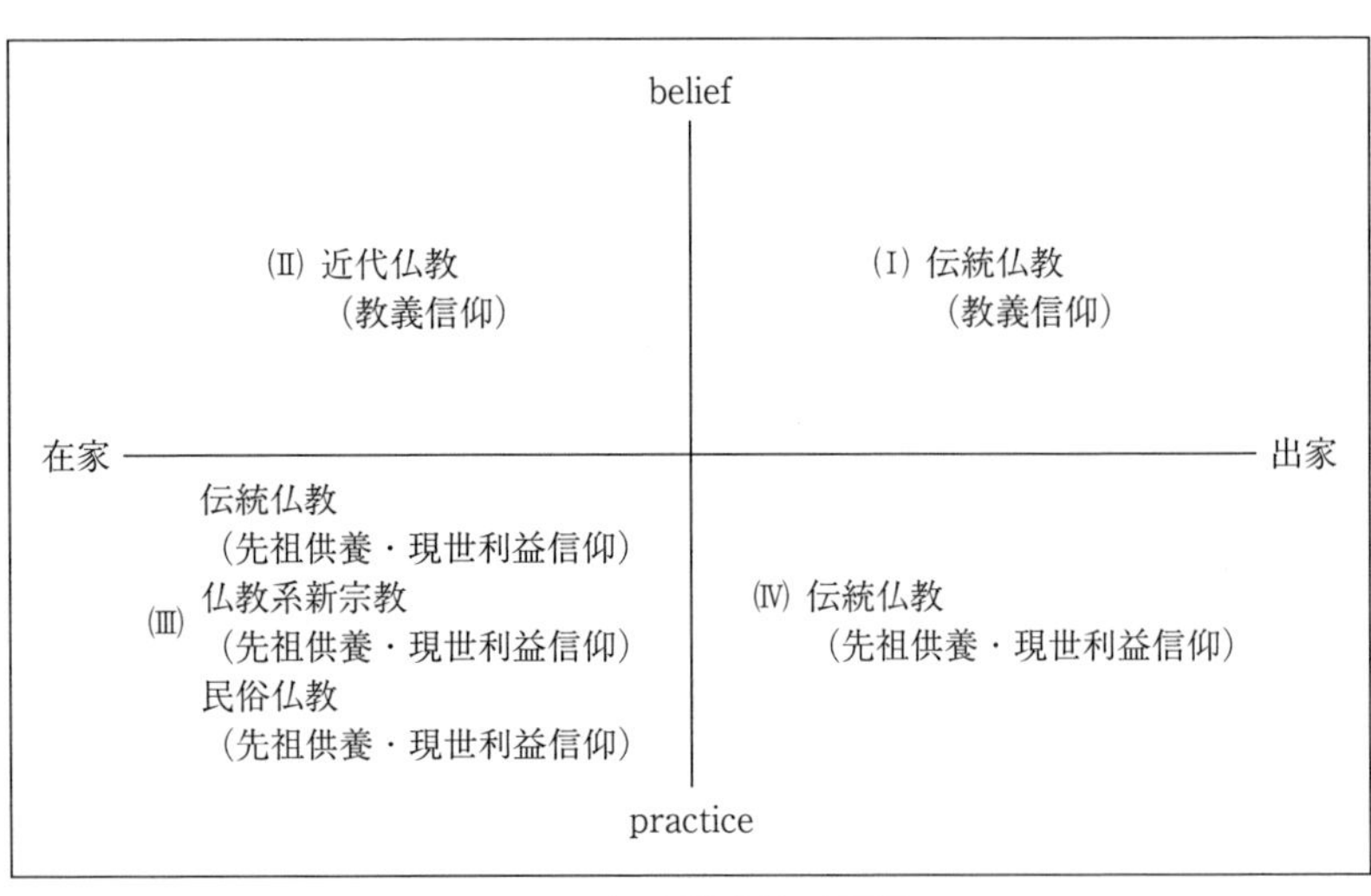

図3　日本の近代仏教の類型図

出典：大谷栄一『近代仏教という視座』ぺりかん社、2012年、20頁。一部修正

と思う。

これら四象限すべては日本仏教の近代化によって成立した近代仏教であり、これらすべてを「広義の近代仏教」と規定する。このうち、（Ⅱ）はこれまで述べてきたビリーフ中心主義的で西洋近代的な宗教概念にねざした近代仏教観が顕著に示されているため、これを「狭義の近代仏教」と規定しておこう。

このように把握することで、ややもすれば、混乱しがちな日本の近代仏教に対するとらえ方を整理できるのではないかと考える。

たとえば、この類型図に即して考えると、ロペスとマクマハンの「近代仏教」「仏教モダニズム」は、（Ⅰ）と（Ⅱ）に相当し、末木の言う「葬式仏教」は（Ⅲ）と（Ⅳ）に当てはまる。また、出家者からなる伝統仏教と在家者に担われる在家仏教を区別することで、（Ⅰ）と（Ⅱ）、（Ⅲ）と（Ⅳ）の違いも明確になる。さらに細かくみると、在家者を担い手とし、プラクティス重視の（Ⅲ）は、浄土系の念仏講や日蓮宗の題目講のような伝統仏教、本門佛立講のような仏教系新宗教、葬送儀礼や山岳信仰のような民俗仏教にわかれ、これらを区別してとらえることが必要である。

じつは、これまでの日本近代仏教史研究では（Ⅰ）と（Ⅱ）に当てはまる仏教者たちの仏教改革的な思想や運動が中心的に研究されてきた（ただし、（Ⅰ）には教団の保守的な宗政家も含まれる）。たとえば、真宗大谷派の僧侶で仏教哲学者の清沢満之とその門下生たちに代表される（Ⅰ）のビリーフ重視の出家者と、新仏教徒同志会の境野黄洋や高嶋米峰らに代表される（Ⅱ）のビリーフ重視の在家者（還俗者を含む）が取り上げられてきた。それに対して、（Ⅲ）や（Ⅳ）は日本近代仏教史研究では積極的に主題化されることなく、おもに民俗学や新宗教研究で研究が行われるという研究領域の棲み分けがなされてきた。その意味では研究に偏りがあり、その傾向は今でも続いていると言えよう。日本の近代仏教の重層性を把握するためには、すべての象限を分析するとともに、各象限相互の関係性もとらえなおすことが求められる。

ただし、この類型図については、近年、さまざまな批判が寄せられている。明治五年の肉食妻帯蓄髪の解禁（第2章参照）によって、僧侶の俗人化がなされた結果、日本には出家者が存在しないので、出家／在家の区分は無効である、プラクティスには儀礼以外の要素も含まれるなどの批判があり、検討すべき課題が多い。

「仏教の近代化」とは？

仏教の近代化の指標

本章冒頭で、「近代仏教」を一九世紀以降、世界中に現れた仏教の近代的形態であると定義した。近代仏教の成立と展開を考える時、仏教の近代化をどのように把握するのかが重要な課題となる。

では、日本における仏教の近代化にはどのような特徴があるのだろうか。その指標を試みに描き出してみよう。

まず、そもそも「仏教」という概念が近代になって成立したことは繰り返し述べた。こうした認識図式も含めて、西洋文化やキリスト教などの西洋近代の影響による西洋化という特徴がある。西洋化を指標のひとつとして挙げることができよう。これは、前節の（Ⅰ）と（Ⅱ）によく当てはまる。

西洋化と密接に関連するが、仏教学という学問の成立にみられる学問化も重要な指標のひとつである。仏教の文献学的な研究は、西洋近代における東洋学や仏教学の形成によって着手されるが、日本の若い僧侶たちは西洋に留学し、そうした手法を学び、習得することで西洋の仏教学を日本に持ち帰った。たとえば、真宗大谷派の南条文雄（なんじょうぶんゆう）（一八四九～一九二七）と笠原研寿（かさはらけんじゅ）（一八五二～一八八三）は宗門から命じられ、明治九（一八七六）年に渡英し、オックスフォード大学のマックス・ミュラー（Friedrich Max Müller, 1823~1900）のもとでサンスクリット語と文献学を学んだ。南条は帰国後、東京帝国大学文科大学（現在の東京大学文学部）で梵語学の嘱託講師となった。

このように西洋で仏教学を学び、帰国後、日本の大学（帝国大学や宗門系大学）に着任し、寺院の子弟たちに仏教学を講じるというパターンはその後も続き、現在にまでいたる。

　次に、従来の日本近代仏教史研究における有名な指標を紹介しよう。吉田久一の「近代仏教成立の指標点」である。吉田は、この研究分野の開拓者のひとりであり、日本の近代仏教研究の礎を築いた先駆者でもある。吉田は、二〇世紀初頭の日本社会における清沢満之の精神主義と境野黄洋、高嶋米峰らの新仏教運動を、「近代仏教成立の指標点」と評価する。精神主義は人間精神の内面に沈潜することで近代的な信仰を打ち立てようとし、新仏教は積極的に社会に近づくことで近代仏教の資格を得ようとしたと指摘する。つまり、私的領域における個人的な内面的信仰の確立（個人化）と、公的領域における社会活動の展開（社会化）が「指標点」であるという。これらは現在でも有効な指標である。

写真3　マックス・ミュラー・南条文雄・笠原研寿

出典：高取正男・赤井達郎・藤井学編『国民仏教への道』図説 日本仏教史３巻、法藏館、1981年

　ただし、付け加えることがある。公的領域における仏教徒の活動は、仏教社会事業（現在の仏教福祉事業）のような社会活動にとどまらず、反戦・平和運動のような社会運動や仏教徒の政治参加のような政治活動にも及ぶ。こうした社会運動や政治活動の理念を提供したり、参加者の動機づけを図ったのが、政治的イデオロギーである。前述のマクマハンの指摘にあるように、近代的な社会思想や政治思想との結びつきが近代仏教にはみられる。たとえば、日蓮主義を創唱した国柱会の田中智学（一八六一～一九三九）は、日露戦争前夜から、仏教的な国体論（日本国体学）を訴え、大正時代には自ら衆議院議員選挙に立候補している（結果は落選）。智学には仏教とナショナリズムの結びつきがみられ、こうした仏教ナショナリズム思想は、スリランカのアナガーリカ・ダルマパーラ（Anagarika Dharmapala, 1864～1933）にも共通し、アジア全域にみられる。

　このように、近代仏教思想と政治的イデオロギーの結合という政治化も日本仏教の近代化の指標のひとつである。

新宗教、民俗、教団制度

以上の指標は（Ⅰ）と（Ⅱ）を中心とするものであり、（Ⅲ）や（Ⅳ）に関する指標が欠落している。そこで、（Ⅲ）と（Ⅳ）に関連する指標を挙げてみよう。

（Ⅲ）の仏教系新宗教の成立自体が仏教の近代化の表れであるが、同じ（Ⅲ）の民俗仏教の近代化を考えるには、安丸良夫の研究が参考になる。明治初期の神仏分離・廃仏毀釈によって、民俗仏教は大きな変容を被った。たとえば、修験道は明治初期の神仏分離と修験道の禁止政策によって最も影響を受けたプラクティス（儀礼）重視の宗教である。信仰の内実が失われたり、還俗して農民となったり、神官となる修験者もいた。また、江戸時代までの本山派・羽黒派は天台宗に、当山派は真言宗に所属することになった（戦後に独立）。このように、近世までの伝統が近代になって再編された。安丸によれば、こうした事態は民俗的なものの抑圧や編成替えを意味する。この民俗の再編が民俗仏教の近代化の指標になる。

また、（Ⅰ）と（Ⅳ）の伝統仏教に関わる問題として、教団制度の近代化の問題がある。神仏分離・廃仏毀釈以降、仏教界は明治政府による神道国教化政策と、その挫折による教導職制と大教院体制のなかで生き残りを図っていく。とくに明治一七年の太政官布達第一九号による教導職制の廃止によって、各伝統教団は宗制寺法にもとづく近代的な「自治」的教団を作り上げていくことになる。それにともない、各宗派立の僧侶養成の学校が設立されていった。こうした教団制度の形成（制度化）は、伝統仏教の近代化の指標となる。

（Ⅲ）と（Ⅳ）の先祖供養にみられる「先祖」観も、近代になって編成されたことはよく知られている。たとえば、民俗学者の櫻井徳太郎が提示した「直接経験的具象的先祖観」「間接経験的観念的先祖観」「イデオロギー的抽象的先祖観」という三種類の祖先観のうち、イデオロギー的祖先観に注目したのが、社会学者の森岡清美である。森岡は、それを「祖先教」という言葉を用いて表現している。この言葉自体は、法学者の穂積八束（一八六〇～一九一二）が用いたものである。近代日本の国家権力は民衆にこの祖先教を指し示し、実践することを迫ったのであり、祖先教は祖先を介して家と国を結びつける信念体系だったという。この祖先教によって、伝統教団の教説（ビリーフ）も牽制された。先祖観（とそれにともなう先祖供養と葬送儀礼）の編成は（Ⅲ）、（Ⅳ）にとどまらず、（Ⅰ）にも影響を与える問題であり、この先祖観と先祖供養の編成も指標となる。

グローバル化と植民地主義

さらには、グローバル化と植民地主義も指標に加える必要があるだろう。これらは、すべての象限に関わる指標である。

第3章第1節の「グローバルに展開する」に明らかなように、近代日本の仏教徒や仏教教団は一八九三年のアメリカ・シカゴでの万国宗教会議への参加、ハワイや北南米、台湾や朝鮮への海外布教、中央アジアへの探検、欧米への留学など、明治時代からグローバルな展開を図ってきた。また、欧米の仏教徒との交流もあり、こうしたグローバルな関係性から近代仏教を見なおすことが、近年の研究の重要なトレンドである。その意味で、グローバル化は、日本仏教のみならず、世界中の仏教の近代化の指標である。

なお、大澤広嗣（おおさわこうじ）が本書で指摘しているように、近代日本の仏教徒の対外進出は、海外移民や日本政府の植民地政策

写真4　1910年代末のアメリカ・ロサンゼルスの羅府仏教会（提供：正徳寺）

と連動したものだった。本章冒頭でアジアの近代仏教の展開を考える際には、植民地主義への視点が欠かせないと述べたが、これは台湾や朝鮮に対する日本の植民地主義にも当てはまる。

この点について、近代日韓関係史と日本近代仏教史研究を専門とする諸点淑（ジェジョムスク）は、従来の日本近代仏教史研究が日本仏教の植民地主義を帯びた近代性を論じてこなかったことを指摘している。そして、こうした日本仏教の近代性を「植民地近代（colonial modernity）」と規定している。近代東アジアという場で近代仏教史を検討する時、こうした視点は不可欠であり、この植民地主義は日本仏教の近代化の指標である。

「近代化と仏教」の関係とは？

以上、日本における「仏教の近代化」の指標として、①西洋化、②学問化、③個人的な内面的信仰の確立（個人化）、④社会活動の展開（社会化）、⑤近代仏教思想と政治的イデオロギーの結合（政治化）、⑥仏教系新宗教の成立、⑦民俗の再編、⑧伝統教団の教団制度の形成（制度化）、⑨先祖観と先祖供養の編成、⑩グローバル化、⑪植民地主義を挙げた。まだまだ挙げるべき指標はあるかもしれないが、以上をひとまずの試案としておきたい。

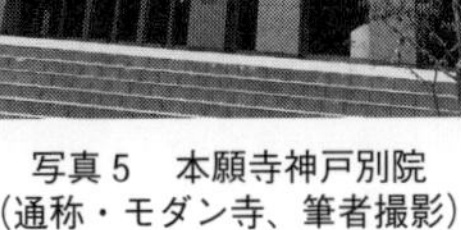
写真５　本願寺神戸別院
（通称・モダン寺、筆者撮影）

なお、「近代」と「仏教」の関係を考える時、「仏教の近代化」のみならず、「近代化と仏教」の関係も検討すべき課題である。これは「日本の近代化と仏教」の関係に敷衍（ふえん）できる。すなわち、日本社会の近代化に対して、仏教（近代仏教）がどのような機能を果たしたのか（あるいは果たさなかったのか）という研究である。これは、ドイツの社会学者マックス・ウェーバー（Max Weber, 1864～1920）による『プロテスタンティズムの倫理と資本主義の精神』（一九〇四～一九〇五年）の研究を適用したものである。ウェーバーは、西洋のプロテスタンティズムの宗教的エートスにもとづく世俗内禁欲の実践が人々を経済行為に向かわせ、近代資本主義の成立の原動力となったことを明らかにした。

このウェーバーの議論を日本に当てはめて分析したのが、ロバート・ベラー（Robert N. Bellah, 1927～2013）の研究である。ベラーは「日本宗教」がプロテスタンティズムと同じ機能を果たしたと結論づけている。しかし、ベラーの研究には批判も多い。

「日本の近代化と仏教」の関係を考える時、そもそも、日本社会の近代化をどのようにとらえるのかという大きな問題もある。この問題は「アジア諸地域の近代化と仏教」にまで拡張することができ、魅力的な研究課題であることは間違いない（ただし、現在では「近代化」概念自体を批判的に問いなおすことも求められている）。

日本の近代仏教の歩みは、日本社会の動向と密接に連動している。グローバルな視点から「日本の近代化と仏教」の関係をどのように考えるか、この問いはこの本を読んでいる読者に開かれている。この問いを解明するヒントは、本書のなかにあるはずである。

（大谷栄一）

◉コラム　ちょっと一息①

風刺画にみる近代仏教

仏教刷新運動のなかの対抗関係

新仏教徒同志会は、「旧仏教」への批判を原動力として発足した運動であった。明治三三（一九〇〇）年に発行がはじまった機関誌『新仏教』の誌面には、歯に衣着せぬ批判が満載されている。

たとえば、図1は、当時三〇〇万円を超す負債に苦しんだ東本願寺が、法主大谷光瑩（一八五二〜一九二三）のもと財政再建のために寄附金集めに狂奔していたことを揶揄したものである。

だがじつは、批判の矛先は「旧仏教」ばかりに向けられたのではなく、同じく仏教刷新を志していた同世代の精神的指導者たちにも向けられており、時にその批判はより辛辣なものとなっていた。

図2は「感情的信仰」を批判した境野黄洋（一八七一〜一九三三）の演説を活字にした論文の挿絵である。清沢満之（一八六三〜一九〇三）の率いた浩々洞とその機関誌『精神界』が標的となっている。

図1　『新仏教』3巻6号（1902年）

図2　『新仏教』3巻6号（1902年）

清沢一派に対しては、匿名の記者による次のような文章もある。

「スピリチズム、スピリチュアリスム、精神病、精神界、皆御親類筋サ。僕の隣にヨイヨイの婆さんがあつたが、涙をこぼして斯う言つたよ。今までは三界に家なしといはれましたが、之からはもう一界殖えまして先づ安心でございますと」（ボルテール「『精神界』を読む」『新仏教』二巻二号、一九〇一年）。

清沢満之とともに攻撃されたのが『太陽』に筆を揮い、日本主義からニーチェ礼賛を経て日蓮主義へと移り変わっていった高山樗牛（一八七一～一九〇二）であった。図3は、樗牛程度の者に宗祖日蓮を持ち上げられたといって日蓮宗徒が驚喜していると嗤ったものである。僧が掲げている雑誌は、ともに博文館から出ていた『太陽』と『中学世界』である。図4でライオンがほら貝から吹き出している文字は『宗門之維新』『本化摂折論』という、ともに田中智学（一八六一～一九三九）が師子王文庫から出版した著作を表している。前をいく道化のような人物が叩いているのは日蓮宗のうちわ太鼓であろうか。この図への説明は次のようなものであった。

図3　『新仏教』3巻5号（1902年）

図4　『新仏教』3巻5号（1902年）

「唯さへ頑冥不霊なる所謂日蓮気質の、彼れが如き偏狭にして極端なる鼓吹に逢うて、我も我もと我見の角の増長しては、国民性情将来の発達を害する罪、蓋し一樗牛の万死を以ても償ふべからじ」(非可得「無題録」『新仏教』三巻五号、一九〇二年)。

『新仏教』誌上においては、清沢満之と高山樗牛の思想は、『病間録』の著者綱島梁川(一八七三~一九〇三)とひとからげに、「病人宗」の名のもとに一刀両断にされている。彼らが実際に結核を患って早世したことを考えればこのような評は酷であるように思われるが、現世主義的な新仏教運動の担い手たちにとっては、彼らのセンチメンタルな宗教論がよほど我慢ならなかったものとみえる。

新仏教の反骨精神

『新仏教』の読者たちが小気味よく感じていた記者の毒舌の背景には、哲学館を拠点に気勢を上げた新仏教徒たちの、帝大のエリートたちへの対抗意識もあった。高嶋米峰(一八七五~一九四九)の次の文章に登場する「井上君」とは、迷信を廃して倫理だけが残ればよいという宗教不要論である「理想教」を説いた井上哲次郎(一八五六~一九四四)であり、「姉崎君」とは、『復活の曙光』でロマンティックに神秘を称揚した樗牛の盟友姉崎正治(一八七三~一九四九)である。ともに東京帝国大学の哲学科で教授の地位に就いていた。

「井上〔哲次郎〕君でも姉崎〔正治〕君でも、宗教家と言へようが、少し位宗教のことを研究したからッて、直に宗教家ぶられてはたまらない。又こンな人達の助勢を得なければ、仕事が出来ないといふ日本の宗教界も憐れむべきものではないか。ァさうか、井上君が理想教の開山で、姉崎君が神秘教の元祖か」(高嶋米峰「某先生の断片」『新仏教』五巻六号、一九〇四年)。

以上のようなあからさまな個人攻撃は、今日的な感覚からすると度がすぎて不快なものにもみえる。しかし、牛込の梁川宅はやや離れるにしても、小石川の哲学館、本郷の東京帝国大学と浩々洞は徒歩で行き来できる狭い範囲に集まっており、往来でお互いに顔を合わせて言葉を交わすこともあったであろう。『新仏教』には清沢、姉崎、井上の文章が掲載されているし、境野黄洋は清沢の死に際して「ア、先生の清楚の姿、温乎たる其の容貌は、今もなほ眼底に浮ぶ心地がする」と悲しんでいる(「清沢先生を哭す」『新仏教』四巻七号、一九〇四年)。ちょんまげを落としたばかりの明治人のコミュニケーションとは我々が思うよりもさっぱりとしたものだったのだろうという目で読む方が、彼らの真意を正しくつかまえられるのかもしれない。

図5は、大逆事件により処刑された幸徳秋水（一八七一～一九一一）の遺著の宣伝である。友人の死に際して『新仏教』は沈黙を守ったが、大胆にも巻頭に「満天下の憎読を冀ふ」と広告を掲げたことが高嶋米峰の侠気溢れる精一杯の抵抗であった。堺利彦（一八七一～一九三三）の「危険の恐れなき快著」の広告とともに、新仏教徒同志会の諧謔と反骨の精神を感じていただきたい（図6）。

（高橋原）

幸德秋水が最後の文章◎大悪評大悲迎第七版

基督抹殺論

破天荒の奇著
菊判美装箱入
定價金七十錢
郵稅八錢

一代の論客として知られたる幸德秋水も誤つて天地の容れざる大逆無道を企て今や遂に斷頭臺上の露と消え去りぬその鐵窓裡に呻吟せるの間特にこの一卷を著す所論痛絶快絶行文悲絶愴絶殊にその史的人物としての基督の存在を非認し十字架が生殖器の表號の變形たるを斷ぜるところ骨を刺し肉を剝りて世界の大聖基督をして殆ど完膚なからしむ洵にこれ宗教史上の一大發見なり嗚呼幸德秋水死に臨みて基督を抹殺し了せむとす抑々何の思ふところあつて然るか多く語るに忍びざるなり秋水自ら曰はく「是れ予が最後の文章にして生前の遺稿也」と敢て滿天下……宗教家も教育家も青年も老人も男も女も……の憎讀を冀ふ

東京小石川原町 貯東京一五六八六 丙午出版社 東京小石川原町 貯東京一三五三 鷄聲堂

図5『新仏教』12巻3号（1911年）

堺利彦先生新著▲獄中生活の大膽なる告白

樂天囚人

四六判箱入
定價六十錢
郵稅八錢

此書は狂暴、不平、怨恨、嫉毒、殘忍、無恥、悖逆を以て世に目せらる、社會主義者が人の子として親として夫として友として將た人類の一員として宇宙の一分子として、如何なる態度を持するかを其獄中生活に於て率直に露骨に赤裸々に發揮せるもの之を一言にすれば社會主義者の安心を語れるもの……………………寧も危險の恐れなき快著なり

幸德秋水著（第七版）
基督抹殺論 定價七十錢 郵稅八錢

高島米峰著（第三版）
廣長舌 定價七十錢 郵稅八錢

（後付の一）

發行所 東京小石川原町 振替東京一五六八六 丙午出版社 東京小石川原町 振替東京一三五三 鷄聲堂

図6『新仏教』12巻7号（1911年）

第2章 近代日本の仏教史をたどる

仏教は、近代日本でどのような歴史となったのか／ならなかったのか？　本章では、幕末・維新期から敗戦までの仏教の歴史を概観し、仏教徒がそれぞれ何を課題として現実と向き合っていたのかについて考えてみよう！

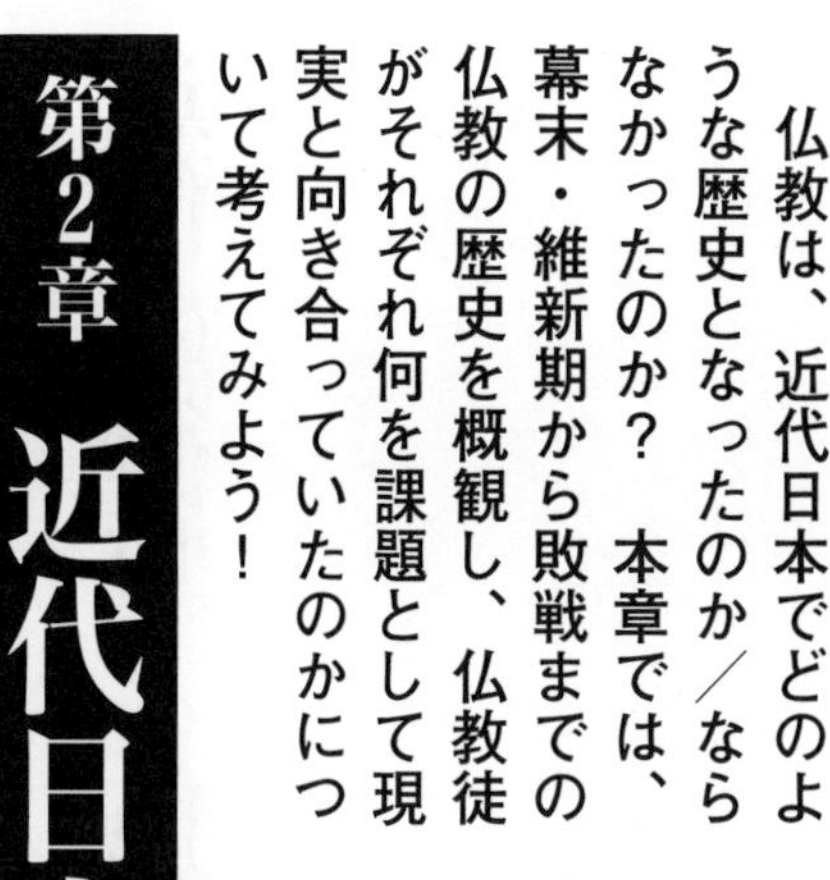

近代の衝撃と仏教の再編——幕末・維新期

近世から近代へ

近世の仏教は、幕府のキリスト教禁教政策にともなう宗門人別帳の作成や寺請制度の実施といった役割を通して、統治機構の一端を担っていた。公的領域における仏教の存在意義は、そこにかかっていたのである。近世の仏教を特徴づける本末制度や寺檀制度も、仏教が期待されていた政治的役割と不可分に成立したものであった。

開国以後、キリスト教宣教師の活発な伝道に直面した仏教は、それ以前の儒学・国学による排仏論への反論としての護法論に護国論や防邪論を加えていく。そうした幕末の仏教が直面した思想的課題を強く意識して積極的に国事に奔走したのが、真宗本願寺派の月性（一八一七～一八五八）ら勤王僧であった。彼ら勤王僧の思想的課題は、そのまま近代の仏教にも引き継がれることになるのである。

近代の仏教が直面した西洋への対抗という課題は、幕末から明治初期にかけて真宗本願寺派の佐田介石（一八一八～一八八二）によっても明確にされた。一八世紀末に活躍した天台宗の普門円通（一七五四～一八三四）による仏教天文学を継承した佐田が、仏教天文学と梵暦の正当性を主張したとき、その言説は単なる護法論を超えて西洋・地動説への対抗的位相を獲得していたのである。佐田は、仏教の須弥山説を踏まえた視実等象儀を構想したが、その模型を製造するうえで大きな役割を果たしたのが田中久重（一七九九～一八八一）であった。「からくり儀右衛門」として知られていた田中は、須弥山儀や縮象儀なども精力的に製作し、仏教の宇宙観を可視化してみせたのである。

明治維新と仏教

明治元（一八六八）年、近代化を急ぐ維新政府は、現人神天皇の神聖・絶対性を中核に置く祭政一致の支配体制を構想し、神社神道を国教的位置に置くため、神仏分離令を発した。その結果、各地で仏像の破壊や廃・合寺が行われ、民衆との間に摩擦が生じた。無論、こうした廃仏毀釈の動向は時期や地域によってさまざまであり、それへの抵抗運動も種々の形態をとった。この神仏分離と廃仏毀釈は、極めて大きな衝撃を仏教界に与え、その後の近代仏教の性格を大きく制約したと言える。そして、この政策は学校教育や国民教化の伏線ともなったのである。

明治維新に対する仏教界の動向として注目すべきは、明治元年一二月に京都の興正寺で開かれた諸宗同徳会盟である。近世の仏教が宗派単位での活動に終始したのに対し、会盟は仏教界が宗派を超えて連帯した点で、新たな傾向を示していた。会盟は、王法と仏法の関係やキリスト教排斥などを議題にして、明治五年頃まで各所で会合を重ね、激変する状況下で仏教のとるべき立場を探った。

写真１　田中久重作視実等象儀
（画像提供：国立科学博物館）

また、政府は明治四年四月に戸籍法を制定し、同年一〇月には宗門人別帳を廃止した。こうして仏教は、近世以来の人別統制という公的領域での役割を喪失することとなった。他方、同年七月の氏子調の布告は、明治初年より推進された神道国教化政策の一側面として重要な意味を持っていた。だが、氏子調の機能不全と葬送儀礼による檀家制の事実上の存続によって、近代の仏教教団の基盤も近世以来のそれを継承することとなる。ただし、同四年一月の社寺領上知令（社寺領のうち境内地以外の一切の所領を政府が収公し、善後策として官給米を支給した）による寺院経済の困窮化や翌五年四月の肉食妻帯蓄髪の解禁による僧侶の俗人化、さらには僧侶身分の職分化など、仏教の世俗化は急速に進められたのである。

浄土宗の福田行誡（一八〇六～一八八八）と真言宗の

釈雲照（一八二七〜一九〇九）による戒律復興運動は、こうした仏教の世俗化への対抗の意味を持った。彼らはともに諸宗同徳会盟の参加者でもあった。彼らは、近世中期に真言宗の慈雲飲光（一七一八〜一八〇五）によって提唱された十善戒の実践を説く正法律に傾倒し、持戒主義的立場を明確にすることを通して仏教の世俗を超えた側面を実践的次元で回復しようと試みたのである。

国民教化と仏教

やがて政府は、それまでの神道国教化政策を表面的には転換し、僧侶・神官を動員した国民教化構想を具体化する。政府は、明治四年八月に神祇官を神祇省に改め、太政官内の一省に縮小し、さらに明治五年三月に神祇省を廃して新たに教部省を設置した。そして翌四月には教導職を設け、国民教化を担う教導職には神官・僧侶、さらに落語家・講談師などを任命した。彼ら教導職は、三条の教則にある敬神愛国・天理人道・皇上奉戴朝旨遵守といった徳目を国民に説教し、現人神天皇の神聖・絶対性を基軸とする国家のありようを国民に内面化させるべく活動したのである。その全国的な教化体制を構築すべく、政府は明治六年一月に大教院を開院し、六年から七年にかけて地方に中教院を設置した。また、五年八月には各神社を、五年一一月には各寺院をそれぞれ小教院としたのである。このように大教院体制が整備されていくなかで、仏教は神道偏重・排仏傾向の現状打破を企図し、国民教化に積極的に協力する姿勢を見せていた。けれども、国民教化は徐々に神道中心主義に傾斜していくことになるのである。

写真2　島地黙雷

出典：高取正男・赤井達郎・藤井学編『国民仏教への道』図説 日本仏教史3巻、法藏館、1981年

　こうした神道中心主義の国民教化政策に対して、真宗本願寺派の島地黙雷（一八三八〜一九一一）らは、護法意識と政教分離の立場から抵抗し、大教院分離運動を展開した。島地の運動には、彼自身の海外教状視察の経験が活かされ

ていたようである。大教院を解散に追い込んだ島地らの抵抗運動は、天皇制国家の批判にまでは至らず、布教の自由を獲得して終息したが、同時にそれは文明国の宗教として仏教を再定位しようとする試みでもあった。

宗門行政に即してみれば、明治四年七月の廃藩置県で触頭（ふれがしら）制が廃止され、さらに翌年に管長職が設置されるなど、教団組織のありようも近代的に再編された。管長制は、当初各宗の教導職の取り締まりや人材育成を担ったが、教部省・教導職の廃止以降も存続し、各宗派教団の統理者としての役割を担った。また、教団の行政機構も整備され、宗制・寺法の制定や儀礼の再編が進められた。

〝新しい仏教〟のはじまり――明治期

国際関係と仏教研究の近代化

目を海外との関係に転じると、明治九（一八七六）年六月に真宗大谷派の南条文雄（一八四九～一九二七）と笠原研寿（一八五二～一八八三）が教団より留学を命じられて出発し、明治一二年二月からオックスフォード大学のマックス・ミュラー（Friedrich Max Müller, 1823～1900）のもとでサンスクリットを学んだ。このことをはじめとして、海外（とくに西洋）の仏教研究が日本のそれを大きく規定した点は見逃せない。これに関する象徴的な問題は大乗非仏説である。文明化を背景とした文献学的手法による仏教研究は、村上専精（一八五一～一九二九）らの仏教史研究に継承され、あるいはアジア諸地域の仏教に対する日本仏教の優越性の主張とも結びつくことになるのである。このような外発的な仏教研究の再編とは別に、儒学的伝統の系譜のなかで仏教の科学的研究を進めた原坦山（一八一九～一八九二）の試みは、いわば仏教研究の内発的近代化であった。その原は、曹洞宗の禅僧（明治五年に僧籍剝脱処分）の経歴を持つ人物であり、明治一二年一一月に東京大学で最初の仏教学講師となったことでも知られている。

また、明治二六年九月一一日～二七日、シカゴで万国宗教会議が開催された。延べ一五万人の聴衆を動員したこの会議には、臨済宗の釈宗演（一八五九～一九一九）、真言宗の土宜法龍（一八五五～一九二三）、天台宗の蘆津実全（一八五〇～一九二一）、真宗本願寺派の八淵蟠龍（一八四八～一九二六）らが参加した。多様な宗教的伝統を持つ宗教者によるこの会議は、比較宗教学への関心を高める契機ともなったのである。

そして、このとき釈宗演の講演原稿を英訳したのが、彼の門下にいた鈴木大拙（一八七〇～一九六六）であった。鈴木は、明治三〇年に渡米してオープンコート社で上司のポール・ケーラス（Paul Carus, 1852～1919）の編集助手を務めるかたわら、仏教とりわけ大乗仏教に関する英語の著作を数多く発表した。鈴木の精力的な執筆活動は、欧米における大乗仏教の再評価に大きく貢献することになった。鈴木のみならず、釈宗演門下は活発に臨済禅の北米伝道を担ったが、その根底には万国宗教会議での経験が存在したのである。

キリスト教と仏教改革論

一方、日本国内では、明治二〇年二月に真宗大谷派の井上円了（一八五八～一九一九）が刊行した『仏教活論序論』が、当時の仏教界に大きな反響をもたらした。井上は、「護国愛理」の立場から仏教の国家的性格を論じる一方で、哲学の道理に合致することを論拠に仏教の文明世界のなかでの有用性を主張したのである。井上は妖怪研究でも著名だが、彼の主張に一貫してみられるのは、キリスト教や西洋的知の体系を強烈に自覚した論理構成である。また、明治二二年二月に『宗教革命論』を刊行した中西牛郎（一八五九～一九三〇）は、文明世界のなかで仏教が果たすべき役割を進化論的立場から弁証し、それを「旧仏教」に対する「新仏教」として概念化してみせた。中西の「新仏教」論は、「禁酒進徳」を掲げた反省会など、仏教の現状になにほどか批判的で改革運動への関心が高い青年仏教徒に歓迎されることとなった。こうした井上や中西の言論活動を支えたのが、青年仏教徒の結社活動と出版技術の変化である。明治二〇年代になると、仏教青年会が各地で結成されるとともに、仏教雑誌メディアが発達し、数多くの雑誌が誕生した。都市の青年知識人層を受容基盤とした言論活動の展開は、近代の仏教運動にみられる典型的な特徴である。

写真3　中西牛郎『宗教革命論』博文堂、1889年

この明治二〇年代から三〇年代初頭にかけて、条約改正にともなう内地雑居や宗教法案問題を背景に、仏教公認教運動が起こり、井上円了がいち早く神道と仏教の公認を主張した。また宗教法案については、真宗大谷派の近角常観（一八七〇～一九四一）が反対運動を精力的に展開した。彼らの素朴な国家主義的主張の背後には、キリスト教に既得権益を奪取されかねないという仏教界の危機感が横たわっていたのである。明治三一年九月、キリスト教徒であった有馬四郎助（一八六四～一九三四）が巣鴨監獄の典獄となり、真宗大谷派僧侶の教誨師を退職させて牧師の留岡幸助（一八六四～一九三四）を教誨師とした際に、真宗大谷派の石川舜台（一八四二～一九三一）らは猛然と反対運動を展開した。この巣鴨監獄教誨師事件もまた、仏教とキリスト教との社会的関係に起因する事件であったと言えよう。

「新仏教」と「精神主義」

明治二二年二月、大日本帝国憲法が発布され、そこで帝国日本の統治者が「万世一系」で神聖不可侵の天皇であることが明文化された。そして、翌二三年一〇月には教育勅語によって、あるべき「臣民」像が定式化された。翌二四年一月、内村鑑三不敬事件が起こり、これを契機として「教育と宗教の衝突」論争が惹き起こされた。国家を超えた価値への自覚をもたらすキリスト教は、論争と同題の著書を刊行した井上哲次郎（一八五六～一九四四）の標的となって天皇制国家支配への非適合性の烙印を押されたのである。こうした事実は、天皇制とその宗教性が、学校教育などを回路にして日常生活に浸潤し、国民を規律化する原理となったことを示していた。

明治二七年一二月に創設された経緯会と二八年一月から古河老川（一八七一～一八九九）が主筆を務めた雑誌『仏教』が母体となって、三二年二月に仏教清徒同志会が結成され、「新仏教」運動は出発した。古河はすでに没しており、古河没後に『仏教』主筆を務めていた境野黄洋（一八七一～一九三三）が「新仏教」運動の中心的役割を担った。境野も含め、運動の参加者は井上円了の創立した哲学館の関係者が多く、またユニテリアンとも親密な関係にあった。「新仏教」運動は、明治三三年七月に雑誌『新仏教』を創刊し、「健全なる信仰」を基礎に「社会の根本的改善」を志向する運動であると自己規定した。既存の仏教界を「旧仏教」と斥け、多様な言論を縦横無尽に展開する『新仏教』には、「自由討究」を主張する仏教徒のラディカルな姿とともに、運動の原理の不明確さが映し出されていた。

また、「精神主義」運動は、真宗大谷派の清沢満之（一八六三〜一九〇三）とその門下によって担われた。明治三三年九月、東京本郷にある近角常観の留守宅を借りて開かれた清沢の私塾・浩々洞には、近代真宗教学を担う錚々たる人物が集った。「精神主義」運動は、明治三四年一月の雑誌『精神界』創刊を契機に本格化したが、清沢とその門下は、倫理道徳を超えた宗教の地平を開示し、有限なる自己が「絶対無限者」によって精神内に充足を得られることを説いた。

世紀転換期に出発した「新仏教」運動と「精神主義」運動は、いずれも近代的な宗教概念を踏まえた言論活動であり、都市の青年知識人層が受容基盤となった。こうした特徴から、両者は先にみた明治二〇年代の仏教運動の系譜に位置する運動だと言える。

日清・日露戦争と仏教

「新仏教」運動と「精神主義」運動が出発したのは、ちょうど日清・日露戦間期であった。天皇制国家による本格的な対外戦争に際して、仏教教団は、軍資献納といった経済的支援はもとより、戦争を教義的に正当化し、従軍僧の派遣や出征家族慰問にも積極的に取り組んだ。とくに日露戦争期の真宗本願寺派による従軍布教は他宗派を圧倒した規模で展開されており、戦後にはその働きに対して天皇から勅語が出されるほどであった。また、国家は戦没者を靖国神社に祭神として合祀したが、この日清・日露戦争以降に祭神は一挙に増加することとなった。

すでに明治六年七月には真宗大谷派の小栗栖香頂（一八三一〜一九〇五）による中国布教や、明治一〇年一一月には同派の奥村円心（一八四三〜一九一三）による韓国釜山での布教など、海外布教は着手されていたが、対外戦争を機に、仏教教団が海外布教を一気に推し進めたことも重要である。

仏教の大勢は、基本的に戦争を追認するものであったが、日露戦争期には「新仏教」運動の一部のメンバーによる厭戦論や真宗大谷派の高木顕明（一八六四〜一九一四）による非戦論がみられた。その高木は、曹洞宗の内山愚童（一八七四〜一九一一）や臨済宗の峯尾節堂（一八八五〜

写真4　三教会同
出典：『図説日本文化史大系』11巻、小学館、1956年

一九一九）らとともに、大逆事件に連座することとなる。その要因は幸徳秋水（一八七一～一九一一）ら社会主義者との交流にあったが、彼らが社会主義に共感を抱いたのは、直面する苦悩の原因を社会の構造に見出し、それを改良しようと考えたからであった。

他方で、田中智学（一八六一～一九三九）が唱えた日蓮主義は、『法華経』と日本国体との一致と日本中心の世界統一の構想をその内容としていた。田中の主張はそれ以前から一貫したものであったけれども、日露戦争を経由したことで、彼の日蓮主義も国家主義的性格を一段と強めた。田中は、大正三（一九一四）年一一月に教団名を立正安国会から国柱会に改め、国体観念を普及していく運動を加速させ、大正期には多くの熱心な会員を獲得することになるのである。

明治四五年二月に、内務大臣原敬（一八五六～一九二一）は仏教・キリスト教・教派神道の代表を集めて、国民道徳振興のために宗教界の協力を要請した。この三教会同と呼ばれる宗教政策に際し、三教代表者が天皇制国家に対する自発的奉仕の態度を揃って明確にしたとき、そこには明治末年の政府と宗教界の関係が如実に表されていた。

社会活動の展開——大正期

仏教教団と社会の発見

明治四一（一九〇八）年九月、内務省主催の感化救済事業講習会が開催され、これを機に仏教感化救済事業が各宗で組織された。無論、感化救済事業は日露戦争後の国民生活の窮乏に対する社会政策であり、政府のねらいは国家の良民を創出することにあった。しかし、大正期にはこうした流れのなかから仏教徒による社会事業が推進されることになるのである。とくに「社会事業宗」と呼ばれた浄土宗では、渡辺海旭（一八七二～一九三三）、矢吹慶輝（一八七九～一九三九）、長谷川良信（一八九〇～一九六六）らによって積極的に社会事業が展開された。

こうした動向と連動して、大正期には各教団で社会課（部）が設置された。仏教教団が社会事業への関心を一気に高める機会となったのは、大正一二（一九二三）年九月一日に起こった関東大震災であった。仏教教団は社会事業への取り組みに加え、社会教化を課題とするようになっていく。具体的には、大正一一年三月の全国水平社創立で表出した部落問題をめぐる動向を受け、天皇制国家秩序の枠内で問題解決を進める改良運動（融和運動）などが展開された。

大正四年一二月に一三宗五六派により結成されることとなった仏教連合会は、普通選挙運動と並行して、僧侶の被選挙権獲得運動を展開した。こうした国内での政治参加への欲求は、中国での布教権獲得という海外布教参加へのそれと重なり合いつつ進められたが、後者が承認されることはなかった。

二つの国際仏教会議

大正四年八月二日～六日、サンフランシスコ仏教会の主催で、サンフランシスコで万国仏教大会が開催され、インド・スリランカ・ビルマ・アメリカ・日本などから学者や僧侶が参加した。大会後、真宗本願寺派の北米仏教団監督の内田晄融（一八七六〜一九六〇）は、大会決議にもとづきウィルソン大統領に平和促進を訴えた。第一次世界大戦中の開催となったこの大会は、結果的に連合国側の利益確保という政治性と不可分に成立したのである。

大正一四年一一月一日〜三日には、仏教連合会の主催で東亜仏教大会が東京芝の増上寺で開催された。大会には朝鮮や台湾の代表も参加したが、とくに日本と中国との相互交流の場となった。ただし、日本が中国での影響力を拡大せんとする政治情勢のなかで、この大会はその流れに棹さすものとなったのである。

出版事業の諸相

すでに明治期から着手されていた仏教の原典研究は、大正期に入ってさらに蓄積され、豊かな成果が生まれた。南条文雄が会長となって刊行が進められた『大日本仏教全書』と、高楠順次郎（一八六六〜一九四五）・渡辺海旭を都監として浄土宗の小野玄妙（一八八三〜一九三九）が編集主任を務めた『大正新脩大蔵経』が代表的な成果となる。このほかにも仏教典籍の集大成、各宗の基本宗典の編集、大辞典の編纂が一挙に進められたが、このとき宗門系大学の学者たちが果たした役割は大きかった。仏教界にとって、こうした仏典の編纂・出版は、信仰の原点の再確認であると同時に、それぞれの信仰を科学的・考証学的次元でとらえなおし、広く近代社会に解放する試みでもあった。

写真5　『現代仏教』105号、現代仏教社、1933年7月

また高楠は、『大正新脩大蔵経』の刊行事業と並行して、大正一三年五月から雑誌『現代仏教』を主宰した。『現代

仏教』は、仏教を軸にしながらもさまざまな知識人が執筆する総合雑誌のような性格を持った。ちなみに、『現代仏教』では、昭和八（一九三三）年七月に「明治仏教の研究・回顧」と題する特集を組み、明治期の仏教を総括している。

国際関係のなかで近代仏教をとらえるときに軽視しえないのが、大正一〇年四月に、鈴木大拙らが大谷大学内に東方仏教徒協会（Eastern Buddhist Society）を設立し、英文雑誌『イースタン・ブッディスト（*The Eastern Buddhist*）』を創刊したことである。

大正教養主義と仏教文学

倉田百三（一八九一～一九四三）の『出家とその弟子』をはじめとして、大正期には仏教文学が盛んとなり、親鸞や法然を題材とした作品が数多く発表された。このとき仏教は、大衆における人間探求の営みを共鳴板とすることで新たなイメージをまといつつ、大衆の心情に食い込んだのである。

この大正教養主義の時代を生きた青年読者にとって基本文献のひとつとなったのが西田幾多郎（一八七〇～一九四五）の『善の研究』であった。京都帝国大学の哲学の教授となった西田を中心として、やがて京都学派と呼ばれる知的ネットワークが生まれた。京都学派の哲学者たちは、哲学との関連のなかで宗教、とくに禅と真宗に関する思索を重ね、仏教に対する近代的理解の構築を進めたのである。

戦争協力への道――昭和前期

マルクス主義と仏教

昭和初期には、金融恐慌や世界恐慌などによる経済不安や満洲事変以降の戦時体制といった問題が状況を覆った。昭和三（一九二八）年六月五日から六日にかけて、明治神宮外苑日本青年館を会場に、御大典記念日本宗教大会が開催された。この大会では、神道・仏教・キリスト教代表その他を合わせ、計一一四五名もの宗教関係者が出席し、「惟神（かんながら）の大道」を軸とした宗教勢力の国家への貢献を確認したのである。

こうしたなか、昭和五年から翌六年にかけてマルクス主義者と宗教（学）者との間で「マルクス主義と宗教」論争が起こった。宗教の社会的機能を批判するマルクス主義者と、内面的な宗教の体系性を重視する宗教（学）者との議論は平行線をたどった。昭和六年、マルクス＝レーニン主義に立つ川内唯彦（かわうちただひこ）（一八九九～一九八八）らは日本戦闘的無神論者同盟を組織し、宗教＝阿片論にもとづく反宗教運動をはじめ、支配階級に奉仕する宗教のありようを厳しく批判した。反宗教運動が寺院の社会的地位や経済的優越性に対して厳しい批判を投げかけたとき、経済的不安や政治的劣位に置かれた大衆の関心を集めたことは確かであった。けれども、理論信仰とエリート主義に立ったこの組織は、他の運動との連帯を構築しえずに戦時体制のなかで孤立し、結局は状況に風穴を開けることができなかった。

このような国家主義と社会主義の先鋭化は、法華信仰に対する独自の解釈を生み、井上日召（いのうえにっしょう）（一八八六～一九六七）の血盟団と妹尾義郎（せのおぎろう）（一八八九～一九六一）を中心とした新興仏教青年同盟によってそれぞれ具体化した。彼らのテロリズムと反戦運動は交差しない二つの線のようだが、両者の社会的実践はともに宗教的動機が根底で支えていたのである。

　マルクス主義との関連で重要なのは、昭和八年六月の佐野学（一八九二～一九五三）と鍋山貞親（一九〇一～一九七九）の転向声明書の公表以降、一挙に転向者が増加したことである。こうしたなかで仏教界も監獄教誨を通してマルクス主義者の転向を促す役割を担った。教誨師には真宗僧侶が多かったこともあり、真宗関係の図書が思想の転回軸となることが多かったようである。

社会不安のなかでの「仏教復興」

　昭和一〇年前後、ラジオでの仏教放送が反響を呼んだ。昭和九年に東京放送局で『聖典講義』の放送が開始され、当時浄土宗の僧籍を有した友松円諦（一八九五～一九七三）による『法句経』の講義が好評を博した。また、新義真言宗智山派の高神覚昇（一八九四～一九四八）の『般若心経講義』も大いに注目を集めた。仏教が新たなメディアを通して社会への影響力を発揮しはじめたのである。友松と高神は、昭和九年九月に全日本真理運動を出発させたが、運動の参加者は、雑誌よりもラジオ、文字よりも声を通して仏教に出会った人々であった。

写真６　新興仏教青年同盟の人々（1933年雑司ヶ谷本部において。前列中央が妹尾義郎、その右が山本哲夫、後列左端が田永精一、その右が林霊法）

出典：稲垣真美『仏陀を背負いて街頭へ――妹尾義郎と新興仏教青年同盟』岩波書店、1974年

　こうしたラジオ放送を起点にした仏教ブームは、「仏教復興」の様相を呈していたが、背景には深刻化する社会不安が存在した。全日本真理運動は、昭和初頭の社会不安のなかで既成仏教とは別のよりどころを求めた人々の受け皿となったが、同様の役割を果たしたのが、大本教・ひとのみち・ほんみちなどの「新興類似宗教」（新興宗教、新宗教）であった。飛躍的な拡大をみせた新宗教のなかには、久保角太郎（一八九二～一九四四）が創始した霊友会や牧口常三郎（一八七一～一九四四）が創立した創価教育学会（のち創価学会）といった仏教系新宗教もあり、それらは法座や座談会などの家庭集会といった在家主体の信仰活動で多くの信者を獲得した。霊友会が国家への貢献にも積極

的だった一方で、伊勢神宮の大麻拒否により牧口が入獄し、獄死した創価教育学会は戦時下で会員が四散したという。これらの動向に対して、既成仏教教団は、新興類似宗教を、宗教の真理を理解しないばかりか、国家にとっても有害な存在だと排撃した。こうして国家主義的傾向を強めた仏教界は、「戦時教学」の構築などを通して戦争協力へと邁進していったのである。

戦時下の仏教

昭和一四年四月に宗教団体法が公布（翌年施行）されると、仏教界は従来以上に国民教化に動員された。昭和一五年一〇月の大政翼賛会結成を受けて、宗教界も総力戦体制強化のために宗派合同するよう文部省から要請され、仏教界は一三宗二八派に再編することとなった。戦時下で仏教が滅私奉公を教義的に裏づけたことは何もファシズム期に限ったことではないが、この時期、真宗や日蓮宗では、時局に不都合な文言や経典のなかで不敬に相当すると判断した字句に、伏字（ふせじ）・削除・替字（かえじ）などの処置を施すことまで起こった。さらに昭和一九年九月には、文部省が主導して大日本戦時宗教報国会を設立し、文部省と宗教界が一体となって戦時下での国策に即応した教化活動を展開することになった。しかし、悪化しつづける戦局を精神的次元で克服しようとしたために、戦争協力の苛烈で空虚な言説からは悲壮感が漂っていた。

昭和二〇年八月の敗戦は、日本の仏教界に大きな制度的・組織的変化をもたらした。戦後の日本を占領し、民主化を推進したGHQは、昭和二〇年一二月に政教分離を目的とした神道指令を発し、国家神道（こっかしんとう）の制度的解体を進めた。また、昭和二二年五月に日本国憲法が施行され、信教の自由や政教分離も制度的確立をみた。このように、敗戦を契機に仏教を取り巻く環境は大きく変化した。とはいえ、戦後に仏教の内実が戦時下のそれからどれだけ変化したのかは、また別の問題である。

（近藤俊太郎）

◉コラム　ちょっと一息②

文学からみた近代仏教

柿くへば鐘が鳴るなり法隆寺

　俳句・短歌の革新運動を進めた正岡子規（一八六七～一九〇二）による近代俳句随一の句。仏教者では真宗大谷派第二三代法主大谷光演（一八七五～一九四三）〝句仏上人〟も子規に傾倒した俳人であった。子規が提出句を得た明治二八（一八九五）年より一〇年ほど前、廃仏毀釈による寺院荒廃、仏像や仏具も遺棄、放置、売却されていたなか、岡倉天心（一八六三～一九一三）やアーネスト・フェノロサ（Ernest F. Fenollosa, 1853～1908）らが法隆寺を訪問、夢殿の秘仏であった救世観音像が開扉された。彼らの古社寺調査、古美術保護への貢献は文学にも影響した。薄田泣菫（一八七七～一九四五）の名詩「ああ大和にしあらましかば」（一九〇五年）は法隆寺、夢殿を憧憬する。和辻哲郎（一八八九～一九六〇）『古寺巡礼』（一九一九年）、亀井勝一郎（一九〇七～一九六六）『大和古寺風物誌』（一九四三年）など古寺古美術をたずねる随想は、それらにギリシア・ローマ文化とのつながりを空想した。仏教は古代へ、また空間的にも遠く、唐、天竺、西域、果てはギリシア・ローマにまで想像力を飛翔させた。そのような想像力は敗戦後井上靖（一九〇七～一九九一）『敦煌』や司馬遼太郎（一九二三～一九九六）『空海の風景』などの歴史小説に引き継がれ、大衆的にも受容される。

　近代の短歌革新は仏教と縁があった。子規の門人伊藤左千夫（一八六四～一九一三）は『新仏教』『求道』にも出詠。子規とともに短歌革新三本柱の一人、写生の子規に対し浪漫主義の与謝野鉄幹（一八七三～一九三五）の父は真宗僧侶。鉄幹の

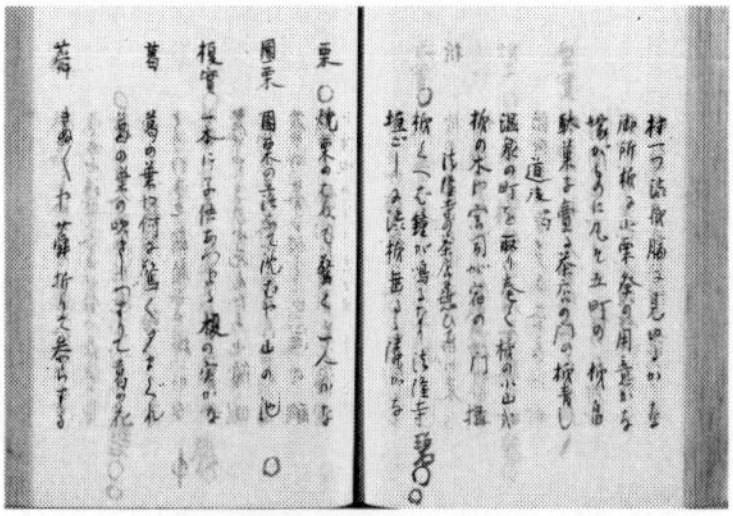

写真１　正岡子規自筆句集『寒山落木』（1885～1896年）より
出典：正岡子規自筆、国立国会図書館蔵、右頁の７句目が「柿くへば」の句

写真２　薬師寺東塔

出典：佐々木恒清『南都と西京 趣味の旅』右文館、1920年、国立国会図書館蔵

写真３　宮沢賢治

出典：『新潮日本文学アルバム12　宮澤賢治』新潮社、1984年

妻晶子をたずねて歌を詠んだ岡本かの子（一八八九〜一九三九）は後年仏教研究にうちこみ小説家として大成、『生々流転』を著した。三本柱のいま一人で国文学者としても知られる佐佐木信綱（一八七二〜一九六三）は井上円了（一八五八〜一九一九）の創設した哲学館（東洋大学の前身）一期生であった。浄土真宗本願寺派第二一代法主大谷光尊（一八五〇〜一九〇三）の次女九条武子（一八八七〜一九二八）は信綱の門人。信綱は真宗歌も添削した。

「凍れる音楽」と賞賛される薬師寺東塔を詠んだ信綱の一首は広く愛唱されているが、歌集収録時である大正初期の薬師寺は荒廃していた。なお美術史家としても知られる会津八一（一八八一〜一九五六）の歌集『鹿鳴集』は昭和戦時下に人気を博し、収録歌には奈良の古寺、古仏も詠まれた。

ゆく秋の大和の国の薬師寺の
塔の上なるひとひらの雲

小説では夏目漱石（一八六七〜一九一六）による参禅体験の影響がみられる『門』、「法華経」を信仰した宮沢賢治（一八九六〜一九三三）の諸作、三島由紀夫（一九二五〜一九七〇）『金閣寺』、渡辺海旭（一八七二〜一九三三）の甥で浄土宗寺院に出生した武田泰淳（一九一二〜一九七六）の自伝的小説『快楽』などのほかに、坂口安吾（一九〇六〜一九五五）による次の指摘も重要である。

「批評家やジャーナリズムは龍之介や潤一郎が高しょうに愛読され文

学的に正しく読まれていると認定しているかも知れないが「大菩薩峠」や「出家とその弟子」や「宮本武蔵」が宗教的なふん囲気をもって熟読されている事実は是非もなく」(『百万人の文学』一九五〇年)。

安吾は東洋大学印度哲学倫理学科出身。晩年の『夜長姫と耳男』は飛騨の匠が長者の娘のため弥勒菩薩を彫る説話風で幻想的な名短篇。仏教と関わる小説には古典に取材した幻想的な名作も多い。小泉八雲(一八五〇~一九〇四)『耳無芳一の話』、森鷗外(一八六二~一九二二)『寒山拾得』、幸田露伴(一八六七~一九四七)『五重塔』、泉鏡花(一八七三~一九三九)『高野聖』、中島敦(一九〇九~一九四二)『わが西遊記』など。折口信夫(一八八七~一九五三)『死者の書』では、当麻寺の中将姫伝説を下敷きに、死者の霊を慰めるため少女が蓮糸で織りあげた布に曼荼羅を描く。この執筆のきっかけとなった評論『当麻曼荼羅』は日本浪曼派を率いた保田與重郎(一九一〇~一九八一)の筆になる。保田は『雲中供養仏』など仏教美術関係の評論も書いた。澁澤龍彦(一九二八~一九八七)の遺作『高丘親王航海記』は、空海の高弟で求法を志し、天竺へ向かい消息を絶った高丘親王をモデルとする。

女性作家では樋口一葉(一八七二~一八九六)『たけくらべ』が、将来遊女になる少女と僧侶になる少年の恋と成長を哀切に描いた。尾崎

写真4　坂口安吾
撮影：林忠彦
(資料提供：新潟市「安吾 風の館」)

写真5　『高丘親王航海記』文春文庫(1990年)のカバー

写真6　辻潤

出典：松尾邦之助編『ニヒリスト辻潤の思想と生涯』オリオン出版、1967年

翠（一八九六～一九七二）の母方は真宗本願寺派寺院で、『第七官界彷徨』に用いられた「第七官」という語は、五官を超える官能を表す語として仏教者にも用いられた。

無名の宮沢賢治が大正一三（一九二四）年に出版した詩集『春と修羅』をいち早く賞賛した辻潤（一八八四～一九四四）は、後年禅に傾倒したダダイスト詩人高橋新吉（一九〇一～一九八七）をも当時押し出していた。辻は明治末期の社会主義運動と関係があり、大正期にロンブローゾやシュティルナーなどの翻訳紹介で知られ、中里介山（一八八五～一九四四）の仏教思想を基盤とした長編時代小説『大菩薩峠』や『歎異抄』も愛読していた。大正一二年九月の関東大震災直後、辻の元妻であった伊藤野枝（一八九五～一九二三）とその内縁の夫であった大杉栄（一八八五～一九二三）、二人のアナーキストが虐殺された。なお尼僧としても知られた小説家瀬戸内寂聴（一九二二～二〇二一）は伊藤野枝の伝記小説『美は乱調にあり』を代表作の一つとする。震災の年に書かれ、翌年発表の辻潤『ふもれすく』には仏教への批判が含まれる。そして大逆事件や野枝・大杉虐殺に関わる国家権力への批判がその沈黙に読み取れる。

「豚に真珠と云ふこともあるが、野蛮人に刃物と云ふこともある。社会主義と云ふものがどんなに立派なイズムだか知らないが、それをふりまはす人間は必ずしも立派な物ぢやない。仏や耶蘇の教義だつて同じことだ。仏教やヤソ教の歴史を考へてもみるがいい。神様をダシに使つて殺人をやつた野蛮人がどれ程ゐたか。

野枝さんや大杉君の死に就て僕はなんにも云ひたくはない」。

（石原深予）

第3章 よくわかる近代仏教の世界

グローバル化、大学制度の創設、メディアの拡大など、近代仏教はつねに時代の最先端の動向とリンクしてきた！社会問題に対応し、イデオロギーと結びつき、新しい実践方法を産み出してきた。この章を読めば、近代仏教の世界が理解できる！

グローバルに展開する

世界中の宗教者が集まった万国宗教会議

シカゴで開催された万国宗教会議は、さまざまな意味で近代仏教史のターニング・ポイントになった。西洋と東洋の宗教伝統が一堂に会したこの宗教会議を通して、世界の諸宗教と比肩しうる〝日本仏教〟のアイデンティティが模索されるようになる。

コロンビア万博と万国宗教会議

米国シカゴ市で開催されたコロンビア万国博覧会に合わせて、万国宗教会議（ばんこくしゅうきょうかいぎ）（the World's Parliament of Religions）が開催されたのは明治二六（一八九三）年のことである。

白亜の殿堂を並べた「ホワイトシティ」を中心とする大博覧会は、二七〇〇万人を超える入場者を集める大盛況であった。世界の歴史と文化の祭典であるこの博覧会には、人類の進化の過程を「展示」する極めて多彩な民族や文化の痕跡が集積された。チャールズ・ダーウィンが『種の起源』と並ぶ主著の一つである『人間の由来』のなかで表明した、「人類の進化」の過程を見事に陳列する、この博覧会に連動して開催されたのが万国宗教会議である。

コロンビア万博の際には、博覧会に併設された多様な世界大会（the World's Congress）が開かれた。これらのなかで、最も注目を集めたのが万国宗教会議であった。九月一一日から二七日までの一七日間に、延べ一五万人の聴衆を動員したと言われている。また、この他にもより問題を特化した代表者大会（Denominational Congresses）がいくつも開かれた。この宗教会議を開催するために組織され

万国宗教会議の模様

出典：John Henry Barrows, ed., *The World's Parliament of Religions,* Chicago: The Parliament Publishing Company, 1893, frontispiece

た中央委員会の座長は、シカゴの第一長老派教会の主座であり、シカゴ大学教授でもあったジョン・ヘンリー・バローズ（John Henry Barrows, 1847〜1902）である。

会期中には、世界の各地から多彩な宗教伝統の指導者が参集し、アメリカのメディアからも高い関心が寄せられた。世界中から招聘された諸宗教の代表者たちは英語で講演して議論を重ねた。なかでも、ラーマクリシュナ・ミッションの創設者であるスワミ・ヴィヴェーカーナンダ（Swami Vivekananda, 1863〜1902）やスリランカの仏教復興運動の指導者、アナガーリカ・ダルマパーラ（Anagarika Dharmapala, 1864〜1933）の講演などは極めて高く評価され、インド思想を中心にした東洋思想ブームを生みだすことになる。

万国宗教会議と世界の十大宗教

万国宗教会議のオープニングでは、「世界十大宗教」を表現するために、コロンビアの鐘が一〇回鳴らされた。「十大宗教」のカテゴリーは決して一定ではないが、この会議には、少なくとも形式上はキリスト教、ユダヤ教、ヒンドゥー教、ジャイナ教、ゾロアスター教、イスラム教、仏教、神道、儒教、道教の代表が参加している。同時に開催された多彩な宗教大会にも、世界中の諸宗教から多数の代表者が参加した。これらの人々を一堂に会するための基本的な枠組みは、大会の主催者側を代表したバローズによる、次のような言葉によく表されている。

> 光は闇とともに在ることはないけれども、光が薄明とともに在ることはできる。十字架のまったき光に照らされた人々は、薄明のもとに集まる人々に対して、親愛の情を抱くべきである。

「人類としての兄弟愛」の精神をもとに、世界の多彩な宗教伝統の相互理解を深めることを目的とした宗教会議は、予想以上の大成功をおさめた。

　相互理解のための普遍的原理としてバローズが主張した人類愛や兄弟愛は、しばしばキリスト教の普遍的な真理と同一視され、会議自体もしばしばキリスト教の優越性を主張する方向で議論が進められた。

　この宗教会議と日本の近代仏教思想の関連性を指摘した、ジェームス・ケテラーが強調しているように、このような比較宗教論の傾向は、この宗教会議の理念的支柱となったマックス・ミュラー（Friedrich Max Müller, 1823~1900）の「比較宗教学」自体が孕んでいた課題であったとも言えるだろう。

万国宗教会議の日本側参加者

日本の仏教界からは、真言宗の土宜法龍（一八五四～一九二三）、天台宗から臨済宗に転じた蘆津実全（一八五〇～一九二一）、臨済宗の釈宗演（一八六〇～一九一九）、さらに真宗本願寺派の八淵蟠龍（一八四八～一九二六）が参加した。島地黙雷（一八三八～一九一一）や南条文雄（一八四九～一九二七）は、バローズの呼びかけで世界中に組織された協議会の日本側メンバーであったが、シカゴへは渡航していない。また、大会には参加していないが、ペーパーだけを提供した発題者も少なくなかった。たとえば、清沢満之（一八六三～一九〇三）の『宗教哲学骸骨』が英語で発表されて、高く評価されたことはよく知られている。

　日本からは、他にも実行教の柴田礼一（一八四〇～一九二〇）や同志社の小崎弘道（一八五六～一九三八）、アメリカ在住の平井金三（一八五九～一九一六）や留学中の岸本能武太（一八六六～一九二八）などが参加した。とくに流暢な英語を駆使した平井の講演は、宗教の本質を普遍的な原理に還元する、この宗教会議のレトリックをうまく使ったことも功を奏して、極めて高く評価された。平井や岸本のような神智学やユニテリアンの関係者たちが、日本仏教とキリスト教の仲介者としての役割を果たしたことも興味深い事実である。

日本仏教の発題のなかで、高く評価されたのは釈宗演の講演であった。日本語で用意された彼の講演を英語に翻訳したのが、鈴木大拙（一八七〇～一九六六）であったこともよく知られている。釈宗演は、宗教会議の聴衆の一人であったオープンコート社のポール・ケーラス（Paul Carus, 1852~1919）に英文で仏教思想を紹介するための人材派遣を求められる。この求めに応じてアメリカへ渡った大拙は、英文で禅を中心とする日本の仏教思想や文化を広く西洋に紹介した。英語圏に日本仏教の思想が紹介された嚆矢としても、万国宗教会議の歴史的な役割は大きい。

万国宗教会議と「近代仏教」

神智学の興隆にみられるように、仏教を中心とする東洋思想への関心が高まるなかで、はじめて東洋と西洋の諸宗教伝統が一堂に会したこの宗教会議は、さまざまな意味で歴史的なターニング・ポイントになったことは間違いない。

ヴィヴェーカーナンダやダルマパーラの講演の成功は、日本仏教の代表者たちが、インド思想やスリランカの仏教伝統に触れる契機になった。また、インド思想研究を出発点とする、マックス・ミュラーの提唱した比較宗教学をベースにした宗教会議に出席したことは、日本仏教の主流である大乗仏教の位置づけについて、改めて考えなおすきっかけになっただろう。さらには、日本を代表して大乗仏教思想の意義について語ることは、宗派意識を超えた「日本仏教」の観念の醸成にも貢献したはずである。

具体的には、釈宗演とポール・ケーラスとの出会いは、北米を中心に日本の禅が西洋に広がる歴史的な契機になった。また、すでに鈴木範久が指摘しているように、この宗教会議への参加を通じて、日本における比較宗教学への関心は飛躍的に高まることになる。

万国宗教会議に参加した人々は、帰国後の出版活動や講演活動によって宗教会議の意義と比較宗教学の必要性について広く訴えた。さらには、明治二九年の宗教家懇談会のように、仏教、神道、キリスト教の代表者たちを一堂に会した、日本版の宗教会議が開かれるなど、明治維新以来の諸宗教間の関係はこの時期を境に大きく変化していく。

万国宗教会議をターニング・ポイントとして、日本国内の諸宗教間の調和と融合を主張する言説が広がる事実は、明治三〇年代から大正・昭和初期の日本の宗教史および仏教史を考えるうえでも極めて重要ではなかろうか。

（岡田正彦）

海外布教する仏教教団

海外移民（ハワイや北南米）や植民地政策（台湾や朝鮮）と連動し、日本の仏教教団は海外布教を行った。東アジアの植民地や占領地でどのような政策や布教が行われたのか？　その活動や法令を検討してみよう。

日本の領有拡大

植民地とは、「ある国の海外移住者によって、経済的に開発された地域。本国にとって原料供給地・商品市場・資本輸出地をなし、政治上も主権をもたない完全な属領」（『広辞苑　第七版』）とされる。ここで言う植民地主義とは、官民による植民地への関与を意味する。日本では、明治期から敗戦にいたるまで、諸々の戦争の結果として、植民地および占領地を拡大してきた。植民地とは、日本の領土に編入された台湾、朝鮮、樺太（からふと）を指す。占領地は日本軍が占領した中国大陸や南方を指すが、領土ではない。

近代日本の主な海外進出の経過について、明治期には、千島樺太交換条約により千島列島（明治八〈一八七五〉年）、日清戦争後の下関条約により台湾（一八九五年）を獲得した。日露戦争後のポーツマス条約（一九〇五年）では、ロシアからさまざまな利権を得た。南樺太と関東州の租借（そしゃく）権が譲られた、保護国の大韓帝国を併合（一九一〇年）した。

大正期には、第一次世界大戦後のパリ協定により、ドイツ領であった太平洋西部の南洋群島は、国際連盟委任統治領として日本が管理することになった（大正九〈一九二〇〉年）。シベリア出兵（一九一八～一九二二年）では、沿海州を占領した。

昭和前期には、満洲事変（昭和六〈一九三一〉年）ののちに、中国東北部を分離して、満洲国（一九三二年）を建国した。その後の日中戦争（一九三七年）で、中国内の占領地を拡大させ、内モンゴルに親日の蒙古連合自治政府（一九三九年）を樹立させた。長期化した戦争を打開すべく、国策として「大東亜共栄圏」が唱えられ、フランス領インドシナへの進駐（一九四〇～一九四一年）を経て、アジア・太平洋戦争の開戦後（一九四一年）は、イギリス領マラヤとビルマ、アメリカ領フィリピン、オランダ領東インドなど、東南アジア各地を占領した。軍政を経て、ビルマとフィリピンが日本の影響下で「独立」して、東インドの独立も準備されていた。敗戦（一九四五年）を経て、サンフランシスコ平和条約（一九五二年発効）で植民地を法的に放棄した。

主な宗派の動向

各宗派は、日本の各地域での利権取得と植民地拡張にともない、布教の制度化を行った。ここでは主な宗派の動向をみてみよう。

浄土宗の海外布教は、明治二七年のハワイ布教にはじまる。明治三一年に同宗の海外開教区は定められ、第二開教区が台湾、第三開教区が韓国とされた。明治二八年に清国（のちに満洲、中華民国）の開教区、明治三〇年に樺太の開教区が置かれた。昭和一九年当時での寺院教会数は、開教区ごとに示すと、台湾（三二）、朝鮮（四八）、樺太（二七）、満洲（二七）、中華民国（一五）である。

真宗本願寺派（西本願寺）の場合、明治一九年のウラジオストクでの日本人布教にはじまる。本願寺派は、日清戦争で従軍布教使を派遣し、台湾領有後には開教師を派遣した。日露戦争でも従軍布教師を派遣して、明治三八年には清国、韓国、樺太に開教総監を設置した。この間、明治三二年から翌年にかけて法主の大谷光瑞は、中国大陸各地を歴訪している。日本の敗戦時まで存在した寺院や布教所、別院などの拠点は、樺太（三九）、台湾（六三）、朝鮮（一三二）、満洲（六九）、中国（四七）、南洋（一五）であった。

真宗大谷派（東本願寺）では、明治六年に中国で小栗栖（おぐるす）香頂（こうちょう）が布教を行ったことにはじまり、明治九年には上海別院が建立された。明治一〇年には奥村円心（おくむらえんしん）らにより、韓国釜山での布教が開始されている。その後、台湾などの各地に布教拠点を設置していった。

曹洞宗では、明治二三年に武田範之（たけだはんし）が朝鮮に渡航したが、これは布教ではなく大陸での活動を試みる足がかりであった。宗派としては明治三八年に釜山に寺院が建立されている。台湾の場合、明治二八年には日清戦争による慰問布教で佐々木珍竜（ささきちんりゅう）が同地を訪れて、台北に大本山別院を建立している。

宗教法規と制度

外地と呼ばれた植民地は、日本国内とは、法秩序が異なっていた。宗教行政については、内地では宗教団体法（昭和一四年法律第七七号）の施行まで、諸通達によって宗教行政が行われた。外地では地域ごとに宗教関係法令が整備され、これにもとづいて現地の行政機関が、寺院などの設置、布教を許可した。

各地の主な法令については、台湾では「社寺教務所建立廃合規則」（明治三二年台湾総督府令第四七号）、朝鮮では「寺刹令」（明治四四年朝鮮総督府制令第七号）、樺太では「寺院規則」（大正九年樺太庁令第四九号）、南洋群島では「布教規則」（昭和六年南洋庁令第九号）、満洲国では「暫行寺廟及布教者取締規則」（康徳五年民生部令第九三号）などが発令された。

現存する臨済宗妙心寺派が建立した臨済護国禅寺の本堂。1912年落慶（台湾台北、筆者撮影）

これらの法令によって、日本本土から植民地に進出した各宗派による寺院の活動に、法的根拠が与えられたのである。また現地の僧侶による仏教寺院は、従前までの活動が認められるが、そのほかの活動については、日本の管理下に組み込まれた。たとえば、朝鮮の「寺刹令」では、日本仏教の本末関係の制度を導入して、朝鮮仏教の寺院でも、本山と末寺の関係を規定させたのである。

日中戦争後の中国の占領地では、日本仏教が進出したが、

現存する真宗大谷派本願寺釜山別院の梵鐘。1890年鋳造、1920年改鋳。別院跡地に建つ大覚寺保管（韓国釜山、筆者撮影）

これに対して興亜院と文部省は、各宗派に「対支進出宗教団体指導要領」、「仏教各宗派対支進出指導要領」（一九四一年）を通知した。これによって各宗派では、年度計画や新たな寺院や教会の設置、文化事業を行う際には、財団法人大日本仏教会興亜局を経て、政府に届出を行うことが必要になった。これは大日本仏教会で占領地へ進出する寺院数を調整するための措置であった。南方占領地では、シンガポール本願寺のように、占領前から設置された寺院もあったが、開戦後は、現地の多様な宗教事情を尊重したため、新規の寺院建立はない。

今後の研究に向けて

旧植民地における日本仏教の進出について、『仏教大年鑑 昭和四四年版』（仏教タイムス社）に、「開教一覧」が掲載されている。これをみると、主な宗派の状況が把握できるが、その後に各地域を対象とした個別研究が大きく進展した。今後は、新たなる全体像の解明が求められよう。

さらに、海外に進出した寺院が、現地の法的枠組みのなかで、宗教活動を行うことができていた点も見逃せない。進出した国・地域、または植民地での宗教関係法令を踏まえることで、現地での宗教活動の意味が、さらに理解できよう。

また、日本側から研究する場合には、日本から現地への関与という単一の視線でとらえがちである。これに対し木場明志は、満洲国期の宗教について、日本側と中国側から諸宗教の研究者を組織して、双方の視点から、総合的かつ実証的な研究を行った。今後は、木場らの取り組みを踏まえ、宗派ごとの縦割りではなく、現地側の研究者と連携して、日本仏教による海外布教と植民地主義の研究を進めていくことが求められるだろう。

（大澤広嗣）

世界を探検する仏教者たち

仏教はどこから来たのか？　その伝来の経路を明らかにするため、近代の仏教者たちは危険を顧みず、アジア諸地域を踏破した！　日本に持ち帰られた経典の数々。それは仏教界の珠玉となり、アカデミズムの発展にも寄与した。

仏教者の探検とその背景

探検とは、明治期にexplorationから翻訳され、日本語に定着した概念である。本来の意味は、生命の危険をともなう未知の地域での学術調査を指す。

仏教史を振り返ると、経典を求めてインドに向かった中国唐代の玄奘三蔵（『西遊記』のモデル）、荒海を越えて命がけで渡航した留学僧の最澄と空海、インドに向かう途中に東南アジアで没したとされる平安期の真如親王（澁澤龍彥の小説『高丘親王航海記』のモデル）が知られる。

近代仏教者の海外渡航は、明治五（一八七二）年欧州に出発した赤松連城や島地黙雷ら西本願寺関係者の留学と視察を嚆矢とする。同年には大谷光瑩や石川舜台ら東本願寺関係者も出立した。その後、各派では西欧に学僧を派遣した。パーリ語、サンスクリット語、チベット語の経典にもとづいた近代的な仏教学の研究方法が受容されると、釈尊の真意と仏教の原点を探る機運が生じた。日本人にとって未知の地域であった、仏教が発生したインドからの経路である中央アジアをたどる仏教者が現れたのである。このように仏教者の探検と海外への視察と留学は、仏教界の近代化と連関していたことが言える。ただし仏教者の探検は、世俗的な学術調査だけではなく、宗教的な信念にもとづく踏査でもあった。

中央アジアと大谷探検隊

仏教者の探検として、代表的なものに真宗本願寺派の第二二代法主であった大谷光瑞（一八七六～一九四八）が組織した大谷探検隊がある。光瑞によれば、目的は、第一に仏教東漸の経路を明らかにすること、第二に中央アジアでのイスラーム化の過程を明らかにすること、第三に遺跡に残された経典・仏像・仏具などを収集して考古学の研究に資すること、第四に地理学・地質学・気象学の手法から

砂漠を行く大谷探検隊

出典：高取正男・赤井達郎・藤井学編『国民仏教への道』図説日本仏教史３巻、法藏館、1981年

地域事情を明らかにすることであった。

大谷探検隊は、計三次にわたり中央アジア（西域）に隊員を派遣したが、その編成は表1のとおりである。

この間に隊員は、カシュガル、ヤールカンド、フンザ、キルギッド、スリナガル、王舎城（おうしゃじょう）、霊鷲山（りょうじゅせん）、トゥルファン、ロプ砂漠、敦煌（とんこう）、クチャ、コータン、イリ、ウルムチ

表1　大谷探検隊編成一覧

次数	調査期間	編成
第一次	一九〇二～一九〇四年	大谷光瑞、井上円弘、本多恵隆、堀賢雄、渡辺哲信
第二次	一九〇八～一九〇九年	橘瑞超、野村栄三郎
第三次	一九一〇年～一九一四年	橘瑞超、吉川小一郎、渡辺哲信、A・O・ホッブス、李毓慶

などの各地を調査した。探検隊は、学術的に貴重な経典や仏像などを収集して、大きな成果を上げた。しかし探検隊は、経費が膨大なものとなり、西本願寺の財政が傾いたことから、光瑞が法主の座位から失脚する要因ともなった。探検隊のコレクションは現在、中国、韓国、日本の諸機関に分蔵されている。

チベット語経典を求めて

チベット（西蔵）は、長年にわたり鎖国状態であったが、すでにインドで消滅した仏教がチベットには残っており、学術上の目的でチベット仏教の重要性が認識されていた。それは漢訳仏典が、中国的に解釈されたものと認識されて

いたため、原典を参照して、経典の本来の意味を探究するためであった。サンスクリット語の原典は失われている場合が多く、忠実に翻訳されたチベット語の経典を参照することが求められたのである。その結果「入蔵熱」と形容されるように、多くの仏教者がチベットへ旅立った。それは危険と困難がともなう冒険であった。

日本人で最初にチベットに入ったのが、黄檗宗僧侶の河口慧海（一八六六～一九四五）で、計二回にわたり滞在した。第一回は明治三〇年に出国して三三年から三四年までチベットに入り、ラサのセラ寺にてチベット仏教を学んだ。日本人であることを隠していたが、露顕する直前にチベットを脱出して、明治三五年に帰国した。第二回は、明治三六年に出国して、インドで長らく梵語の研究をしたのち、大正三（一九一四）年にラサに入り、ナルタン版大蔵経など多くのチベット仏教の経典を入手して、大正四年に帰国した。その頃、ラサでは青木文教（一八八六～一九五六）と多田等観（一八九〇～一九六七）が滞在していた。

真宗本願寺派の青木文教は、大谷光瑞の命令によりインドで仏教遺跡を調査していた際に、光瑞からの電報を受けて、インドのダージリンへ向かった。それは明治四三年に清軍のチベット侵攻によりダライ・ラマ一三世が亡命していたためであった。ダライ・ラマと会見して、日本とチベットの留学生交換と青木自身のチベット留学の希望を伝えた。その後、ダライ・ラマから許可を受けて、大正元年にチベットへ入り、ラサ滞在中は、チベット語の文法を学習した。

真宗本願寺派の多田等観は、明治四四年に京都に留学していたチベット仏教僧侶からチベット語を学んだのち、インドに渡ってダライ・ラマから入国許可を得て、大正二年に、ブータンからチベットに入った。その後一〇年間、僧院にてチベット仏教を研究した。

なおチベット入りを試みるも、不幸にも現地で没したのが、真宗大谷派僧侶の能海寛（一八六八～一九〇三）である。能海は、明治三一年に神戸から中国に向かい、北京で寺本婉雅（一八七二～一九四〇）と合流して、四川の巴塘から入蔵を試みたが官憲からの支持を得られず断念した。寺本は帰国したが、能海は、四川の徳格から再び入蔵を試みるも実現できず、さらに青海の丹噶爾からも入蔵を目指すも旅費が盗まれて断念した。旅費が乏しくなるなか、その後は雲南から入蔵を目指したが、盗賊に襲われ没した。

近代仏教の周縁

僧侶ではなかったが、近代仏教史で語るべき探検を取り上げよう。

建築家の伊東忠太（一八六七～一九五四）は、明治三五年から明治三八年まで、ユーラシア大陸を横断した。中国からインド、トルコを経て、欧州から帰国した。探検で得た見識は、のちに設計するインド風の築地本願寺などへの着想につながっていった。

元陸軍軍人で自由民権運動にも関わった岩本千綱（一八五八～一九二〇）は、シャム（一九三九年よりタイ）やラオスなどのインドシナ半島を探検して、『暹羅老撾安南三国探検実記』（一八九七年）を著した。岩本は、上座仏教の僧衣を着て、大虎との遭遇など危険に遭いながら各地を踏査した。この探検は、明治二〇年代頃からマレーやシャムへの日本からの移民が計画されたことが背景にある。

南極探検で知られる白瀬矗（一八六一～一九四六）は、秋田の真宗大谷派寺院の出身である。僧侶になるために上京し、浅草本願寺内の学校に入ったが、少年期から抱いてきた冒険心が抑えきれず、退校して陸軍軍人となった。やがて、大隈重信らから支援を受けて、南極を目指したのであった。

探検という営為

幕末の開国を経て、近代化を目指した明治国家は、諸分野で有為の人材を西洋諸国に向けて、視察や留学で派遣した。海外へ飛躍した仏教者たちも存在して、その後に仏典を求めて探検を試みた人物が現れる。仏教者の探検をみる場合には、同時期の西欧への留学と視察も併せてみる必要があろう。

西洋諸国では、東洋学が発達し、一九世紀から中央アジア各地に探検隊を派遣した。日本の場合、仏教者は純粋な目的で探検に向かったが、それは、このような世界史的な流れとは無縁ではなかった。探検という学術活動は、ロマンという素朴な心情だけではなく、近代の西洋列強による植民地分割という政治的な機運のなかで行われたのである。

（大澤広嗣）

来日した海外仏教者たち

明治二〇年代前半、欧米の仏教者が日本仏教界を席巻する！ 仏教雑誌は神智学の記事で盛りあがり、オルコットの来日に人々は湧きたち、仏教界は自信を回復した。一瞬のうちに消え去ったブームの後、何が残ったのか？

仏教リヴァイヴァル

明治二〇年代前半、仏教は勢いを取り戻しつつあった。反キリスト教運動と連動して、仏教結社と仏教雑誌が各地に出現していた。その頃、読者の目を引いた記事が「欧米仏教徒」に関するものであった。たとえば当時、最も進歩的な仏教雑誌のひとつであった『反省会雑誌』は、明治二一（一八八八）年一二月号に「欧米通信は、殆雑誌三分の一の欄内を埋め、大に紙上の光彩を加え、其売高を増したる原因なるに相違なし」とまで書いている。たしかに、明治二〇年から二二年頃の仏教雑誌を開くと、仏教を礼賛する欧米人からの手紙が誌面をにぎわせている。時代遅れと思われていた仏教が、欧米では逆に時代の先端をいく宗教として評価されている――こうした言説は日本仏教徒の誇りを回復し、仏教雑誌に活況をもたらしたが、これは同時に欧米の仏教ブームとも連動していた。

欧米の仏教ブーム

そもそもここで言う「欧米仏教徒」とは何者なのか。欧米には、仏教徒と呼ばれる者たち、あるいは自称する者はすでにいたが、彼らはアジア人の僧侶に仏教を学んだわけではなく、むしろ自分で仏教を創造したと言ってもいい。

ひとつは神智学（しんちがく）である。一八七五年、ロシア系女性ブラヴァツキー（Helena Petrovna Blavatsky, 1831～1891）とオルコット（Henry Steel Olcott, 1832～1907）が、ニューヨークで神智学協会を結成している。二人は一八七九年に協会の本拠をインドに移し、一八八〇年にスリランカで受戒（じゅかい）し仏教徒となっている。オルコットは、その後、仏教の基本教義を英語でまとめた『仏教問答』を出版するなど、精力的にスリランカの仏教復興を援助することになる。一方、ブラヴァツキーは、チベットの聖者から「秘密仏教」を伝授されたと自称していたが、その内容は彼女が再解釈した西洋のオカルティズムと東洋の霊的思想であった。

もうひとつはスウェーデンボルグ主義である。一八八八年、カリフォルニア州サンタクルーズでハーマン・C・ヴェッターリング（Carl Herman Vetterling, 1849~1931）というスウェーデン系アメリカ人が、「チベット仏教徒」フィランジ・ダーサ（Philangi Dasa）と自称し、一八八八年にアメリカ最初の仏教雑誌 *Buddhist Ray* を創刊している。ダーサは元スウェーデンボルグ教会の牧師で、一時は神智学協会に属したこともあり、彼にとっては、神智学的なスウェーデンボルグ思想こそ中央アジアから伝わった仏教であった。

神智学やスウェーデンボルグ思想、あるいはそれらと近い関係にあったスピリチュアリズムなど、オカルト的とか神秘的といった印象を与えるが、一九世紀末にかけては世俗的な傾向が強く、合理主義的であり、少なくともキリスト教伝道福音主義よりは仏教に接近しやすかった。さらにそれらの霊的思想は菜食主義、動物愛護、社会主義、女権運動といったプロテスト運動と結びつきやすく、彼らが理想視していた仏教にも、そのようなエートスが投影された。書物によって伝えられ、彼らの思想によって染め上げられた「仏教」ではあるにせよ、キリスト教に代わる霊的な思想を求めた人々は、学問的興味ではなく、宗教として真剣に仏教を実践しようとしたのである。

日本の神智学ブーム

「欧米仏教徒」たちの日本仏教への影響で、最も大きな社会的な事件となったものは、オルコットの第一回来日である。彼がスリランカ仏教復興の功労者であることは時日をおかず日本に伝わっていたが、その招聘に名乗りをあげたのは、京都で英学校を主宰していた平井金三（一八五九~一九一六）である。平井は市民から募金をつのり、明治二二年、オルコットと、のちにスリランカ仏教の中心人物となるダルマパーラ（Anagarika Dharmapala, 1864~1933）を招聘する。彼らは二月から五月の滞在中、全国各地で演説会を開いた。どこも盛況で、オルコットは総理大臣を含む有名人と面会するなど、その来日は大成功をおさめた。

オルコット来日が成功した理由のひとつは、冒頭に挙げたような欧米仏教記事の存在である。「西洋は仏教を憧れている」という（日本仏教徒の望んでいた）イメージが仏教メディアに溢れていた。その突破口となった人物が、普通教校の英語教員であった松山松太郎（?~一九〇六）である。彼は明治二〇年、アメリカ神智学協会会長ウィリアム・ジャッジ（William Quan Judge, 1851～1896）との文通をきっかけに、次々に海外の「仏教徒」からの手紙を受け取っている。彼が『反省会雑誌』に翻訳紹介した記事はさらに反響を呼び、その結果、反省会から独立する形で海外宣教会が結成され、国内向けには『海外仏教事情』、欧米向けには日本最初の英字仏教誌 *Bijou of Asia*（亜細亜之宝珠）をいずれも明治二一年に創刊している。海外宣教会はとんとん拍子に拡大し、チャールズ・フォンデス（Charles James William Pfoundes, 1840～1907）という滞日経験のあるアイルランド人がロンドンに支部を開き、イギリスで最初の仏教伝道を行った。

　フォンデスと並んで日本仏教に積極的に接近した人物は、前出のフィランジ・ダーサであり、明治二六年には、仏教的スウェーデンボルグ主義を展開した彼の大著『瑞派仏教学』が翻訳されている。その一方で、彼の雑誌 *Buddhist Ray* には、古河老川（一八七一～一八九九）が書いた記事が英訳掲載されている。点と点をつなぐ細い線ではあったにせよ、すでにこの時期に日本と海外との双方向のやりとりがはじまっていたのである。

　さらに明治二〇年代後半、若手仏教者の間で神智学に関する真剣な議論があり、古河老川や彼の友人であった田岡嶺雲（一八七二～一九一二）などの若手論客が神智学を評価している。とくに文芸批評家や思想家として知られている田岡は、同時に神秘思想の研究者でもあり、禅の心理学的理解、神秘経験による信仰の獲得、東洋と西洋の思想の融合などの主張をしている。日本仏教を欧米の神秘主義との関係で評価、再構築しようという試みは、のちの鈴木大拙の思想にも通じる、先駆的なものと言えよう。

国際化、その後

　日本仏教の海外熱は、明治二六年の万国宗教会議への参加後は急速に失速している。同年にフォンデスが来日しているが、オルコットほどの反響を呼ぶこともなく、トラブルを起こして仏教界を去っている。もはや欧米人のお墨付きを必要としないほどに、仏教は失地を回復していたのだとも言える。

　ただし、こうした国際的な交流の動きはそこで途絶えたわけではなく、明治三五年、『反省会雑誌』の中心人物だった桜井義肇によって、西本願寺系の高輪仏教大学で万

神智学協会大乗ロッジ会員の集合写真。後列左から４人目が鈴木大拙（写真提供：正徳寺）

国仏教青年連合会が結成され、短命に終わったが、アメリカやアジアの神智学徒、仏教徒とのネットワークが生まれている。大正時代に入ると、大正四年には、やはり西本願寺系の平安中学校を拠点にして、のちにハワイの布教使となるM・T・カービー（M.T.Kirby）や、学者として有名になるW・マクガヴァン（William McGovern, 1897～1964）らにより大乗協会（Mahayana Association）が結成され、英語で大乗仏教の普及に努めた（大正五年まで）。大正一三年には鈴木大拙夫人ビアトリス（Beatrice Lane Suzuki, 1878～1939）と、龍谷大学の教員宇津木二秀（一八九三～一九五一）を中心に神智学協会の大乗ロッジが組織され、鈴木大拙らが結成したEastern Buddhist Societyとともに海外仏教者との交流の拠点となっていた（昭和四年まで）。また、東京ではドイツ人仏教僧ニャナティローカ（Nyanatiloka, 1878～1957）などの面倒をみた浄土宗の学僧、渡辺海旭（一八七二～一九三三）がいる。

これらのネットワークを通じて日本仏教は少しずつ西洋世界へと伝播していくことになるが、そこで伝えられたものは鈴木大拙の大乗仏教論のように、近代化された形のものであった。

（吉永進一）

仏教交流の場としてのアジア

近代を生きた仏教者にとって、旅は重要な意味を持つ。近代になり、蒸気船と鉄道の誕生と発展が仏教者の旅を大きく変えた！　いつしかアジアの港町はヨーロッパやアジアの仏教者たちが行き交う交流の場となった。

波止場ゴロと仏教

植民地支配によって、アジアの仏教寺院への旅は容易なものとなり、アジアで出家するヨーロッパ人が出てくる。たとえば、初期の出家者で最も有名な人物は一九〇二年にビルマ（現・ミャンマー）で出家したイギリス人アラン・ベネット（Allan Bennett ＝アナンダ・メッテイヤ Ananda Metteyya, 1872~1923）である。黄金の曙教団という魔術団体の一員であり、イギリスへ帰国して仏教伝道を行ったことで有名である。こうした初期の出家者は、中流家庭出身で教育があり、文化的な知識者というイメージであった。しかし、近年研究が進み、定説が見なおされている。一九世紀終わりまでには、東南アジアの港町には、ビーチコウマー（波止場ゴロ）と呼ばれ、本国で食い詰めてアジアに渡り、肉体労働で生計を立てていた労働者がいた。彼らのなかには食事と睡眠場所を求めて寺院に駆け込み、そのまま出家した者がいた。昼間から寺院で酒を飲んでるような「でもしか」白人僧侶が、ベネットの出家する以前から東南アジアにいたわけである。

ダンマローカ

そのような初期の出家者のなかでも、最も華々しくアジアの仏教復興に活躍した人物がアイルランド人僧侶ウ・ダンマローカ（U Dhammaloka）である。いまだに確実な生没年、本名も不明。わかっていることは、一八五〇年代にダブリンに生まれ、アメリカに移住、働きながらアメリカ大陸を横断して、太平洋航路の船員となり、一八八〇年頃にビルマに到着し、一八八九年までには正式な比丘（びく）となり、ラングーン（現・ヤンゴン）だけでなくシンガポールなど東南アジア各地で仏教復興活動をはじめているということである。反植民地主義的な挑発的言動で当局の不興を買う一方で、ビルマ人からは広く支持を集め、彼の講演旅行は

ダンマローカの肖像

大成功であったという。講演、出版、学校の設立、キリスト教批判、禁酒運動など、その活動はスリランカや日本の仏教近代化運動に類似している。さらに自分が設立した仏教文書伝道協会から自由思想家トマス・ペインの著作を出版してもいるように、一方では近代主義者の面がある。その一方で、迷信的な儀礼を批判するアナンダ・メッテイヤに対して、ビルマ仏教の伝統儀礼を擁護しており、その立場はいわゆる「近代主義」とも完全に一致しない。

　彼の足跡は東南アジアから東アジア各地に残されており、一九〇二（明治三五）年には来日して、釈雲照の目白僧園に滞在している。九月二三日に高輪仏教大学で開催された万国仏教青年連合会の発足式では演説を行い、のちに東南アジアへ戻ってからは、仏教青年連合会の会長と自称している（正しくは島地黙雷）。この来日の理由は、岡倉覚三（天心）と織田得能による幻に終わった東洋宗教会議計画に刺激されたとも言われる。その当否はともあれ、一〇月一〇日に高輪仏教大学で行われた学友会秋期大会は確かに宗教会議を思わせるもので、村上専精らの仏教演説と、内村鑑三のキリスト教演説、スワミ・ラマ・ティルタ（Swami Rama Tirtha, 1873～1906）などのインド人の演説が並び、ダンマローカはアメリカ、オーストラリアの神智学徒とともに出席している。つまり、東京もこの時期すでに、他のアジアの港町と同様、アイルランド人僧侶と日本人、インド人などが交流できる国際的な都市だったということである。

二人の釈——釈興然

　ヨーロッパ人だけでなくアジア人仏教者の活動も国際化していた。とくに日本人仏教者は明治維新後、積極的に海外へ出た。島地黙雷や北畠道龍などによる欧米視察を先駆として、明治九年に真宗大谷派は南条文雄と笠原研寿（一八五二～一八八三）をイギリスの大学に派遣している。ヨーロッパの大学での仏教学研究と並んで、もうひとつの主要な目的地はインド亜大陸であった。とくにセイロン（現・スリランカ）は、上座仏教が原始仏教に近いという西洋仏教学の知見も伝わり、好んで留学先に選ばれた。コロンボは欧州航路の寄港地であり交通の便もよかった。

そのセイロンに留学しながら、正反対の反応を示した二人の僧侶がいる。ひとりは横浜、三会寺の住職であった真言宗の釈興然（一八四九～一九二四）である。彼は、戒律復興を目指し十善戒運動を起こし、多くの帰依者を集めた釈雲照の甥で、雲照からセイロンでの仏教戒律の調査を命じられたのである。彼の留学が実現した背景には、外交官の林董（一八五〇～一九一三）、南条文雄、セイロンの官僚で居士仏教者であったE・R・グネラトネ（E. R. Gooneratne）などのセイロンと日本を結ぶネットワークがあった。興然は、明治一九年に日本を発ち、一八九〇年に具足戒を受けて正式の比丘となり、明治二六年に帰国している。雲照は興然が自分の運動を助けてくれるものと期待していたが、セイロン仏教に心酔した興然は、釈尊正風会という組織を結成し、上座仏教の日本への移植をはかる。彼は三会寺でパーリ語を教え、上座仏教の僧侶を養成しようとし、河口慧海や鈴木大拙も彼のもとで学んでいる。しかし、近代生活に適応しない戒律よりも、内面の経験と社会倫理を重視する仏教の近代主義的な流れのなかで、興然の意図は失敗し、その名前は忘れ去られていく。なお、二〇世紀になると上海やシッキムの仏教者がセイロン仏教に注目して、その宗制を導入して仏教改革を目指した例があるが、やはりいずれも失敗している。セイロン仏教を手本に改革を計ったのは、日本仏教だけではなかった。

二人の釈――釈宗演

もうひとりは、臨済宗の釈宗演（一八六〇～一九一九）である（興然とは親戚関係はない）。明治の臨済宗を代表する禅匠である。彼は師匠である今北洪川（一八一六～一八九二）と同じく、若い時期から日本仏教の堕落を痛感していた。前門の科学と哲学、後門のキリスト教に日本仏教は圧迫されている、僧侶も科学と哲学を学ぶ必要があるとして、明治一八年から慶應義塾大学に学んでいる。その後、明治二〇年から二二年までセイロンに留学している。洪川の友人で居士仏教者として活躍した鳥尾小弥太（得庵）（一八四八～一九〇五）が、外遊帰りにセイロンで仏教指導者のスマンガラ長老（Sumangalá Therò 1827～1911）

と知り合ったことが直接の機縁と言われる。鳥尾や山岡鉄舟から資金援助を受けたが、宗演のセイロン生活は非常に貧しいもので、片田舎でパーリ語の学習に明け暮れた。宗演がセイロンをみる目は、西洋の仏教学からの借用と、国粋主義から来る優越心の入り混じったものであった。彼は西洋仏教学の知見から、セイロンに本来の仏教が残ることを期待して留学した（師匠の洪川も同意見であった）。しかし実情は、キリスト教とイスラム教に圧迫されて仏教が危ういこと、しかもセイロン仏教が一八世紀になってタイとビルマから再輸入したものであることを知って落胆する。そのためタイに移って具足戒を受けようとして、それもかなわずに帰国している。宗演の結論は、禅定がない上座仏教は大乗仏教よりも劣るというものであった。

二人が歴史に残したもの

釈興然の名前が復活するのは、死後二〇年後のこと、昭和版『海外仏教事情』一〇巻三号（一九四四年六月）は「釈興然追悼号」と題されている。もちろんこの再評価は、「大東亜共栄圏」構想に由来するものであり、日本がイギリスに代わる帝国にのし上がったことを意味するにすぎない。一方、釈宗演は、セイロンで発見したもので歴史に名を残すことになる。彼が発見したものは、釈迦本来の仏教ではなくオルコットという白人仏教徒の存在であった。オルコットにみられるように西洋人への仏教布教が可能であり、それこそセイロン仏教の隘路を突破する方法だと宗演は『西南之宗教』（博文堂、一八八九年）で主張する。実際、釈宗演とその弟子たち（釈宗活と鈴木大拙）はアメリカへの仏教伝道を推し進め、歴史に名を刻むことになる。

（吉永進一）

欧米の仏教ブームとアジアの社会参加仏教

欧米と仏教の出会い、それは近代の出来事。ただし、アジアの仏教をそのまま受容したわけではない。欧米側はさまざまなイメージを投影し、パーリ経典を重視した。アジア側からは大乗仏教や禅、エンゲイジド・ブディズム、瞑想が発信された。

「原点回帰」のヨーロッパ仏教学と上座仏教

近代西洋で、仏教の存在は、イギリス、フランスなど列強がインドのほか、アジアの上座仏教国を植民地とするなかで知られるようになった。オリエンタリスト――植民地で布教するキリスト教宣教師、宗教や文化を調査する研究者、植民地政府の官僚――が、その伝達者となった。

仏教は、インドではすでに衰退していたが、考古学調査によって初期仏教に関する知見が深まり、ヨーロッパでインド学の一部から仏教学が発達した。一八世紀以来、比較言語学や聖書の文献批評が進展するなかで仏教経典の批評学的研究が行われ、とくに上座仏教のパーリ経典が研究対象となった。聖書の文献批評は、「神の子」ではなく歴史上の人物としてのイエスや原始キリスト教団の姿を探り、文献史料にのみ基づいて教理を研究したが、仏教学でもこの方法論が反映されている。この「原点回帰」を旨とする方法論は、歴史のなかで培われた種々の文化的要素を捨象し、歴史的釈迦が弟子や信者らに直接語った言行録（げんこうろく）であるパーリ経典の「純粋」な教理を追求するという特色がある。

一方、学術的な研究としてではなく、仏教を西洋に広く知らしめたのは、エドウィン・アーノルド（Edwin Arnold, 1832～1904）の『アジアの光（*Light of Asia*）』（一八七九年）である。これは釈迦の生涯を綴った叙事詩で、ベストセラーとなり各国で翻訳されたが、その描き方はヴィクトリア時代の宗教観・人間観を反映した、近代的な釈迦像となっている。

ヨーロッパでは、植民地の上座仏教国で具足戒（ぐそくかい）を受ける者も若干現れるが、主として学術的な研究が進んだ。それに対し、アメリカでは実践的な受容がなされたという違いがある。たとえば超絶主義者で思索家のヘンリー・D・ソロー（Henry David Thoreau, 1817～1862）が、『ウォールデン（*Walden*）』（一八五四年）で『バガヴァット・ギーター』に言及したが、こうした東洋の「精神性」を評価する思潮は、アメリカで仏教が受容される思想史的契機として重要である。トマス・ツイードによると、アメリカでの仏教受容は神智学を含む「秘教主義」、科学的宗教ととらえる「合理主義」、仏教美術中心の「ロマン主義」の三つに類型化できるという。

「非仏説」の大乗仏教と禅

一方、大乗仏教については、歴史的に後発で「非仏説」であることから、評価は相対的に低く、経典研究も遅れていたが、明治九（一八七六）年、オックスフォード大学でサンスクリットを教えていたマックス・ミュラー（Friedrich Max Müller, 1823~1900）のもとへ、真宗大谷派の南条文雄（一八四九～一九二七）と笠原研寿（一八五二～一八八三）が留学した。彼らによる漢訳経典とサンスクリット経典との校訂や目録作成、翻訳を通して、大乗経典の学術的価値がヨーロッパの学界で認識されるようになった。

東洋から西洋への禅の展開は、一八九三年、シカゴで開催された万国宗教会議に臨済宗の釈宗演（一八六〇～一九一九）が参加したことが嚆矢であろう。宗演の講演原稿を英訳したのが鈴木大拙（一八七〇～一九六六）であり、その縁で大拙は渡米し、以後、英語で大乗仏教、とくに禅について数多く執筆する。それは、上座仏教中心のヨーロッパ仏教学への異議申し立てでもあった。彼の論じた「禅」は、今日では、近代主義的で伝統教団の教学と違う

サンフランシスコ禅センターの外観（守屋撮影）

と指摘されるが、彼の業績の意義はむしろ、宗教経験としての禅を、西洋哲学やキリスト教神秘主義、精神分析をも援用して、英文で明らかにしたことにある。

一方、同じ宗演の門下から、一九〇五年に宗演のアメリカ講演に随行して渡米した千崎如幻（一八七六～一九五八）が、「浮遊禅堂（Floating Zendo）」を設け、日系人とヨーロッパ系アメリカ人に禅を広めた。アジア・太平洋戦争の勃発により、彼は他の日系人とともに強制収容されるが、戦後、ロスアンゼルスで東漸禅窟を再開した。彼のもとで禅を修めたロバート・エイトケン（Robert Aitken, 1917~2010）は、のちにハワイでダイアモンド・サンガを創設している。もう一人、宗演門下では、佐々木指月（一八八二～一九四五）も戦前に渡米して、主にニューヨークに活動の場を置いて禅を広めた。彼は「米国第一禅堂」を設けてヨーロッパ系アメリカ人に教えたほか、詩人・芸術家としての顔ももつ。

これら戦前から渡米した仏教者の活動が、戦後の欧米での仏教ブームへの伏線となっている。

欧米の仏教ブーム

鈴木大拙の欧米での講義や英文著作、またそれらに刺激を受けたビートニク詩人の影響で、一九五〇年代から主にアメリカで禅ブームが起こった。ヨーロッパ系アメリカ人の改宗者にとって、坐禅により仏性を悟ることを目指す禅は、ユダヤ・キリスト教的伝統とは違う新たな世界観を示す教えとして、広く支持を得た。

アメリカ、ヨーロッパともに第二次大戦後に日本から渡った曹洞宗僧侶の布教により、曹洞禅が普及し、欧米人の僧侶・居士も多い。道元の著作は欧州各国語に翻訳され、多くの研究がある。弟子丸泰仙（一九一四～一九八二）が昭和四二（一九六七）年に渡欧し、フランスを中心にヨーロッパ各地を布教して女性僧侶を養成したり、カトリックの修道士に坐禅を指導したりするなど、活発な活動を行った。また、曹洞宗に臨済宗の公案を加えた修行を行う三宝教団（現・三宝禅）も、アメリカを中心に大きな教勢をもつ。

ヨーロッパでは、人種的には白人のメンバーで坐禅中心の寺院がほとんどだが、アメリカでは禅寺と禅センターの二種類がある。前者は一九世紀末に日本から移民した日系人が中心で、日本の曹洞宗寺院に近いが、後者はヨーロッパ系アメリカ人の改宗者が大半で、坐禅中心である。つまりエスニック・グループで棲み分けをしているのだが、これは一九五九年からサンフランシスコの曹洞宗寺院・桑港寺で日系アメリカ人向けに布教していた鈴木俊隆（一九〇四～一九七一）が、サンフランシスコ禅センターを創設してヨーロッパ系アメリカ人向けに坐禅を教えたことに端を発している。

アジアの仏教国から

　日本から西洋への伝播だけでなく、他のアジア諸国の仏教徒の動きも見逃せない点である。「エンゲイジド・ブッディズム」を最初に提唱したベトナムの禅僧ティク・ナット・ハン（Thich Nhat Hanh, 1926～2022）が、ベトナム戦争中の一九六〇年代に渡米し、反戦平和を訴えたことは、歴史的意義が大きい。彼は一九七三年にフランスに亡命し、「プラム・ヴィレッジ」を拠点に布教と平和活動を続けたことで知られている。

　一方、上座仏教は、一九六五年のアメリカ移民法改定によるアジアからの移民流入増加にともなって、スリランカやタイの僧侶が、それぞれのエスニック・グループを中心に布教を行っている。とくにスリランカ僧は、英語布教に長じた僧侶が渡航しており、各地でヨーロッパ系アメリカ人向けにヴィパッサナー瞑想を教えて布教に努めている。

　同じ上座仏教でも、ビルマ（ミャンマー）僧は独立後、軍事独裁政権を批判したり民主化活動を支持して弾圧を受け、難民として欧米に亡命する場合が多く、同じく欧米に亡命したビルマ難民の民主化活動を精神的に支えてきた。二〇〇七年、ビルマ全土で僧侶主導の民主化蜂起が厳しい弾圧に遭うと、欧米在住のビルマ僧を中心に「国際ビルマ仏教僧協会（サーサナモリ）」を設立し、ビルマの民主化と自由な宗教活動を求める運動を展開している。その後の民政移管を経て、二〇二一年に再び軍のクーデターが起きたが、市民への弾圧が続く中、市民的不服従運動に賛同して、民主化を支持するビルマ僧は少なくない。

（守屋友江・吉永進一）

学問と大学のなかで発展する

仏教学はどのように成立したのか？

仏陀の教えを究める学問の試みは古くからあった。しかし、明治時代以降、そうした伝統は新しい展開をみせる！近代的な大学制度のなかでの再構築。それが、今日の私たちが目にする「仏教学」という学問である！

「印度哲学」としての仏教学

明治一〇（一八七七）年に、近代日本における初めての高等教育機関である東京大学が創立された。二年後、法理文学部綜理を務めていた政治家・教育者の加藤弘之（一八三六～一九一六）は、西洋のみならず、東洋の思想なども教えられるべきであると考え、仏書を講じるために原坦山（一八一九～一八九二）を招いた。元々曹洞宗の僧侶で、医学も修めていた坦山は、その数年前に何らかの手続きミスのために出版関連の法律に触れ、僧籍剥奪処分も受けていたが、真宗本願寺派法主の大谷光尊（一八五〇～一九〇三）に見い出され、築地別院に招聘され講義を行っていた。加藤が坦山に仏書の講読を委嘱した理由は必ずしも明らかではないが、西洋から導入されつつあった科学的な知識の枠組みで仏教を語りなおしうる者として認識されたことや、人脈のレベルで、加藤が以前から交流を有していた真宗本願寺派僧侶・島地黙雷（一八三八～一九一一）からの推薦があった可能性も高い。

さらに二年後の明治一四年に、東京大学における学科組織の改編が行われた。そこで、真宗大谷派の吉谷覚寿（一八四三～一九一四）も講師として招かれ、二人が隔年で『輔教編』・『八宗綱要』・『維摩経』・『大乗起信論』などの仏典を講じることになった。この改編にともなって、明治一五年に「東洋哲学」という科目も増設され、その枠組みに「支那哲学」および「印度哲学」が設けられた。前者は井上哲次郎（一八五六～一九四四）や中村正直（一八三二～一八九一）に任され、後者は坦山および吉谷が引き続き担当した。なお、「印度哲学」という名称については、官立大学における「宗教」研究に対する懸念への配慮とともに、「西洋哲学」に対抗しうる「東洋哲学」として、仏教や儒教を再構築することが企図されていたであろう、という指摘も先学者によってなされている。事実上、中国仏教や日本仏教も当然ながらその枠組みで講じられていったが、この「印度哲学」という呼称は講座名として、一九九〇年代まで用いられた。

西洋からの影響と仏教学の展開

とくにヨーロッパで展開されていたような宗教研究の影響は、一八八〇年代に、日本の仏教界において次第に広がっていった。たとえば上記の坦山は、その晩年に、神智学協会初代会長H・S・オルコット（Henry Steel Olcott, 1832~1907）による『仏教問答』（原著一八八一年、日本語訳一八八六年）に大きな刺激を受け、それによって自分の仏教理解を再構成した。そして、こういった印刷物を通しての影響に加え、ヨーロッパの大学における当時最新の研究方法を現場で身につけて、東京大学の講壇に立つ者も出てきた。イギリスのオックスフォード大学にて、東洋学という分野の最高権威の一人であるマックス・ミュラー（Friedrich Max Müller, 1823~1900）に学んだ真宗大谷派の南条文雄（一八四九～一九二七）が明治一八年に、「梵語」（サンスクリット語）の講師を嘱託され、古代インドの言葉が初めて東京大学で教えられることとなった。しかし、南条は約二年後、真宗大谷派の組織運営に専念するために辞職し、梵語を中心とする文献学の伝統は、この時期に根付くことはなかった。

明治二一年に原坦山は東京大学（当時は帝国大学）を離れ、約一年後に、覚寿は大谷大学の前身である真宗大学寮で教鞭をとるべく京都へ赴いた。後者は当時、たとえば『仏教大旨』（一八八六年）や『仏教総論』（一八九〇年）といった、仏教諸宗の教理を総合的に説明しようとする著作を刊行しており、彼のポストを引き継いだのは『仏教一貫論』（一八九〇年）など、似たような性格の成果を発表していた同じ真宗大谷派の村上専精（一八五一～一九二九）であった。一八九〇年代後半から、梵語学の担当教員として雇用された真宗本願寺派の在家信者・高楠順次郎もインド宗教史について講義するようになり、オックスフォード大学で梵語を学んだ彼の影響のもと、官立大学における仏教研究の学風も次第に変化していった。明治三三年に、真宗本願寺派の前田慧雲（一八五五～一九三〇）も講師として加わり、八年後には中国仏教の専門家として真宗大谷派の常盤大定（一八七〇～一九四五）が雇用された。大正元（一九一二）年に、曹洞宗の木村泰賢（一八八一～一九三〇）も呼ばれ、仏教を講じる複数の講師は在籍していたが、「印度哲学」はまだ選択科目のようなもので、独立した講座ではなかった。

官立大学における仏教学の制度化

大正五年に、村上専精と仏縁のあった実業家・安田善次郎（一八三八～一九二一）は、五万円（今日の価値で約四五〇〇万円）を寄付して、印度哲学はついに、講座として増設された。初代教授は、安田との仲介者であり、担当教員のなかで最も先輩の村上専精が務めることとなった。大正一〇年に、禅思想家・鈴木大拙（一八七〇～一九六六）の師としても知られる臨済宗の僧・釈宗演（一八六〇～一九一九）の遺言で、約三万円が寄付され、印度哲学第二講座が成立した。こういう事実を考えると、官立大学における仏教研究の制度化は、国家にとって必ずしも重要視されていた事業ではないこともうかがえる。「印度哲学」講座が国費によって初めて開講したのは大正一五年のことで、その教授となったのは、中国仏教の専門家で、大陸の現地調査で名高かった常盤大定である。彼が担当することとなったこの新たな講座の設置は、アジアへの野望が広がりつつあった大日本帝国の意思と必ずしも無関係ではないであ

東京帝国大学での「印度哲学」講座設立に大きく貢献した還暦時の村上専精

出典：村上専精『六十一年――一名赤裸々』丙午出版社、1914年

ろう。

「印度哲学」が東京大学（当時は東京帝国大学）で制度化した大正期には、日本の大学制度全体が変わろうとしていた。大正七年に、私立大学設置への道を開いた「大学令」が公布された。それまでに、私立の高等教育機関はなかったわけではないが、この法令によってそれらは正式に「大学」と公認されることが可能となった。大学令が施行されると、財政的に豊かな宗派（五〇万円以上の供託金が必要であった）は、文部省に大学の設置を次々に申請し、それが認められることとなった。真宗本願寺派の龍谷大学や、仏教諸宗の連合機関として構想された大正大学などは、この時期にできたものである。そういった新しい大学を設置するうえで、そのモデルとなったのは帝国大学であるが、以降、各大学が次第にその特徴を表していき、現在にいたる。

（オリオン・クラウタウ）

僧侶を育てる大学へ

明治という新しい時代を迎え、僧侶養成のための大改革が行われた。各宗派はこぞって学校を設立し、そのなかから六つの宗門系大学が誕生した！　新しい時代を担うエリート僧侶の養成。宗門系大学の知られざる歴史と実態に迫る！

学寮から学校へ

明治維新と廃仏毀釈（はいぶつきしゃく）。これらは日本仏教にとって未曾有の危機をもたらした。幕府という後ろ盾を失い、全国各地で寺院の破却が大規模に行われ、仏法破滅の現実を目の当たりにした僧侶たちは絶望に打ちひしがれた。しかし、この危機を改革の契機とみなし、仏教界全体に檄を飛ばした僧侶たちのグループが存在した。原坦山（はらたんざん）（一八一九〜一八九二）や福田行誡（ふくだぎょうかい）（一八〇九〜一八八八）らによって組織された諸宗同徳会盟（しょしゅうどうとくかいめい）である。仏教復興・耶蘇（やそ）排撃をスローガンに、まずは廃仏毀釈を止めるよう政府に働きかけた。その一方で、危機を招いた一因が退廃した僧侶自身にあると自省し、各教団に対し僧侶興学の檄を飛ばした。この檄は実質的な効果をみるにいたらなかったが、のちに行われる僧侶養成改革の嚆矢として位置づけられる。

僧侶養成を制度としてみた場合、近世的な養成機関（檀林（だんりん）、学林（がくりん）、学寮（がくりょう）など）が大きく変革していくのが明治五（一八七二）年、大教院制度の発足によってであった。国民教化政策の本丸として明治政府が新設した大教院制度は、神仏合同による活動を企図したものであり、仏教界はこぞって参加した。しかし、大教院の神主仏従体制に仏教界は大きく反発、結果、明治八年には早々と崩壊してしまう。その後は、宗派ごとに大教院が創設される、いわゆる各宗大教院時代が到来した。各教団は自前の大教院を頂点に、新たな教団体制の構築を模索しはじめる。それとともに僧侶養成制度の改革にも着手、大教院制度や近代学校制度の基盤となった学制をモデルに、全国各地に宗門系の学校を設置することを企画していった。

しかし、である。教団体制も整備されないなか、僧侶養成のための学校を全国に設置する、さらには、教授する内容には普通学（一般学校で教授されていた学科科目）を含む、という極めて画期的な制度構想を行ったため、学校構想はその多くが企画倒れに終わってしまう。ただし学校制度という近代的な制度に則って僧侶養成機関を築き上げていく方針はその後も保持され、それらのなかから宗門系大学が誕生していくこととなる。

帝国大学と宗門系高等教育機関

明治一九年の帝国大学令をもって日本初の帝国大学（のちの東京帝国大学）が誕生した。国内最高学府として近代教育制度の頂点に君臨するこの大学では、明治一二年、原坦山が「仏書講読」を担当したのを皮切りに、吉谷覚寿、村上専精、前田慧雲、常盤大定など真宗出身者が仏教関連の講義を担当していった。とはいえ、彼らが講義したのはあくまで仏教学であり、通仏教的な内容を原則としていた。明治三七年には哲学科の一専修学科として「印度哲学」が設置、大正五（一九一六）年には正式に「印度哲学講座」が開設される。最先端の仏教研究機関が東京に、寺院ではなく大学に設置され、そこでは特定宗派によらない研究姿勢が原則とされたことの意味は大きかった。表1には旧学制下における宗門系大学の一覧を掲載した。掲載した大学のうち高野山大学を除く五つの大学が東京に強い関わりを持っていたことは決して偶然ではなかった。現在、大谷大学と龍谷大学は京都に所在しているが、それらのルーツの一部は東京にも設置されていた。東京は、政治や経済のみならず、学問においても中心であった。各宗派では、帝国大学での修学を推奨し、有望な若手僧侶を率先して入学させる奨学生制度を創設していった。彼らには、最先端の仏教研究の修得とともに、卒業後は宗門系学校の教員として着任することが期待されていた。

表1　宗門系大学

専門学校名		大学名	大学令認可
真宗大谷大学	→	大谷大学	大正一一年
仏教大学	→	龍谷大学	大正一一年
日蓮宗大学	→	立正大学	大正一三年
曹洞宗大学	→	駒澤大学	大正一四年
真言宗高野山大学	→	高野山大学	大正一五年
天台宗大学 豊山大学 宗教大学 （＊智山専門学校）	→	大正大学	大正一五年

＊昭和一八年に合流

さて時代は戻るが、明治二〇年頃になると、各宗派の学校制度も現実味を帯びるようになっていき、そこで教授される内容も普通学を取り入れたものとなっていた。同じ頃、キリスト教系の同志社が大学昇格を目指し全国的な運動を展開していたが、仏教界もこれに敏感に反応し、超宗派仏教立大学の設置を企画している。結果的には宗派間の利害関係を埋めることができず、超宗派仏教立大学は現実のものとはならなかった。その後は宗派ごとに高等教育機関の設立を図っていくこととなる。

明治二〇年代後半になると、中等教育卒業者の増加にともない私立大学設置を求める声が社会全体に広がっていった。それを受けて政府は、明治三六年に専門学校令を施行している。ただし、施行時の文部大臣・菊池大麓は高等教育に私立学校が参入してくることを嫌い、官立・公立学校を中心に認可を行なっていた。しかし、高等教育緩和を声高に叫ぶ久保田譲が文部大臣に就任すると、私立学校を専門学校として続々と認可していく。宗門系学校では浄土宗高等学院（高等科）が第一号認可を受けた後、その他の宗門系学校が次々と専門学校昇格を果たしていった。

専門学校から大学へ

大正七年に公布された大学令によって、宗門系の専門学校は大学昇格のチャンスを得ることが可能となった。ただし当時の文部省は、大学を高等学術の教育・研究機関として位置づけ、宗教者養成のための教育を行うことを認めていなかった。先述したように、大学での教育・研究は特定宗派によることなく、客観的に、科学的に行われることを方針づけていたのである。この方針は、大学名や学科科目に大きな影響を及ぼした。表1に掲載した大学昇格後の名称をみると、専門学校時代に有していた宗派の名称が削除されていることがわかる。また、専門学校時代に設置されていた宗乗という科目も全面的に削除され、仏教学、禅学、真宗学という名称に変更された。これは、宗門系大学とはいえ、文部省からは〝学術的〟であることが求められ、〝宗門的〟であることは求められていなかった証左と言えよう。

さらに、大学令内には教団と宗門系大学の制度的分離条項が盛り込まれていた。大学令では、大学を設立運営するためには財団法人を新規設立しなければならず、宗教教団

大正大学での講義風景（昭和６年度）
出典：『大正大学卒業アルバム』1931年

が直接的に関わることを認めていなかった。学術と宗門、教団と大学。本来ならば一体であったはずの両者は徐々に距離が開いていく。たとえば、浄土往生思想を否定した龍谷大学教授・野々村直太郎（一八七〇～一九四六）が思想問題を理由に真宗本願寺派僧籍を剝奪された後、大学も解雇されている。これは当時、龍谷大学教員が僧籍保持者に限定されていたためである。この問題は野々村事件として大きな波紋を呼んだ。なぜなら、野々村の処遇は単なる一大学教員の人事問題ではなく、大学自治と宗教教団の関係、思想・信条の自由を再考するきっかけとなるものであったからである。

昭和に入り戦火が激しくなると、宗門系大学も学徒出陣、戦時組織の設置など国家総力戦体制へ組み込まれていく。実現はしなかったが、文部省主導のもと、六つの宗門系大学を東京と京都の二つに統合する計画も立案されていた。その後、敗戦を迎え、宗門系大学は新制大学へと衣替えしていく。戦後においても宗門系大学が宗門にとって重要な役割をなしていったことに変わりはなく、二一世紀を迎えた現在でもその位置づけは変わっていない。

（江島尚俊）

京都学派のとらえた仏教

京都帝国大学教授・西田幾多郎。西田を中心に生まれた知的ネットワークが「京都学派」である！　京都学派の哲学は、近代日本の仏教理解にも大きな影響を与えた。その京都学派の仏教理解を振り返ってみよう！

西田幾多郎の純粋経験論

西田幾多郎（一八七〇～一九四五）は、明治三（一八七〇）年、現在の石川県かほく市（旧加賀国河北郡森村）に生まれた。西田の母は、熱心な真宗の信者であり、聡明な西田は、母の教育のもと幼時から蓮如の『御文章』を暗誦していたという。また、若い時代に西田は、禅道場に通い、熱心に参禅をした。この念仏と禅とが西田の仏教理解の基盤となった。西田は、東京の帝国大学選科で西洋哲学を学び、各地の学校で教鞭をとったあと、明治四三年、京都帝国大学に赴任した。その翌年に刊行した『善の研究』は、西田の代表的著作であるが、西田のみならず、その後の京都学派の哲学者と仏教との基本的関係が読み取れる書物となっている。

『善の研究』において、西田は「主観―客観」という構図が描かれる以前の「経験そのままの状態」すなわち「主客未分の状態」を、「純粋経験」という言葉によってとらえようとした。西田は、この「純粋経験」によって、西洋哲学が前提している仮定を問題にし、世界の真相を探求しようとしたのである。純粋経験論には、このように西洋の哲学と対決し、それをより包括的な場においてとらえ返そ

西田幾多郎の肖像
（画像提供：石川県西田幾多郎記念哲学館）

うという意図があった。と同時に、真の自己への探求の問いと、この純粋経験論は結びついていた。西田は、「知るもの」と「知られるもの」とが一つになった「主客未分」の経験のなかに、その統一力として働いているものこそ、真の自己であるとした。そしてこの探求によって、当時の青年知識人の課題であった「個の確立」に対する、応答の場を哲学的に開いたのである。

　西田がこのような思索を展開できたのは、もちろん西洋哲学についての深い関心と広い知識を有していたからであったが、それとともに、東洋文化、とりわけ禅思想をその思索の背景に持っていたことが大きな要因となっていた。つまり、西田が西洋哲学の前提にしているものを問題視し、その根底を掘り下げようとしたことと、西洋哲学の歴史と東洋文化の伝統とが交差する場所に、西田が立っていたこととは深い関係があったのである。

京都学派における宗教

　京都学派は、西田によって創始されたが、西田とその後継者である田辺元（一八八五～一九六二）との論争によって一段と学派における思索が活発化した。田辺は、もともとは科学哲学・数理哲学の分野の研究者であったが、西田に招かれ、その後継者として、京都帝国大学の教授となった。しかし、田辺は西田哲学をそのままに継承したわけではなかった。西田哲学への根本的な疑問と批判を展開したのである。この論争から、京都学派における哲学と宗教との関係の暗黙の前提が見て取れる。田辺は、西田への非難の言葉として、「哲学の宗教化」という表現を用いたのであるが、京都学派の哲学者たちは共通して、「哲学の宗教化」は避けるべきだという認識を抱いていた。彼らは、自らの哲学を構築するなかで「宗教」を問題とすることを基本的立場としていた。たとえば、西田は、宗教を「哲学の終結」と述べ、事実、『善の研究』の最後で「宗教」を論じている。しかし、西田はあくまで哲学者として宗教を問うたのであり、哲学的思索の深まりのなかで宗教を問う立場をとろうとしていた。その点は田辺も西田と同じであった。田辺の主著『懺悔道としての哲学』は、親鸞の『教行信証』を手がかりにし、通常の哲学の次元が破れた地点での思索を試みているものの、それはやはり哲学的思索にもとづくものであった。

　西田と田辺との間に対立・論争があったにしろ、両者には、共通点が多い。両者ともに宗教を論じるときに言及するのは、仏教では、禅と真宗が中心である。それ以外では、キリスト教や神学者を取り上げるものの、禅と真宗以外の仏教宗派や、仏教とキリスト教以外の宗教を主題的に論じたことはない。この点は、西田・田辺に続く、他の京都学派の哲学者たちも同様である。三木清（一八九七～一九四五）、西谷啓治（一八七〇～一九六六）、武内義範（一九一三～二〇〇二）、上田閑照（一九二六～二〇一九）などは、仏教に関する多くの著作を著しているが、最澄や空海や日蓮、さらには新宗教などに関する本格的な論考は存在しない。また、西田と一生涯親しい関係にあった仏教思想家、鈴木大拙（一九〇〇～一九九〇）も、その著『日本的霊性』に明確にみられるように、日本の思想のなかで、鎌倉時代に生まれた禅と念仏の思想とを特別視した。

さらに、京都学派の仏教理解の共通点として、「仏教」を科学と矛盾しないものととらえ、「迷信」の類を排除しようとしている点をあげることができる。西田は、「地震が起こるのは、地下の大鯰が動くからだ」などと信じることは、「主観的妄想」であり、自然科学が進展することでその真相が解明されると『善の研究』で述べている。西洋の近代的知性の意義を認め、自然科学が探求する客観的自然世界とは違う次元で、仏教をとらえようとしているのである。

京都学派の受容

京都学派の哲学者は、哲学的思索のなかで仏教や宗教を論じたのであるが、その受容という面においては、別の仕方で受け入れられることがしばしばあった。劇作家であり評論家でもあった、倉田百三（一八九一～一九四三）による西田哲学の受容はその典型であった。西田の『善の研究』を手にとった倉田は、それを「客観的に真理を記述した哲学書」としてではなく、むしろ「主観的に信念を鼓吹する教訓書」であるととらえた。そしてそこに「愛と宗教との形而上学的な思想」を読み取った。そのような観点で、倉田はその著『愛と認識との出発』（一九二一年）で西田の思想を紹介し、この紹介を一つの契機として、西田の書物は青年の自己形成に不可欠な思想として知られ、教養主義の代表的著作として読まれるようになった。倉田は、宗教に関わる論を展開した西田の哲学を人生の指針を与える一種の「宗教思想」として紹介したと言えよう。その結果、京都学派の哲学は学問でありながら、同時に「個の確立」を促す、ある種の宗教思想として、受け入れられていったのである。

このような京都学派の思考は、近代における仏教理解の大枠を形づくるのに重要な役割を果たした。第一に、仏教思想を近代的学知に相応しいものとしてとらえなおし、知識人社会に受け入れられやすい仏教思想の形成に貢献した。そして、このことは結果として、深化したキリスト教の理解を日本社会に広めることにもなった。というのは、京都学派の仏教理解は、キリスト教の近代的理解をモデルとしており、キリスト教は仏教と対応するようなものとして知性的に提示されたからである。第二に、京都学派の思想は、欧米の知識人の関心を呼んだ。京都学派の探求は、西洋の知性に呼応したものであるため、日本の宗教的伝統を海外へと開くものとなり、少なからぬ海外の研究者が京都学派を通して、日本の仏教思想を受け取っていったのである。

京都学派の仏教理解は、仏教をひろく近代人に理解させるにあたって大きな貢献をなしたが、京都学派が提示した仏教は、伝統的な仏教そのものではないことに注意する必要がある。京都学派のとらえた仏教は、「近代的」な理解にもとづいていたのである。このことを含めて、京都学派と仏教との関係は、改めて探求されなければならないことがいまなお多く残されている。

（岩田文昭）

メディアを活用する

新しいメディアが仏教を変えた！

近代日本の黎明期から、新しいメディアの登場と普及が仏教のあり方を大きく変えてきた！　新しい近代技術の発展は、仏教と人々との関わりにどのような影響を与えたのだろうか？　演説や活版印刷の果たした役割をみてみよう！

メディアはメッセージである

カナダ人の思想家、マーシャル・マクルーハン（Herbert Marshall McLuhan, 1911～1980）が「メディアはメッセージである」という刺激的なメッセージを世に送り出してから、すでに半世紀近い年月が過ぎた。この間に、人間の経験や活動を拡張する技術――マクルーハンの言うメディア――の登場が、さまざまなレベルで新しい人間環境を生み出すという彼の主張は、むしろ自明化してきたと言ってもよいだろう。

マクルーハンが強調した活版印刷やラジオ・テレビなどの役割に限らず、新しい情報伝達技術や移動手段の登場が、新しい思想や社会制度の確立に先んじて世界のあり方を変えていくことは、インターネットや携帯電話が急速に普及した近年の世界の動向を知る者にとって否定できない事実である。仏教史の分野においても、こうした側面の分析は必要だろう。とくに、近代仏教の思想や歴史を研究する場合には、前近代の日本の社会には存在しなかった、さまざまな新しい情報伝達や相互交流の技術の登場を無視することはできない。限られた紙幅のなかで、すべてを網羅することは難しいが、明治期以後の主要なメディアの影響について考えてみよう。

説教から演説へ

明治維新によって、仏教の日本社会における役割は劇的に変化した。このため、仏教と一般の人々をつなぐインターフェイスも大きく変容することになる。

たとえば、直接的な布教活動が制限されていた江戸時代には、僧侶が民衆に教えを伝える手法は話芸の技術を重視する節談説教（ふしだんせっきょう）などが一般的であった。落語の源流とも言われる当時の説教の話芸はむしろ芸能に近いものであって、「和上（わじょう）」と呼ばれる説教の達人たちは、その話芸によって名声を博した。しかし、関山和夫が指摘するように、明治期になると「洋服衣」を着た仏教演説（改良説教）が主流になってくる。明治政府の主導で大教院制度が確立し、僧侶も教導職に任命されるようになると、さまざまな演説の指南書も刊行されるようになった。

仏教演説の目的は、主に仏典の解説や仏教思想の知的な再解釈、あるいはキリスト教に代表される他思想との対決であり、自らの主張の正当性を理論的に説明して人々を啓蒙することが重視された。仏教演説にとって大切なのは聴衆に主張を納得させることであり、話芸を楽しむことを主眼とする節談説教とは本質的に異なるものであった。

明治一〇年代に自由民権運動とともに広がった日本の「演説」文化は、当初は旧来の説教・講談と演説（speech）の様式を一体化したものであったが、明治三〇年代以後の言文一致・自然主義文学の台頭と同時に、浪花（なにわ）節（ぶし）のような芸能と聴衆に主張を納得させる演説に二極分化していったことが、すでに先行研究によって指摘されている。仏教界に「改良説教」の動きが広まったことは、こうした当時の状況と無関係ではないだろう。

さらに明治三〇年代以後は、明治期になっても根強く支持されていた「節談説教」が次第に衰退し、どちらも話芸の「型」を重視する「節談説教」と「改良説教」が並走する過渡期を経て、話芸を楽しむための「説教」と自己の主張を不特定多数の人々に伝える「演説」の差異が次第に明確になってくる。

これまで、あまり注目されてこなかった研究対象の一つであるが、このような民衆教化の手法の変遷は、近代日本社会における仏教の役割の変化とも密接にかかわっている。とくに近代日本の黎明期には、演説や講演は現在のラジオやテレビのように、情報や主義・主張を伝達する効果的な手段の一つだったのであり、今後はさらにメディア研究の手法を踏まえた議論が重ねられていくべきだろう。

木版から活版印刷へ

　また、印刷・出版事業の様態の変遷も重要なテーマの一つである。木版が主流だった出版事業は、明治期以後は急速に活版（かっぱん）印刷に移行する。紙型などの新しい技術の導入もあって普及した活版印刷によって、木版・袋とじの和装本は洋装本に変わり、複製される印刷物の冊数や伝達される情報量は格段に増えていく。とくに、新しい印刷技術は新聞や雑誌などの定期刊行物の普及に大きな役割を果たした。

　このため、洋装本が和装本に代わって出版形態の主流になる明治二〇年代以後は、仏教界においてもさまざまな雑誌や新聞が登場してくる。西本願寺の普通教校の学生たちが組織した反省会の機関誌である『反省会雑誌』が発刊されたのは明治二〇（一八八八）年であり、これが現在まで続く『中央公論』に解題されたのは、明治三二年のことであった。明治三〇年に発刊された『教学報知』（のち『中外日報』）など、一定の宗旨に偏らない仏教／宗教ジャーナリズムの動きが生まれる一方で、同時期には宗派単位や同人・結社単位の定期刊行物が続々と刊行されるようになる。

　この時期に刊行された仏教系出版物は膨大な数であり、当時の仏教青年たちの活動とも結びつきながら、かなり大きな言説空間をつくりだした。多くの資料が残されていながら、むしろ資料の膨大さのためにあまり言及されてこなかった研究対象であるが、近年では吉永進一や大谷栄一によって研究の先鞭がつけられつつある。

　新しい印刷技術によって普及した新聞や雑誌は、同人や

『反省会雑誌』創刊号の表紙
（反省会本部、1887年、復刻版）

結社の形成をともなう場合は新たな言論の場をつくりだす。さらには、購読者層が広がって出版社を形成する場合には、より広い社会的な言説との対応関係が求められることになる。

新しい印刷技術を基盤とする新聞や雑誌というメディアは、個人と社会とを接続して個人の発信に社会的影響力を付与すると同時に、世論や一般社会との軋轢や迎合も生み出していく。たとえ日記的な文章であっても、それが機関誌や雑誌の形態で多数の読者の目に触れるようになれば、一定の社会的な影響力を獲得することになるだろう。その一方で、雑誌の販売部数や広告収入が意識されるようになれば、自然と文章表現に自己規制を課す場面が生じてくる。あるいは、あえて反動的・扇動的な内容が掲載されるケースもあるかもしれない。

いずれにしても、従来の近代仏教研究のように『精神界』や『新仏教』といった、特定の著名な雑誌ばかりを研究するのではなく、同時代の膨大な仏教系出版物に広く目を配る作業が求められているのである。同時期の多彩な宗教系出版物との比較研究も興味深い。

複製技術の時代の仏教

さらには、坂本慎一が先鞭をつけたラジオの影響力や、戦後のテレビの普及との関係、映画やマンガなどの影響についても考える必要があるだろう。近代日本の黎明期以来、新しいメディアの登場と普及は、いつも仏教／宗教思想と人々とのかかわり方に少なからぬ影響を及ぼしてきた。最近ではインターネットや携帯電話の普及など、新しい技術の登場は際限なく新たな言説空間をつくりだし、不可避的に人々と仏教／宗教のかかわり方を変えていく。近代仏教研究の主要な課題として、今後の研究の蓄積が待たれるテーマの一つである。

（岡田正彦）

京都と東京の仏教書出版社

明治時代の仏教教団、結社、啓蒙家、在家信者たちにとって、出版は自分たちの活動を支える大事なものだった。江戸時代以来の伝統を持つ出版界と近代仏教の関わり。京都と東京の仏教書出版事情を検証してみよう！

江戸出版界の西と東

日本の書籍文化研究をリードしてきた鈴木俊幸によれば、江戸城下町の文化を象徴する存在は、一枚摺の浮世絵や安価な戯作を大量販売する絵草紙屋であった。江戸時代に「物の本」と言えば仏書や儒書であったが、それらの商品は、真宗書なら永田調兵衛、法華書なら村上勘兵衛といった具合に、京都の老舗書林が独占体制を築き上げていた。そこで、出版界に遅れて参入した江戸城下町の本屋は、そもそも「本」とみなされていないような絵草紙に活路を見出し、ついにはこれを全国的なヒット商品へ押し上げたというわけである。もっとも、活版印刷の普及により、貸本屋の賃料レベルで書物が売買されはじめた明治二〇年代になると、木版の戯作販売は振るわなくなる。そして、絵葉書ブームが起こった明治三〇年代になると、絵草紙屋は浮世絵というドル箱も失い、その姿を消していった。こうした状況を踏まえつつ、以下では明治期の仏教を支えた京都と東京の仏教系出版社を追いかけてみよう。

鴻盟社・哲学書院——東京の仏教系出版社の戦略

まずは図1・2に注目してみたい。これらはいずれも、明治期に出版された書物を和装本と洋装本に区分したものである。明治二〇年代に起こった木版から活版への急速な移行や、それにともなう老舗本屋の没落を確認するためには有効な資料と言える。

図1で東京の状況をみると、そこに示されるのは、かなりわかりやすい変化である。明治二〇（一八八七）年を境として、洋装本の出版点数は一気に増加し、和装本を圧倒していく。これは木版戯作の凋落とも軌を一にする動向である。

それでは、明治になって洋装本という新しい書物のかたちを選び取ったのは、どのような出版社だったのか。次に表1に注目してみよう。表1は図1のデータを出版社別に

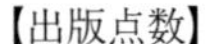

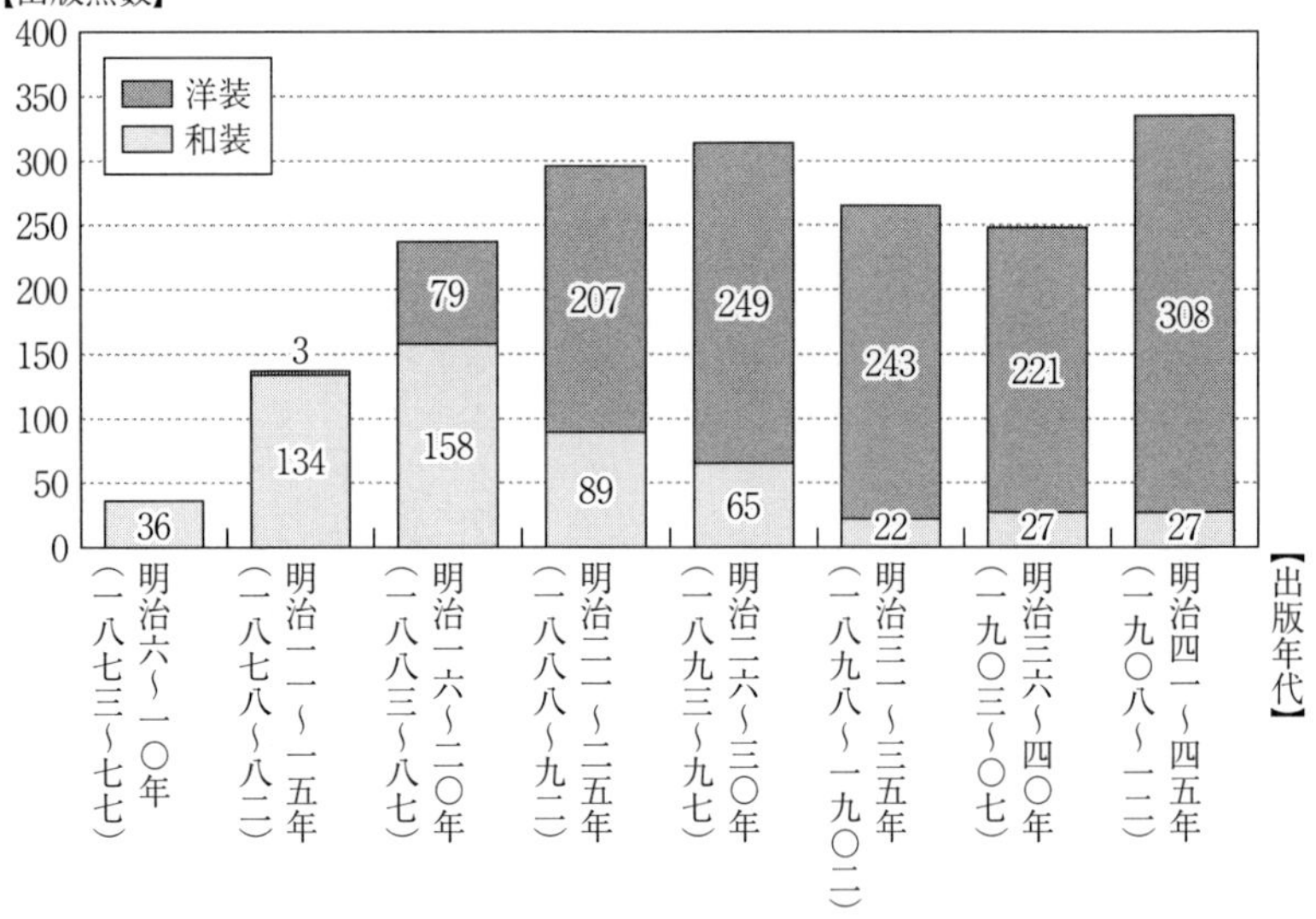

図1　明治期の東京における仏書出版状況

『国立国会図書館所蔵明治期刊行図書目録』のデータにもとづいて作成。ただし、木版の一枚摺や折本は「和装」のジャンルに入れ、写真・絵葉書・近代以降の設計図面などは「洋装」のジャンルに入れた。また、「和装」と「洋装」の区別については、国立国会図書館近代デジタルライブラリーを参照しつつ、適宜訂正を加え、判別が難しいものは除外した。

まとめなおしたものである。ここで存在感を示しているのは、明治期に多くの洋装本を出版した鴻盟社と哲学書院であろう。鴻盟社・哲学書院はそれぞれ大内青巒（一八四五〜一九一八）・井上円了（一八五八〜一九一九）という明治期の代表的な仏教思想家によって創設された。彼らの仏教思想についてここで詳しく触れる余裕はないが、既存の教団秩序にとらわれず、自らの思想を多方面に発信し続けたことは両者の共通点であろう。大量の書物を安価に提供できる活版印刷・洋装仕立ては、彼らの啓蒙的著作を普及させるのに、理想的な技術であった。そこで、鴻盟社・哲学書院はいち早く新しいスタイルを取り入れ、幅広い階層を対象とする仏書出版を展開していった。

もっとも、既存の教団秩序になじんでいる僧俗にしてみれば、啓蒙書だけで日々の仏事を果たすことはできない。そこで、千鍾房（須原屋）や大村屋といった江戸時代創業の出版社が、変わらぬ和装仕立てで経典類を販売し続けた。

京都老舗書林の近代

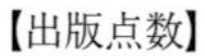

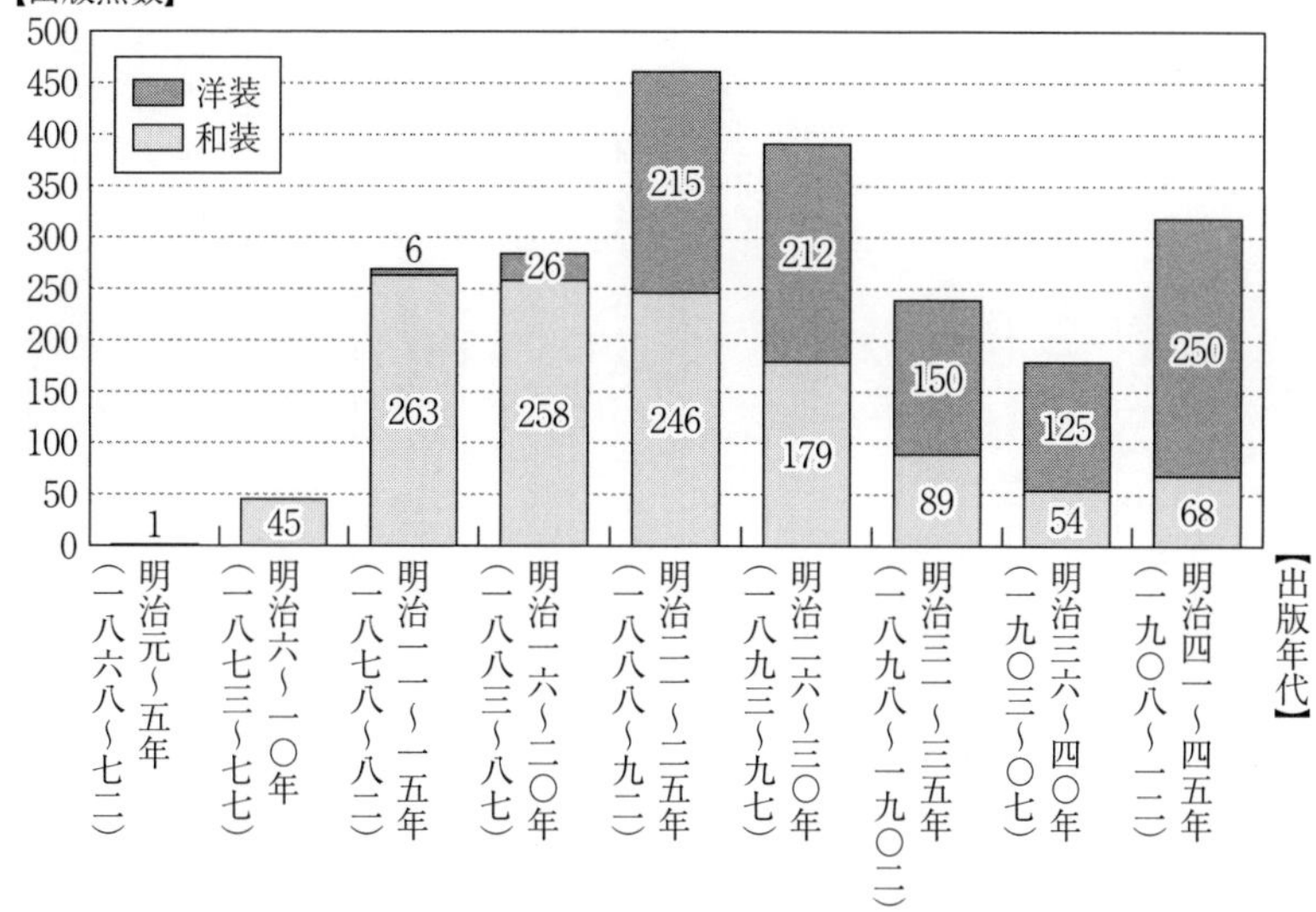

図2　明治期の京都における仏書出版状況

『国立国会図書館所蔵明治期刊行図書目録』のデータにもとづいて作成。ただし、木版の一枚摺や折本は「和装」のジャンルに入れ、写真・絵葉書・近代以降の設計図面などは「洋装」のジャンルに入れた。また、「和装」と「洋装」の区別については、国立国会図書館近代デジタルライブラリーを参照しつつ、適宜訂正を加え、判別が難しいものは除外した。

さて、次に図2と表2から京都の状況を確認してみよう。京都の場合、東京と比べて洋装本への移行は明らかに遅れる。明治二〇年代に洋装本が和装本を圧倒することはなく、それどころか三〇年代に入っても和装本は二〇～三〇％の割合で出版され続けている。

こうした遅れの要因として、老舗書林に注目することはおそらく間違いではない。表2からわかるように、護法館・文昌堂といったかつての寺院御用書林は、明治になっても多数の仏書を出版している。上位一〇社が出版した仏書は、全出版点数の六〇％以上を占めており、東京と比べて驚くべき独占率である。それでは、守旧派の老舗書林が和装本に執着したため、時代に乗り遅れたというのが、京都出版界の近代なのだろうか。

京都の老舗書林のなかでも、法藏館などは明治二〇年代から活版印刷所を自社内に整備しており、新しい技術の導入に拒否感を示したわけではない。しかし、たとえ技術的に可能でも、彼らの商品と洋装仕立ての間にはあまり親和性がなかった。東京で出版された仏書の著者には、大内青巒・井上円了ら啓蒙思想家の名前が並ぶが、京都で出版された仏書の場合、占部観

表1　明治期の東京における仏書出版状況（出版社別）

出版社名	創業時期	明治期に出版した仏書の点数					明治期に出版された全仏書中の割合
		合計	和装		洋装		
擁万閣（森江佐七）	江戸時代末期	一七八点	和装	九五点	洋装	八三点	約一〇%
鴻盟社（創設者—大内青巒）	明治一五年（一八八二）	一五一点	和装	三八点	洋装	一一三点	約八%
哲学書院（創設者—井上円了）	明治二〇年（一八八七）	一〇五点	和装	三点	洋装	一〇二点	約六%
光融館（田原豊吉）	明治二三年（一八九〇）	五二点	和装	一一点	洋装	四一点	約三%
千鍾房／須原屋書店（北畠茂兵衛）	江戸時代前期	四六点	和装	三九点	洋装	七点	約二%
大村屋（宇田総兵衛）	江戸時代末期	四四点	和装	四三点	洋装	一点	約二%
博文堂（大橋佐平）	明治二〇年（一八八七）	三八点	和装	〇点	洋装	三八点	約二%
国母社（丹霊源）	明治二一年（一八八八）	三三点	和装	〇点	洋装	三三点	約二%
文明堂（清水金右衛門）	明治三〇年代	三三点	和装	〇点	洋装	三三点	約二%
無我山房（原子広宣）	明治三七年（一九〇四）	三一点	和装	〇点	洋装	三一点	約二%
上記以外の書店	—	一一五七点	和装	三二九点	洋装	八二八点	約六二%

表2　明治期の京都における仏書出版状況（出版社別）

出版社名	創業時期	明治期に出版した仏書の点数	和装	洋装	明治期に出版された全仏書中の割合
護法館（西村九郎右衛門）	江戸時代前期	三七八点	二八四点	九四点	約一七%
法藏館（西村七兵衛）	江戸時代末期	三三八点	一一八点	二二〇点	約一五%
顕道書院（松田甚左衛門）	明治二三年（一八九〇）	一七五点	三六点	一三九点	約八%
興教書院（清水精一郎）	明治二二年（一八八九）	一四九点	二六点	一二三点	約七%
文昌堂（永田調兵衛―永田長左衛門）	江戸時代前期	一一九点	一〇七点	一二点	約五%
松栢堂（出雲寺文次郎）	江戸時代前期	七二点	五九点	一三点	約三%
文栄堂／法文館（沢田友五郎）	江戸時代末期	六四点	四二点	二二点	約三%
平楽寺（村上勘兵衛）	江戸時代前期	六四点	五一点	一三点	約三%
一切経印房／貝葉書院（河村武兵衛―河村泰太郎）	江戸時代中期	四〇点	一七点	二三点	約二%
真宗高倉大学寮	―	三二点	三〇点	二点	約一%
上記以外の書店	―	七五六点	四三三点	三二三点	約三五%

順（一八二四～一九一〇）・東陽円月（一八一八～一九〇二）といった名前が目立つ。占部観順・東陽円月はそれぞれ東西本願寺の学寮・学林で教学指導にあたった学僧である。つまり、京都の老舗書林にとっての仏書出版とは、特定の僧侶に教学指導者の著作を提供することであった。そうした書物を和装仕立てで出版することは、購入者の要望に応える積極的選択であったとも言える。

顕道書院・興教書院——京都仏書出版の新たな波

もっとも、江戸時代以来の伝統的な商法の継続だけで、京都出版界をとらえることはできない。通説的に言えば、地方寺院が基礎的な教学書を備蓄化した江戸時代中期以降、寺院御用書林の売り上げは停滞していくのである。ところが、明治に入ると意外にも仏書出版は再び活気を帯び、顕道書院・興教書院といった新興出版社も出現する。幕末期に疲弊していたはずの仏教系出版社が再浮上するのはなぜだろうか。

考えうる一つの理由は、仏書の個人所有傾向である。江戸時代の地方寺院にとって仏書は次世代へ遺すべき貴重な財産であったから、蔵書印も「〇〇寺所蔵」といった寺院単位のものが多かった。しかし、明治期になると、数十冊の大部な書物を二、三冊の縮刷版にするなど、出版社も工夫を進め、寺院蔵書に僧侶の個人印が記される事例も増えてくる。こうした個人所有傾向こそ明治期における仏書販売活性化の一大要因であり、顕道書院や興教書院はその需要をたよりに新規参入した出版社なのである。同じく活版印刷・洋装仕立てという技術を用いても、京都と東京の仏教系出版社には大きな戦略の違いがあった。

明治期仏書出版の西と東

さて、ここまで明治期の京都と東京で展開された対照的な仏書出版の様相をみてきた。しかし、再び思考をめぐらせてみると、両者の対照性は江戸時代以来のものとも評価できる。特定の勢力と結びつき、専門特化して確実に売れる商品を生産し続けた京都の老舗書林に対して、江戸の絵草紙屋は、誰もが購入しうる商品を大量生産し、そのヒットにかけた。こうした出版戦略の相違は、じつは姿を変えて延々と現代社会まで引き継がれている問題なのかもしれない。

（引野亨輔）

ラジオ説教の時代

テレビもインターネットもない時代、ラジオは唯一の電気的マスメディアだった！　一人の仏教者の声を数百万人の人々が聞くという現象は近代仏教の新しい時代をつくる。ラジオは、昭和初期の仏教復興ブームを巻き起した！

新仏教運動の新展開

新仏教運動の機関誌であった月刊誌『新仏教』は大正四（一九一五）年八月、一六巻八号をもって廃刊を迎える。しかし、新仏教徒同志会会員による旺盛な言論活動はその後も続けられ、ラジオ放送の開始によって、新たな展開がみられたのであった。

日本におけるラジオ放送は、大正一四年三月二二日、社団法人・東京放送局によってはじまった。のちに大阪、名古屋でも放送局が設立され、大正一五年八月二〇日に三団体が合併して、公益社団法人・日本放送協会が設立される。戦前において民間放送は逓信省（ていしんしょう）が許可せず、テレビジョン放送はまだ実験段階であった。

日本におけるラジオ放送は、放送によって国の文化水準をあげることが目標とされた。当時の放送関係者は、これを「ラジオの使命」と呼んでいる。他の先進国における放送は、音楽の時間が全放送の半分以上を占めていたのに対し、日本に限って、最も時間を割いていたのは教養放送であった。

新仏教徒同志会の中心人物であった高嶋米峰（たかしまべいほう）（一八七五〜一九四九）は、大正一四年四月八日には放送に出演している。『日本文化の淵源』と題されたその講話は、日本で最初の宗教放送であった。翌大正一五年（月日不明）に高嶋は、『ひのえうま生まれの娘さんたちに』を放送する。「ひのえうま生まれの女性は夫を殺す、という考えは迷信

大正15年７月19日、名古屋放送局における高嶋米峰

出典：高嶋米峰『高島米峰氏大演説集』大日本雄弁会、1927年

だ」と訴えたこの放送は、大きな反響を呼び、最初期放送の快挙とされた。当時は全国放送ができなかったので、東京で放送したのち、大阪、名古屋でもそれぞれ同じ講話を行ったという。

放送事業への貢献

高嶋は放送に出演するだけではなく、日本放送協会へ出演者の斡旋も行った。仏教学者であると同時に実業家でもあった高嶋は顔が広く、当初は一週間に一度、放送局関係者が自宅を訪れ、出演者の紹介を依頼していたという。このため、高嶋の同志であった境野黄洋（一八七一～一九三三）、加藤咄堂（一八七〇～一九四九）など、新仏教徒同志会会員は何度も放送に出演することとなった。

これと併行するかのように、日本の宗教放送は、「一宗一派に偏らない」という放送コードが確立された。この点は、特定の宗派や宗教団体による放送が行われたアメリカとは対照的である。どの宗派にも偏らない普遍的な仏教思想があるという発想は、新仏教徒同志会が主張し続け、社会に広めた思想であった。

また、「放送によって国の文化水準をあげる」という理想を掲げたラジオ事業は、その高い理想のために番組内容は大きく制約され、事業自体が軌道に乗るかどうかも危ぶまれた。放送開始から一年後、大正一五年には聴取契約者が一時微減し、「ラジオはすでに山が見えた」という声すら聞かれていた。高嶋ら優秀な話し手がいたからこそ、放送事業は次第に人々に支持され、広まっていった面があったことは忘れてはなるまい。

昭和六（一九三一）年、日本放送協会は、教育専門チャンネルである第二放送を開始する。これは、他国にはみられないチャンネルであり、日本の放送がいかに「報道」や「慰安（娯楽）」よりも「教養」を重視していたかを示すものである。

『聖典講義』と全日本真理運動

昭和九年三月、朝の新番組『聖典講義』がはじまった。日本放送協会の職員で、自身も寺院の出身であった、矢部謙次郎による企画である。この番組の最初の出演者に抜擢されたのが、友松円諦（一八九五～一九七三）であった。

友松は名古屋市出身。九歳で東京市にあった安民寺（浄土宗）に養子に出された。宗教大学（現・大正大学）と慶應義塾大学で学び、昭和二年から足かけ五年にわたって、ドイツ、フランスへ留学している。帰国後は、大学講師をしながら安民寺において仏教の研究に打ち込んでいたという。

昭和九年三月一日から日曜を除く毎日、二週間にわたって、友松は『法句経』を放送した。仏教の教えを身近なものとして説くわかりやすさと、聞く人の心を引きつける西洋風の話法により、一躍大衆の関心を集めることになる。東京ローカル放送であったにもかかわらず、放送が終了する前から関係者の予想をはるかに超える大量の手紙が放送局に寄せられ、そのどれもが絶賛と激賞の内容であった。

続いて『聖典講義』に登場したのが、高神覚昇（一八九四〜一九四八）である。愛知県海部郡市江村（現・愛西市）出身。二歳で鈴鹿市の林光寺（真言宗智山派）の養子となり、長じて新義真言宗智山派私立大学智山勧学院（智山大学）、大谷大学、奈良東大寺で学び、二五歳で智山大学助教授、三三歳で教授となった。大正一一年、最初の著作である『価値生活の体験』を出版した際、智山大学で師事した西田幾多郎が序文を書いている。

友松による成功を受けて、高神の『般若心経講義』は全

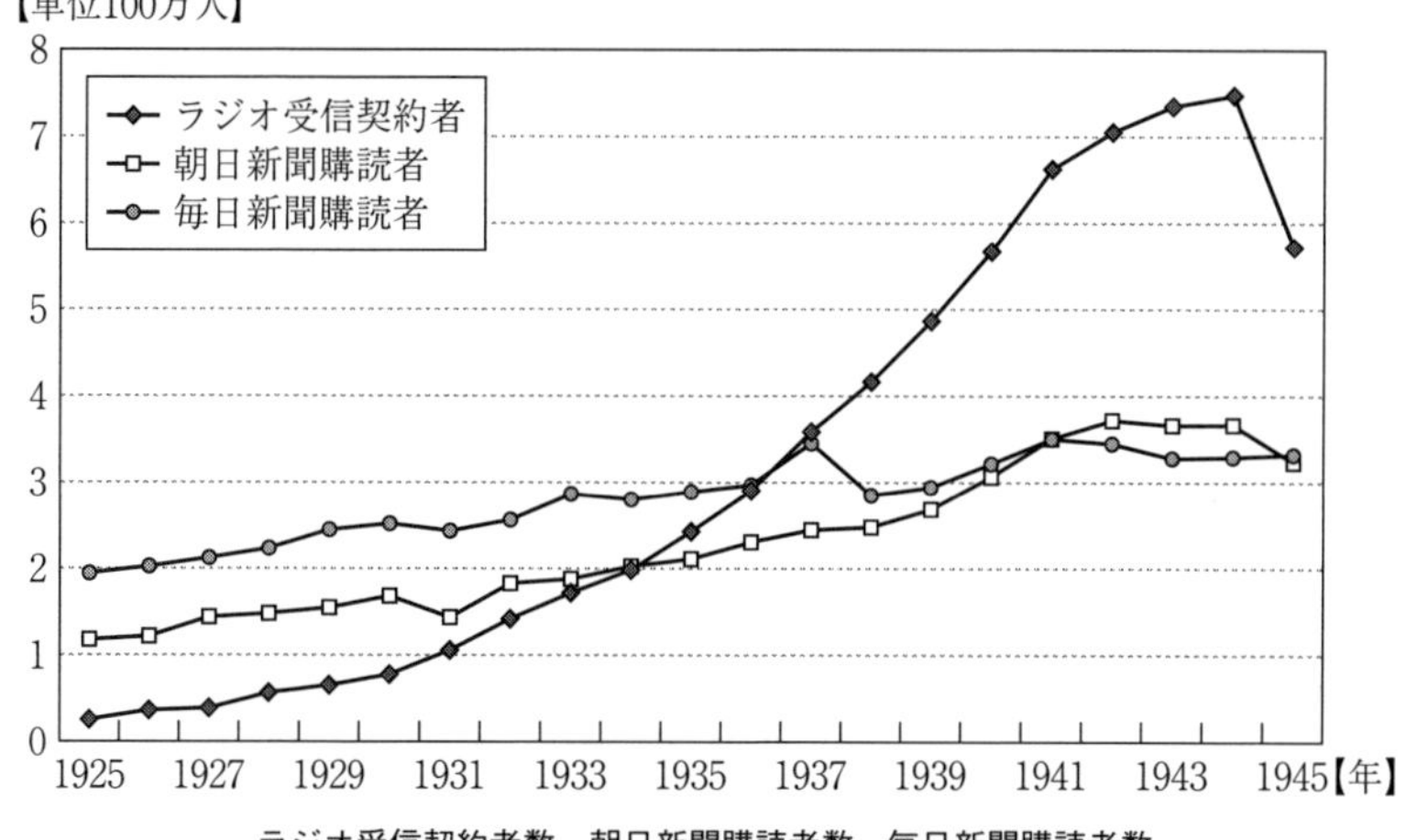

ラジオ受信契約者数、朝日新聞購読者数、毎日新聞購読者数

出典：『日本放送史』（1965年版）上巻巻末データ、『朝日新聞社史・資料編』320〜321頁、『「毎日」の３世紀』別巻96〜97頁より作成

国で放送され、友松に劣らぬ人気を博した。『聖典講義』は、七月に加藤咄堂が『菜根譚講話』、八月に高嶋米峰が『遺教経（抄）』を放送している。友松は一〇月に再度登場し、『阿含経』を放送した。一年後に番組は、『朝の修養』と改題され、不動の人気番組となったのである。

放送への絶大な支持を受け、友松と高神は全日本真理運動を起こすこととなった。昭和九年九月一日、事務所を構えて運動の発足日とし、翌昭和一〇年一月に月刊誌『真理』が創刊となる。運動の目的について友松は「すべての人々に人間生活の指導原理を与え、人生の価値に目覚めさせたい」としている。また、真理運動は明治・大正期の新仏教運動を受け継いだ運動であると主張し、超宗派で現世肯定的な仏教思想を説いた。全国に一〇〇〇あまりの支部が結成され、最盛期には二万五〇〇〇名以上の正会員を集めている。高神は昭和一六年三月放送の『父母恩重経』でもリスナーの多大な支持を集め、彼らの活躍は昭和における仏教復興ブームと呼ばれるようになった。

当時の日本人は、いわゆる「お上意識」の強い国民性であり、ラジオ受信機の前で正座して番組を聞くことも珍しくなかった。放送による啓蒙が成功したことによって、放送関係者のあいだでは次第に「放送の指導性」が強調されるようになる。受信機が国民的に普及すると、日本放送協会はすべての新聞を凌駕する国内最強のマスメディアとなった。日中戦争以降、今度は「武士道」や「日本精神」が喧伝されるようになり、ラジオは日本の軍国主義化に大きな役割を果たすことになる。

現代への影響

放送の歴史を考えるうえで、高嶋や友松らの活躍によって、日本の教養放送が確立されたことは特筆すべきである。その放送のあり方は戦後もテレビジョンで発展的に継承され、今日ＮＨＫ教育テレビジョン（ＮＨＫ　Ｅテレ）があることは周知のとおりである。

また、無僧、無寺院、無儀式主義、超宗派、現世肯定の仏教という思想は、新仏教徒が開拓し、世に広めたものであった。今日、多くの日本人は、特定の檀家でなくとも宗派を超えて仏教に一定の親近感を持っている。こうした態度が一般化するうえで、ラジオの教養放送が果たした役割は、非常に大きかったと言える。

（坂本慎一）

社会問題に対応する

社会事業に取り組む仏教者たち

「社会事業宗」。こう呼ばれるほど、社会事業に熱心だったのが、浄土宗。そこには「浄土宗社会派」と称される先達の存在があった。他宗の僧侶や社会事業家にも影響を与えた二人の人物の活動と思想をたどりなおしてみよう！

渡辺海旭と浄土宗労働共済会

まず最初に取り上げる人物は、渡辺海旭（わたなべかいぎょく）（一八九二〜一九三三）である。

渡辺は、明治五（一八七五）年に東京の浅草田原町で生を受けている。明治一八年に得度（とくど）して学問にいそしんだ渡辺は、その才能を如何なく発揮した結果、明治三三年から一〇年間、第一回浄土宗海外留学生としてドイツのストラスブール大学に留学している。留学中も熱心に研究を行い、比較宗教学の博士号を取得しているが、一方で学究の世界のみに留まらず、さまざまな立場の人物や出来事にも積極的に関わり、見聞を広めていった。そして、そのなかで社会事業に対する見識も深められていったのであろう。ドイ

渡辺海旭の肖像

出典：壺月全集刊行会編『改訂 壺月全集』大東出版社、1977年

ツ留学帰国からわずか一年後、明治四四年には東京深川西平野町に浄土宗労働共済会を設立し、社会事業家としての第一歩を踏み出しているのである。

浄土宗労働共済会は、その名称が示すとおり、急速な近代化にともなう格差社会の被害者とも言える下層労働者層に対する保護を主たる目的としている。具体的には労働者の宿泊施設運営を中心に、そのほかにも、飲食物の実費給与、託児事業、職業紹介、住宅改良、廃疾者救護などを取り組むべき事業として掲げた、まさに総合的な労働者救護事業を念頭においた実践団体であった。

さらに特筆すべきは、この事業を展開した渡辺の社会事業に対する考え方である。

渡辺の社会事業に対する考え方は、大正五（一九一六）年に刊行された浄土宗労働共済会の機関誌『労働共済』二巻一号および二号に掲載された「現代感化救済事業の五大方針」に端的に述べられているが、ここで示された、①感情中心主義から理性中心主義へ、②一時的断片的な対応から科学的系統的な対応へ、③「唯与える、救う」施与救済から「相互に扶け合い済い合う」共済主義へ、④「救済を受ける者と救済する者との関係が、主人と奴隷のような」奴隷主義から「被救済者の人格を認め、人権を重んずる」人権主義へ、⑤事後救済としての救貧的対応から、貧困の「原因を探求して予防の法を講ずる」防貧主義へ、という五つの方針は、そのまま近代日本における社会事業成立のための前提となるべきものでもあった。

実際に、浄土宗労働共済会の事業モデルは、ドイツで行われていたセツルメント（隣保事業）である「アルバイテルハイム（労働者の家）」であり、その意味でも、それまでの慈善救済事業とは一線を画す、まさに先駆的な近代社会事業として評価できるものであった。

そして、渡辺の思想や実践は、たとえば渡辺を生涯の恩師と仰ぎ、また自身も浄土宗社会派の一人として評価されているマハヤナ学園設立者の長谷川良信や、浄土宗労働共済会の運営実務を支えた中西雄洞などの、優れた浄土宗の社会事業家へと引き継がれていったのである。

椎尾弁匡と「共生」の思想

続いて取り上げる人物は、椎尾弁匡（一八七六～一九七一）である。

椎尾は、明治九年、愛知県名古屋市の真宗高田派寺院の五男として生を受けた。

その後、縁あって明治二一年に浄土宗寺院にて得度、仏道の修行と勉学にいそしむ生活へと入っていった。才気に溢れ、成績も優秀であった椎尾は、明治三五年に東京帝国大学に入学、その後、身内の事情もあって海外留学こそ叶わなかったが、大正一四年には文学博士を取得するなど、近代仏教学の先駆けとなる学問的成果を残している。また、学者としてばかりでなく、教育者としては計三期にわたって大正大学学長を歴任し、政治家としては昭和三年(一九二八)の国会議員当選後、昭和一七年の衆議院議員辞職まで、延べ一〇年間、国政の場で活躍し、また宗門人としては大本山増上寺第八一二世として九六歳で遷化するまで広く仏教界のために尽力した。

そして社会事業家としては、大正九年に、自身が中心となって名古屋市内(東区)の浄土宗七〇の寺院と檀信徒を組織して慈友会を立ち上げている。慈友会の具体的な活動は、社会事業のための人財育成や歳末の慈善托鉢(たくはつ)活動といった内容のものから、職業紹介所や保育園、母子寮などの施設運営まで、非常に広範囲かつ本格的な社会事業を展開していたが、椎尾は同会の設立時には幹事長、昭和一三年の財団法人認可の際には初代理事長に就任して、実践者として慈友会の諸事業を支えたのである。

さて、このような社会事業家としての一面も持つ椎尾ではあるが、より多くの人々に影響を与えたという点で、椎尾が提唱した「共生(ともいき)」思想について触れておく必要があるだろう。

椎尾の「共生」思想とは、一言で言えば大乗仏教の根本思想である「縁起」にもとづくものである。「すべての現象は、無数の原因や条件が相互に関係しあって成立しているものであり、独立自尊のものはありえない」(『仏教社会福祉辞典』)という、釈尊が発見したこの考えをより多くの人々にわかりやすく伝えるため、善導の『往生礼賛(おうじょうらいさん)』中にある「願共諸衆生、往生安楽国(願わくは諸の衆生とともに、安楽国に往生せん)」から、「往生の生は、共に生きるということ」として「共」と「生」を合わせて「共生」と表現した。さらに、その「共生」思想を通じてどのような社会を目指し、また人間一人ひとりがどのように生きていくべきかについてという生き方の指針も示された。

そして、椎尾の仏教哲学の具現化とも言える「共生」思想は、浄土宗という枠を超えて社会に共鳴を呼び起こし、共生会という組織も設立され、ある種の修養運動として全国に広がっていったのである。

「共生」思想の継承と課題

　椎尾や共生会の活動自体は、「共生」の思想を広く一般に広め、この不安多い社会のなかで、一人ひとりが「真の人生」、「真実の生活」をいかに考えていくのかを問うというある種の修養運動であり、これが即社会事業の活動というわけではない。しかし、この活動を通してより良い社会の実現に向けた「生き方」を問われた人々のなかから、複数の社会事業家が誕生しているのである。

　たとえば、長野県上田市において、子供会を契機として上田明照会を設立した横内浄音（一八九二～一九七七）、島根県隠岐島において隠岐共生園を設立して託児や授産などの各種事業を展開した名越隆成（一八九三～一九四六）、愛知県南知多郡にて、結核患者のための作業場として南知多共生園を設立した田中義邦（一八九六～一九七八）らが社会事業を志した背景には、明らかに椎尾の「共生」思想の影響や痕跡を読み取ることができる。

　椎尾の「共生」思想および共生会の活動は、厳密には浄土宗内の活動ではない。また、椎尾には、現在も「戦争責任」という問題が残っていることも事実である。しかし、現在浄土宗が掲げている「二一世紀劈頭宣言」には「愚者の自覚を、家庭にみ仏の光を、社会に慈しみを、世界に共生を」と記されてもいる。

　近代の浄土宗関係者のなかから生まれ、複数の社会事業家をはじめ、多くの人々に影響を与えたこの古くて新しい「共生」というキーワードについて、私たちは改めて検討してみる必要があるだろう。

（藤森雄介）

部落解放と真宗信仰

東西両本願寺教団は多数の被差別部落民を門信徒としていた。部落解放運動や融和運動は、真宗信仰との深い関係から生まれた！　近代日本の代表的な部落解放運動である全国水平社。その運動の初期に真宗信仰が果たした役割とは？

近代化と差別

明治四（一八七一）年八月二八日（旧暦）、政府は、「穢多非人等ノ称被廃候条自今身分職業共平民同様タルヘキ事」という法令を太政官布告として出した。のちに「解放令」とも呼ばれるこの法令は、近代国家形成過程における統一的税制確立の必要性を背景として、大蔵省が推進したという経緯があった。つまり、「解放令」は、人権感覚はもとより、「四民平等」という発想さえ欠くものだったのである。

文明化の過程で「開化」理念にもとづき身分制度の解体が進められる一方、被差別部落に対する排除は、被差別部落民を異民族だとする俗説などと相俟って、神社や学校から結婚や風呂屋にいたるまで、各地の日常的次元に頑固として存在していた。

仏教の場合も同様の事情を抱え込んでいた。真宗本願寺派に即して問題を追跡してみれば、明治九年四月、真宗本願寺派は、真宗四派（本願寺派・大谷派・高田派・木辺派）共通の宗規綱領を制定し、幕藩体制下の上寺下寺という本末制度を改めて本山直末制とした。すなわち、末寺をすべて平等に位置づけ、統括順序を本山・教区・組・寺院として集権的制度を整えたのである。だが、明治一五年一月には「元上下寺取扱条例」を制定し、上寺・下寺の名称を廃するも、有している下寺の数に応じて上寺の経済的保障を行った。また同年四月には、宗規綱領で廃された連枝制を復活させ、さらに僧階の復活としての堂班制を導入したのである。皇室・華族が天皇家を支えたのと同様に、連枝は法主を支えるものであったし、堂班制は教団内の階級・席次にほかならなかった。こうした教団機構の近代化は、天皇制国家のそれとほとんどパラレルな性格を持っていたと言えよう。

真宗本願寺派では、明治三二年に奈良県の寺院で蓮如四〇〇回忌法要の執行に際して、招待された被差別部落寺院の僧侶に会奉行が宗規の座を与えなかった事件や、明治三五年に和歌山県で大日本仏教慈善会財団の募金宣伝に際して布教使が差別発言をした事件などが起こっている。これらの事件は、教団内に存在した差別の実態が顕在化したものであった。

初期水平運動と親鸞

マルクス主義者として知られる佐野学（一八九二～一九五三）の「特殊部落民解放論」（『解放』一九二一年七月号）と題した論文は、西光万吉（一八九五～一九七〇）ら全国水平社の創立メンバーに大きな影響を与えたという。この論文で佐野が提起した問題は、被差別民自身が変革主体へと自己を改造することの必要性であった。西光らはこの佐野の問題提起を受け、融和運動ではなく、部落民自身の主体性を賭けた解放運動として、水平運動を出発させようとしたのである。

大正一一（一九二二）年三月三日、京都市岡崎公会堂で全国水平社の創立大会が行われた。「全国に散在する吾が特殊部落民よ団結せよ」とはじまる「水平社宣言」には、「吾々がエタである事を誇り得る時が来たのだ」という一人称複数形から繰り出される新たな人間観の表明を看取しうる。宣言文とともに採択された大会決議には、差別者への徹底的糾弾と機関紙発刊に加え、東西本願寺教団の意見聴取とそれを踏まえた機宜の行動という項目が含まれていた。水平社はこれ以降、東西本願寺教団との対決姿勢を次第に明確にしていく。この直接的な原因は、教団内の被差別部落寺院に対する差別や、大正一二年の立教開宗七〇〇年を契機とした募財により、被差別部落民に大きな経済的負担が生じていたことなどにあった。それはやがて本願寺に対する募財拒絶闘争へと具体化し、両者は鋭く対立するようになる。当時、『中外日報』の記者であった三浦参玄洞（一八八四～一九四五）は、『中外日報』に募財拒絶の動向を詳細に報道し、水平社を支持する論陣を張った。

こうした対立とともに、水平社と本願寺との間には親鸞理解をめぐる論争が起こった。というのも、初期水平運動では、運動の担い手たちにおける親鸞回帰への志向性が、運動の精神的機動力を創出していたからである。そこでの親鸞像は、明治四五年の親鸞六五〇回忌法要と大正六年六

綱領

一、特殊部落民は部落民自身の行動によつて絶對の解放を期す

一、吾々特殊部落民は絶對に經濟の自由と職業の自由を社會に要求し以て獲得を期す

一、吾等は人間性の原理に覺醒し人類最高の完成に向つて突進す

宣言

全國に散在する吾が特殊部落民よ團結せよ。

長い間虐められて來た兄弟よ、過去半世紀間に種々なる方法と、多くの人々とによつてなされた吾等の爲めの運動が、何等の有難い効果を齎らさなかつた事實は、夫等のすべてが吾々によつて、又他の人々によつて毎に人間を冒瀆されてゐた罰であつたのだ。そしてこれ等の人間を勦るかの如き運動は、かへつて多くの兄弟を墮落させた事を想へば、此際吾等の中より人間を尊敬する事によつて自ら解放せんとする者の集團運動を起せるは、寧ろ必然である。

兄弟よ、吾々の祖先は自由、平等の渇仰者であり、實行者であつた。陋劣なる階級政策の犠牲者であり男らしき産業的殉教者であつたのだ。ケモノの皮剝ぐ報酬として、生々しき人間の皮を剝取られ、ケモノの心臓を裂く代價として、暖い人間の心臓を引裂かれ、そこへ下らない嘲笑の唾まで吐きかけられた呪はれの夜の悪夢のうちにも、なほ誇り得る人間の血は、涸れずにあつた。そうだ、そして吾々は、この血を享けて人間が神にかわらうとする時代にあうたのだ。犠牲者がその烙印を投げ返す時が來たのだ。殉教者が、その荊冠を祝福される時が來たのだ。

吾々がエタである事を誇り得る時が來たのだ。

吾々は、かならず卑屈なる言葉と怯懦なる行爲によつて、祖先を辱しめ、人間を冒瀆してはならぬ。そうして人の世の冷たさが、何んなに冷たいか、人間を勦はる事が何んであるかをよく知つてゐる吾々は、心から人生の熱と光を願求禮讃するものである。

水平社は、かくして生れた。

人の世に熱あれ、人間に光あれ。

大正十一年三月

水平社

——（裏面を見よ）——

「全国水平社創立大会綱領・宣言」（複製）

出典：筆者蔵

月に刊行された倉田百三『出家とその弟子』（岩波書店）が契機となって生起した親鸞ブームを背景に有しながらも、被差別部落民の体験的基礎に支えられ、新たに構築された親鸞像であった。大正一一年九月、大谷光瑞の弟で真宗本願寺派の管長事務取扱であった大谷尊由（一八八六～一九三九）は、『親鸞聖人の正しい見方』（興教書院）を刊行し、当時の親鸞ブームによって提示された新たな親鸞理解や水平運動のそれに批判を加え、親鸞の「正しい見方」を示した。水平運動との関連で注目すべきは、大谷尊由が、「大乗仏教の平等思想は、差別の現在相に平等性の充満せることを認め、差別相に屈執するがいけないと見る」と述べ、既存の差別構造の温存を説いたことである。それに対して、西光万吉はただちに「業報に喘ぐ——大谷尊由氏の所論に就いて。特に水平運動の誤解者へ」を執筆し、同年一〇月六日から一二月二七日まで、一一回にわけて『中外日報』に連載した。西光はそこで、「水平運動を非難する宗教家よ、貴方は非難し非難されるその何づれもが逃れがたい宿業にもよほされているのだといふことを忘れて下さるな」と激しく反論した。また、全国水平社の幹部で「水平の行者」と呼ばれた栗須七郎（一八八二～一九五〇）は、

「親鸞主義」の運動として水平運動を推し進めた。

大正一一年一〇月一九日には、奈良県の本願寺派僧侶の広岡智教（一八八八～一九四九）が、募財拒絶・堂班廃止・黒衣着用を主張し、教団の差別構造の変革を目指す黒衣同盟の結成を宣言した。黒衣同盟は、水平運動に呼応して成立した組織であった。西本願寺では、一九二三年四月一五日から立教開宗七〇〇年記念法要が修行されたが、教団は被差別部落寺院の僧侶に配役をほとんど与えなかった。この差別行為に対して、広岡ら黒衣同盟のメンバーは、法要の最中の四月一七日、西本願寺の北側にある日蓮宗本圀寺に集まり、本願寺当局への批判の声を上げ、五月一日に本派本願寺有志革新団を結成した。

全国水平社創立と同時期に、東西両本願寺教団では部落問題に取り組む組織づくりが進められた。大正一三年一〇月に真宗本願寺派では一如会が、大正一五年三月に真宗大谷派では真身会がそれぞれ設立され、前者では梅原真隆（一八八五～一九六六）が、後者では武内了温（一八九一～一九六八）が中心的役割を担った。一如会と真身会は、いずれも部落解放よりも融和運動を目指すものであり、水平社とはいわば対抗的な位相にある組織だった。

以上、初期水平運動には真宗信仰が深く関わっていたことをみてきたが、他方で軽視しえない問題は、水平運動に参加した被差別部落民が「解放令」や明治天皇の恩恵を絶対的なものとして受け取っていたことである。現人神天皇のもとで平等な臣民としての地位を確立すること、これが被差別部落民の目指した平等であった。

こうした平等観と仏教との関係や、水平運動に存在した宗教性、さらには戦時下で水平運動が果たした役割について検討を加えることが今後の課題となろう。

（近藤俊太郎）

教誨師の百年

教誨とは「教えさとし戒める」という意味の仏教用語。仏教者を中心とする教誨師は、刑事施設の被収容者に罪の懺悔と更生を求めて語りかけた。戦前は国家公務員でもあった教誨師。その百年の歴史からみえてくるものとは?

刑罰と仏教

近代日本では、教誨はもとの意味より狭義に、刑事施設に収容された既犯者の更生や社会復帰を促す、宗教者による働きかけのことを指すようになった。壇上から被収容者に語る集合教誨、監房内で個別に面談する個人教誨、あるいは拘置所の死刑囚に語る死刑囚教誨など、その形態はさまざまある。そして、近代の刑罰が目指した「悔過遷善」、つまり犯罪者を善き国民に導くための実践を刑罰システムの内部で実地に担った教誨師は、もちろん、国家やその権力の動向と無関係ではありえなかった。

令和四(二〇二二)年五月現在、一七七〇人の教誨師が日本国内で活動している。内訳をみると、仏教系一一六一人、キリスト系二四二人、神道系二一一人(全国教誨師連盟HPより)。ここでは、仏教系の教誨師が大半を占めていることに注目しておこう。しかも、仏教系のうち半数近い約五〇〇人が、浄土真宗(本願寺派・大谷派)の教誨師なのである。これは、明治のある時期から続く教誨制度の特徴であり、仏教の教誨師は、今日まで変わらず日本の刑罰や刑事政策との関わりを深く持ち続けてきたのである。

しかしその一方で、宗教教誨の歴史は、戦前/戦後を最も大きな転機として、いくたびの変容も経験してきた。ここでは、近代日本で監獄教誨(宗教教誨)がどのように生まれ、それがどのような道のりを経て今日までいたってきたか、その流れをたどってみよう。

監獄教誨の制度化への道のり

①明治一四年「監獄則」まで

いわゆる監獄教誨の起源は、さかのぼれば江戸時代中期の石川島人足寄場で行われた心学講話にあったとする説がある。近代以降では、明治五(一八七二)年に起源を求める見方もあり、今日ではこちらが大かたの通説となっている。しかし、明治五年当時の教誨は、教部省が国民教化のために任命した教導職が個別に行ったのが実態で、教団をあげての組織的な教誨はまだはじまっていない。また、そもそも近代的な自由刑を執行する場である監獄が制度的に確立したのが明治一〇年代後半であったことを考えれば、「明治五年＝監獄教誨の誕生」というのは、時期をやや早く取り過ぎており、従来の通説は再検討の余地があると言えよう。

はじめは有志で開始された監獄教誨であったが、明治一〇年頃から、各宗本山は所属僧侶に若干の手当を支給し、本山からの派遣というかたちに変更していった。しかし、教誨の内容や形式は各監獄でいまだバラバラで、神道・仏教各派・心学あるいはそれらの合同など、雑多なかたちで行われていた。そして、監獄教誨の歴史で大きな画期となった年が、明治一四年であった。この年、旧刑法の施行にともなって、新しい「監獄則」が発令された。その第九二条に、「已決囚及び懲治人教誨の為教誨師をして悔過遷善の道を講ぜしむ」という一文が明記された。ここに初めて、監獄教誨は行刑の必須条件となり、それを担う教誨師の名称が、公式に用いられることになったのである。同時に教誨師の常置も規定されたが、こちらは監獄費の不足などの理由で、実現できたのはわずかの監獄にとどまった。各教団が支援して教誨師を派遣する体制が、その後もしばらく続いたのである。

またこの時期で見逃せないのが、キリスト教教誨師の活躍だろう。たとえば日本最初のキリスト教常勤教誨師となった原胤昭（一八五三～一九四二）、のちに家庭学校の創立者として知られる留岡幸助（一八六四～一九三四）がとくに有名である。彼らが最も力を入れたのが、獄内の劣悪な環境の改善や、苛酷な囚人労働の廃止など、いわゆる監獄改良事業であった。明治一〇年代後半から二〇年代前半のキリスト教は、真宗に先駆けて近代的な監獄教誨に取り組み、その制度化にあたって重要な役割を果たしたのである。

②明治二五年前後

こうしてキリスト教の監獄改良事業が最盛期をむかえた明治二〇年代前半、真宗も教団をあげて教誨事業への進出を本格化していった。教団は教誨師の養成に力を入れ、当の教誨師たちは、教誨方法などを研究・討議する会同を各地で開催した。その結果、明治二〇年代後半には、真宗が監獄教誨事業をほぼ独占するようになった（明治二七年、真宗本願寺派・大谷派の教誨師が全体の八四％超に）。こうして日本では、明治二五年前後に、真宗を中心とする監獄教誨制度の基本線が確立した。この時期に活躍した真宗の教誨師に、下間鳳城（しもつまほうじょう）（一八五九？～一八九五、本願寺派）や、藤岡了空（一八四八～一九二四、大谷派）らがいる。ちなみに有名な巣鴨監獄教誨師事件（明治三一年）は、監獄教誨をめぐる仏教とキリスト教の対立が極点に達した、最後の局面として位置づけられるだろう。

藤岡了空『監獄教誨学提要草案』
1892年（国立国会図書館蔵）

③明治四一年「監獄法」と教誨師

その後、明治三六年、教誨師は奏任官・判任官待遇となり、名実ともに国家公務員となった。そして明治四一年には「監獄法」が制定され、その第二九条に「受刑者には教誨を施す可し」と規定された。つまり、被収容者への教誨が、あらためて法律で義務づけられたわけである。教誨師はそのほかにも、被収容者の身の上相談、看読図書の審査、彼らの動静や個性を観察して処遇上の意見を典獄（施設長）に具申するなど、行刑上のさまざまな役割を、国家公務員として担うようになったのである。

思想犯と教誨師

被収容者の「悔過遷善」を使命とした教誨師は、昭和初期から戦時下において、新しい局面に立たされることになった。治安維持法違反などで検挙された社会主義者やマルクス主義者を教誨し、彼らの転向を促す役割も担うことになったのである。一万人を超えたこれらの被収容者のうち、教誨師は「思想犯」の教化を担当した。しかし、思想犯の急増は教誨師にとって思いがけない事態であり、最初はほとんど手の施しようがない、とまどいの時期が続いたという。『転向者の手記』（一九三三年）に描かれるように、やがて教誨師の導きによって真宗信仰などにめざめる者もあらわれた。しかし、思想犯の大半はインテリ層に属しており、なかには社会問題の解決に求道者のように取り組む者もいて、その信念を枉げることは極めて困難であったと言われている。

戦後の宗教教誨

敗戦後の新しい憲法体制のもと、「監獄法」第二九条に定められた「教誨」は、政教分離の原則にもとづき、もっぱら「一般教誨」、つまり宗教によらない倫理・道徳的教誨を指すものとされた。その結果、戦後の教誨は、「一般教誨」と「宗教教誨」の二つに区別されることが大前提となった。一般教誨は被収容者全員に対するもので、倫理的・教育的観点から施設の職員が行う。かたや宗教教誨は、民間有志の宗教家に委ねられ、個別に行われる教誨となった。刑事施設で今日も宗教教誨が存続しているのは、自由を制限された環境でも被収容者が宗教に触れる権利は保障されなければならないという、「信教の自由」が根拠となっている。ただしそれは、あくまでも被収容者からの申し出があった場合に限られる。しかも教誨を担当するのは、国家公務員としての教誨師ではなく、民間宗教家によるボランティアとしての教誨師なのである。

こうして、敗戦とともに官制教誨師制度は終焉した。しかし今日でも、たとえば死刑執行時には宗教教誨が実施されている。それを政教分離の原則に反するものと批判し、さらには死刑制度そのものの廃止を訴える宗教者の声も少なくない。立場上、刑事政策と密接に関わらざるを得ない教誨師たち。だからこそ彼らのなかには、戦後の今日もつねに国家や権力との関係を深く自問しながら、被収容者の更生という、（おそらくは終わりのない）困難な事業に従事している者も少なくないのである。

（繁田真爾）

イデオロギーと結びつく

修養と教養を発信する仏教界

明治三〇年代の修養ブームから、大正・昭和の教養主義へ。その知の系譜をたどることは近代日本の社会史・文化史を考察するためには欠かせない。仏教者は修養・教養言説の一方的な受容者ではなく、むしろ主要な発信者だった!

仏教系修養主義と加藤咄堂

筒井清忠がすでに指摘しているように、近世以来の「修養主義」は、明治三〇年代以後の「修養書ブーム」を経て日本社会に定着し、これが大正期のエリート層を担い手とする「教養主義」の登場につながっていく。

こうした時代の潮流は、近代仏教思想の展開とも決して無関係ではなかった。同時期には、仏教界の人々も修養書や教養書に類する著作を数多く出版し、各地で同人誌や教養雑誌が無数に刊行されている。こうした傾向は、仏教界ばかりでなく広く当時の宗教界全体に及んでいる。また、多彩な社会教育事業や教化団体の活動にも、多くの仏教者が関与していた。

このような動向を詳しく知るうえで、極めて興味深い人物の一人が加藤咄堂(一八七〇~一九四九)である。

加藤咄堂は、東洋思想を中心にした独自の修養論を説く文筆家・文化人として、広く活躍した人物である。『明教新誌』や『中外日報』といった仏教系新聞の主筆を歴任し、当時の仏教界とも深い関わりをもっていた。出版した書籍は二〇〇冊以上、最盛期には年間二〇〇回を超える講演を行い、難解な思想や古典を平易に説く演説の名手として人

加藤咄堂の似顔絵

出典：加藤咄堂『筆と舌』丙午出版社、1911年、口絵

気を博した。

加藤咄堂の修養論

加藤咄堂は、丹波亀岡の武家に生まれた。祖父は藩の学者であったが、廃藩置県の後は商売をはじめた父とともに、大阪や京都で暮らした。京都で過ごした学齢期には、平井金三（ひらいきんざ）（一八五九～一九一六）のオリエンタルホールや京都法律学校で学んだとされている。

その後、上京した咄堂は英吉利（イギリス）法律学校などで学ぶ一方で、築地本願寺の積徳（せきとく）教校に関わり、生活費捻出のために翻訳・文筆業に携わった。このことが、仏教ジャーナリズムおよび仏教界と関わるきっかけになる。

洋学や近代思想のレトリックを巧みに取り入れながら、仏教を中心とする東洋思想の意義を平易に解説する咄堂の文筆は当時の人々に広く受容され、仏教講演や修養論の第一人者として、著述と講演で生計をたてるようになる。自著のなかでもしばしば回顧しているように、著述と講演（筆と舌）を生業とする文化人であった。

咄堂の著述や講演のテーマには、仏教思想や禅の修行法などと密接に関わるものが少なくない。しかし、基本的に彼自身は、僧侶や信仰者の立場からの発言はしていない。俗人として東洋思想や仏教思想の意義を論じる、咄堂の〝修養論者〟としてのスタンスは、終生変わることはなかったようだ。

咄堂は、明治二〇代前半に『明教新誌』の主筆に迎えられ、大内青巒（おおうちせいらん）（一八四五～一九一八）のような人々に評価されるようになる。その後は『中外日報』の主筆も務め、『精神』、『精神修養』、『新修養』といった雑誌を運営し、当時の仏教界（宗教界）と言論界をつなぐ役割を果たした。

さらには、曹洞宗大学（のちの駒澤大学）や東洋大学の教職につく一方で、大正から昭和初期にかけて教化団体連合会の理事として活躍し、内務大臣・後藤新平（一八五七～一九二九）らの信頼を得て、乱立状態にあった教化諸団体の糾合にも尽力した。

加藤咄堂と『布教新辞典』

俗人の立場から、国民道徳の基盤としての修養論を展開した加藤咄堂は、明治三〇年代から大正、昭和初期にかけて『死生観』や『女性観』といった教養書を数多く刊行する。なかでも、「演説に説教に」「学校或は家庭の修身講話に」資する材料を提供し、宗教家が布教・教化活動をするための基礎的な教養書として刊行された『布教新辞典』（一九一〇年）は、当時の精神教育と信仰活動の関わりを考えるうえで興味深い。

冒頭の凡例において、編者が「布教伝道及び精神教育に資すべき一切の材料を網羅せん」と宣言しているように、この辞典の扱う範囲は極めて広く、仏教思想、中国思想、西洋思想、日本思想を網羅し、キリスト教やイスラム教についても言及している。また、ニーチェやロックのような思想家を紹介する一方で、黒住宗忠や井上正鐵のような近世日本の宗教家の項目があり、さらにはイギリスやインドといった地理情報、「ロゴス」や「一神教と多神教」といった抽象的概念を説明する項目も含まれていた。

本書の共著者の一人である足立栗園は、石田梅岩『都鄙問答』（岩波文庫版、一九三五年）の校訂者である。足立は早い時期から石門心学に注目し、明治期になって急速に衰退した心学道話を研究した。明治末期の社会教育の重視や国民道徳回顧の風潮に便乗して、『心学史要』（一八九九年）や『日本道徳叢書』（一九〇一～一九〇二年）を編纂して、石門心学の主要文献を一般に紹介する。彼も明治三〇年代から昭和初期にかけて、独自の「神・儒・仏」の三教一致論にもとづく修養論を展開し、相当数の書物を著した。

もう一人の共著者である大住舜（大住嘯風、一八八八～一九二三）は、『万朝報』の記者を経て、仏教系の大学などで教鞭をとった文筆家である。大正七（一九一八）年に、フランスへ留学。西洋思想を学びながら、フランス語で『日本宗教哲学思想発達史』を執筆するなど将来を嘱望されたが肺炎にかかり、若くして留学中のパリで死去した。大住も短い執筆期間に多くの著作を残している。

「布教」と修養・教養の関係

彼らの使用する「布教」という言葉の意味は、特定の「信仰」を他者に伝えていくことであり、そのために必要な自己修養と教養に資する材料を提供することが、この辞典の編纂目的であった。大日本帝国憲法が施行され、国家神道体制下における宗教活動の再編成が進み、一三宗五六派の仏教諸宗派が成立していくなかで、日本社会における仏教教団のあり方や役割を模索する当時の状況が、本書には色濃く反映されている。

教団を維持・拡大していくために人々に信仰を伝え、政治や教育とは独立した役割を社会のなかで果たしていくことは、江戸時代には檀家制度や門跡制度によって維持されてきた仏教寺院にとって、決して容易なことではなかったはずである。

仏教界における修養や教養を強調する言説は、新たな社会状況のもとで再編成されつつあった仏教各派が、当時の状況に適応していく過程で登場していることを銘記すべきだろう。また、加藤たちのような仏教界と一般言論界の境界に位置する知識人の役割は、現在における知識人や文化人の影響力よりも遥かに実践的で現実的であった。彼らは、教化や布教のために要請される、宗教家の自己修養と教養に資する材料を具体的に提供することによって、当時の仏教界の動向にも少なからぬ影響を及ぼしていたのである。

近代日本における修養主義から教養主義への展開については、ラファエル・フォン・ケーベル（Raphael von Koeber, 1848～1923）から夏目漱石（一八六七～一九一六）たちへ、という系譜に対して新渡戸稲造などの影響を重視した系譜論がしばしば強調される。しかし、「布教」を通して社会と向き合うことを余儀なくされた、当時の仏教界の動向も無視することはできないだろう。とくに、仏教系の大学の設立や出版文化の興隆などと関連づけながら、仏教系の修養主義や教養主義の歴史的展開を明らかにすることは、近代日本の文化史・社会史研究にとっても極めて重要である。

清沢満之（一八六三～一九〇三）のような著名な宗教家の思想研究か、あるいは民間信仰や教団史・制度史の研究に偏りがちであった近代仏教研究を補完するテーマの一つとして、今後はさらに注目していくべきだろう。

（岡田正彦）

戦場のなかの禅

アジア・太平洋戦争期、前線で突撃を待つ将兵たち。彼らは、「一切空の境地」にあると報道された。私心を去り、妻子の情を捨て、ただ国家と天皇のために死ぬ。戦場は、皇国禅・軍人禅の道場となった……。

皇国禅・軍人禅、死を超克するための教説

日中戦争中の昭和一三（一九三八）年二月九日、特派員平松儀勝の記事「戦争と禅」が『東京朝日新聞』に掲載された。前線で平松記者は、兵士や指揮官へ「敵陣に突入するとき家のこと妻や子供たちのことなどがふッと頭の中に浮びませんか」と質問する。すると彼らは一様に、「一切空の境地」を口にしたという。「自分を忘れ敵陣に突入する意気だけが心眼に映った」とは、ある将校の述懐である。平松記者は、「剣禅一如という言葉、その有難さがこんど従軍してやっと分かったような気がする」と述べているが、前線の兵士らの心境が果たして「一切空」であったのか、本当のことはわからない。

死をも乗り越える勇敢な軍人の心境は、禅の無の悟りにつながる。皇国禅や軍人禅と呼ばれたそのような教説が近代日本でたどった軌跡を、いくつかの事例から跡づけてみよう。

日清・日露戦争期

明治二七（一八九四）年、近代日本初の対外戦争・日清戦争がはじまると、戦争を「文明と野蛮の戦い」「義戦」として支持した大多数の輿論と同じく、多くの仏教者も戦争を「正義の戦い」とみなした。一例を挙げると、曹洞宗の永平寺貫首・森田悟由（一八三四～一九一五）は、出征軍人へ次のような帰戒を与えている。戦争とは、「君と国との為めに公怒公憤して公敵を懲罰」する行為である。そこに「私心」が生じたならば、的確な判断が下せず「公敵」を懲らすことはできない。「私心」とは生死に迷うことである。すなわち軍人にとって「仏祖の大道」とは、「私心の根源を截断して、義は山嶽よりも重く死は鴻毛よりも軽しと覚悟せしむるの機要」なのだ。国家に命を投げ出すことは禅の「無我の境地」に重なるという論理が、す

でに日清戦争の時点で萌芽していることがみてとれる。

悟由の教えは職業軍人を対象にしていたが、明治三七年にはじまる日露戦争では、日清戦争の五倍、約一一〇万人に及ぶ人々が動員された。家族と別れ、故郷を離れて戦場に赴いた兵士の心が動揺するのは、当然の心理だろう。そのため第一師団に布教師として従軍した釈宗演（一八六〇～一九一九）は、将校のみならず「生死の間に出入する」兵卒らの「安心立命」を図ることが必要と考えた。宗演は言う。「一切を放却」し、兵士が「安心して死地に飛び入るようにするのはこゝが宗教家の責任であらうと思う」。

しかし、そもそも戦争は、仏教の不殺生戒と背反するのではないだろうか。このような疑問に対して宗演は、次のように反論する。今回の戦争は、「無辜の人類を迫害する」ロシアを膺懲するという「大慈大悲の熱誠」の表出である。「衆生済度の大慈悲」のためには、「軍人としての仏徒」は方便として「大殺生戒」を行じる必要がある。彼にとって日露戦争は、「吾が仏陀の大志願に契える、千古の一大快挙」であった。そのため、宗演は兵士に安心立命を説く一方で、銃後の家族にも貯蓄と国家への献金を呼びかけるなど戦争協力体制を積極的に支えたが、そのような彼の言動は決して例外的なものではなかった。

軍人精神と禅、私心の滅却と国家への忠誠

日露戦争の勝利は、軍人精神と禅の関係を一層緊密なものにした。明治四一年、陸軍では「軍隊内務書」が精神教育を重視する方向で改訂されたが、そこに説かれた「坐臥寝食の間もまた軍人の精神修養の機会」との方針は、禅堂での生活も参考にされたという。また明治四三年に結成された帝国在郷軍人会では、軍人精神維持のため座禅が奨励された。ユニークな例を挙げると、北海道の在郷軍人会納内分会では、座禅を一般化したという健康法「武士道呼吸静座術」を取り入れ、在郷軍人の精神修養・身体鍛錬とともに、地域青年層の「報国尽忠の精神」鼓吹に努めていた。「軍人禅」という語が登場するのも日露戦後であり、たとえば禅にもとづく胆力養成法を説いた田中茂公（生没年不詳）は、東郷平八郎（一八四八～一九三四）や乃木希典（一八四九～一九一二）を「軍事の公案に生死を解脱し、皇室の公案に個人を忘し、砲弾煙雨の公案に大悟した」人物と評価している。

アジア・太平洋戦争期

昭和六年の柳条湖事件から昭和二〇年の敗戦にいたるアジア・太平洋戦争期には、個我の否定により国家への忠誠を求める教説は、その極限に達した。

「軍神」杉本五郎（一九〇〇〜一九三七）は、広く愛読された遺著『大義』で、「皇国の戦争」は「大慈悲心行」であり、皇国の大義に透徹するためには、「深く禅境に入って我執を去」る必要があると述べている。さらに杉本の師・山崎益州（一八八二〜一九六一）は、「皇国禅に徹した」杉本の言葉をこのように補足する。君臣一体を目指す軍人は、自己の滅却を要する。無の悟りは君臣一体の根源であり、すなわち「禅そのままが皇軍の真の精神」なのだ、と。このような言説は、ついに「特攻精神」こそが「大悟徹底」に通じると礼賛する学僧・増永霊鳳（一九〇二〜一九八一）の議論にまで行き着くのである。はじめに触れた記事「戦争と禅」も、皇国禅の言説が広く定着していたことを示している。

傷痍軍人や民間人の修養・教化にも禅は活用された。日露戦争で負傷し自らも傷痍軍人であった沢木興道（一八八〇〜一九六五）は、ハンディキャップを「無念無想」で克服せよと叱咤する。また臨済宗円覚寺派の円覚寺貫首・朝比奈宗源（一八九一〜一九七九）は、軍需産業に従事する「産業戦士」に対し、「勤労即禅」の精神による滅私奉公の必要性を説いている。皇国禅は、戦時体制の強化にともない、軍人だけではなく「皇国臣民」全体へ向けた教説となっていったのである。その言説は深く広く浸透し、たとえば、文部省は「綺麗に赤を洗い落」とすため、思想教育の一環として転向者を対象とする座禅会を開催している。また、戦時体制の長期化にともなう体力低下を防ぐべく、

杉本五郎『大義』（1938年）の表紙

陸軍省医務局が考案した「国防体操」は、「臍下丹田（せいかたんでん）の強化」を謳い「禅の境地に合致」するものとして喧伝された。

さらには、戦時体制の強化にともない、仏教者自身も積極的に「決戦増産」を担うようになる。いみじくも朝比奈宗源が述べるように、「托鉢（たくはつ）したり坐禅するばかりが禅宗の道ではない」のである。昭和一八年には、円覚寺の修行僧が作務として兵器工場で労働に従事することになった。アジア・太平洋戦争末期には戦場のみならず、まさに国土全体が、皇国禅の道場となったのである。

（中川未来）

超国家主義にみる仏教

ナショナリズムの究極的な形態としての超国家主義。その担い手のなかには、仏教の影響によって自分の思想を形成した者たちがいた。国家の絶対性を説き、それに反対する他者への暴力も辞さない運動と仏教の関係とは？

近代仏教と超国家主義

わずかな例外を除けば、近代日本の仏教者たちがナショナリズムに対して批判的にふるまうことはほとんどなかった。人々が日本という国に奉仕することの意義を、仏教的な観点から説いていくことは、近代の仏教者にとって、いわば当たり前の行動パターンの一種であったと言える。

こうした日本仏教とナショナリズムの結託は、その極限的な形態として、仏教を一つの思想的な基礎とした超国家主義の活動家たちを生み出した。自らの属する国家や民族に絶対的な価値を見出し、その絶対的な価値をおとしめる者たちを排撃してやまない超国家主義という危うい思想と運動を、仏教に感化されているはずの人間が選びとっていったり、さらには仏教そのものを理論的な基盤としながら、独自に展開させていったりしたのである。

仏教は国家や民族の違いを超えて人間を救うことのできる普遍的な宗教だ、という予断がある場合、これは十分に驚いてよい近代仏教史の事実であろう。はたして、なぜ、どのようにして、仏教が超国家主義を導くような事態となったのだろうか。三井甲之（一八八三〜一九五三）と井上日召（一八八六〜一九六七）という二人の超国家主義者を事例として、その概要を示していこう。

親鸞から原理日本へ――三井甲之

三井甲之は、言論闘争型の超国家主義者であった。正岡子規（一八六七〜一九〇二）の流れをくむ根岸短歌会に入会し、伊藤左千夫（一八六四〜一九一三）らのもとで活動する歌人であった三井は、やがて国家主義に傾倒し、大正一四（一九二五）年に過激な国粋主義団体である原理日本社を仲間の蓑田胸喜（一八九四〜一九四六）らとともに結成した。そして月刊誌『原理日本』を刊行し、同誌などを通して日本という原理に依拠しない学者たちに対する言論攻撃を行った。攻撃の標的となったのは、主にリベラリズムやマルクス主義の影響下にあった帝国大学の教授たちであった。三井らは、文章による徹底的な非難に加え、内務省や検察当局、軍部などにも働きかけることで、国粋主義を阻害すると彼らが想定した学者たちを次々と失職させていった。

三井の思想は、日本という現実にただひたすら従って生きることを主眼としていた。個々人の意志を超越した民族共同体としての日本を神秘化し、そこでの生活に埋没し続けることこそが、三井ら原理日本社のメンバーが信ずべき最たる理念であった。したがって、その共同体的な社会変革を志向するマルクス主義者や、神秘化された現実に対して理知的な説明を加えようとする学者たちは、三井らの信念に反する敵として否定的にとらえられた。

このような三井の思想は、ドイツの心理学者ヴィルヘルム・ヴント（Wilhelm Max Wundt, 1832～1920）の哲学や正岡子規らの詩歌論からの影響のもとに構築されたが、なかでも日本という現実への絶対的傾倒、という三井の思想の中核的な部分の形成にあたり決定的な示唆を与えたのが、真宗大谷派の僧侶、近角常観（ちかずみじょうかん）（一八七〇～一九四一）の仏教論であった。

近角は、罪悪を抱え苦悩する人間が、絶対的な慈悲をそそいでくれる阿弥陀仏に帰依（きえ）することで救われる、といった真宗仏教論を提示していた。近角はその際、仏に救われる人間の体験を重視し、仏教を受けいれるうえで重要なのは体験であって学問や理論ではないことを繰り返し強調した。青年時代にこの近角に師事していた三井は、そうした体験主義的な仏教観を近角から受け取りつつ、自らも親鸞に関する文章をものしていた。しかしその後に国粋主義への思いをますます深めていった三井にとって、自己が全身全霊で信じ帰依すべき対象は、阿弥陀仏ではなく、「祖国日本」の現実と化していった。近角が示した、学問や理論では捉握できない仏の超越性は、三井において、ただひたすら盲信すべき国家の超越性へと読み替えられていったのである。

日蓮主義とテロリズム——井上日召

井上日召は、直接行動型の超国家主義者であった。井上は、昭和七（一九三二）年二月から三月にかけて前大蔵大臣の井上準之助（一八六九～一九三二）と三井合名理事長の団琢磨（一八五八〜一九三二）が殺害された連続テロ事件、いわゆる「血盟団事件」の首謀者である。同事件後、現政府の指導者たちを「一人一殺」主義にもとづき暗殺するという井上らの計画が判明するとともに、井上や団員たちと海軍将校らとの連帯関係も明るみになった。この事件は、五・一五事件や二・二六事件などとともに、昭和期の民間右翼団体における急進的なファシズム運動の一つと位置づけられることが多い。

　人生に悩む青年であった井上は、キリスト教や禅などを遍歴した後、最終的に法華経の題目修行を通して、宇宙の真理と自己が一体化する宗教体験を得た。さらにその後、仏教と国家との結びつきに関する独自の論理を提唱していた田中智学（一八六一〜一九三九）の日蓮主義に出会い、これを自らの宗教体験を思想化していくうえでの理論的な基礎とした。日蓮主義に開眼した井上は、それから、茨城県大洗町に建立された立正護国堂に住み込み、彼を慕って来た青年たちの精神的な指導者となった。井上は彼らに座禅や題目などの修行を体験させ、国家や社会を改善していくための自らの運動に彼らを巻き込んでいった。そのメンバーのなかから、のちに連続テロ事件の実行犯となる者たちが育っていった。

井上日召の銅像
（東光山護国寺、2008年９月、大谷栄一撮影）

　井上は、自己の宗教体験と日蓮主義を融合させ、個人と国家と宇宙は本来一体のものであると論じた。そして、個人が欲望を放棄して国家に尽くすことが「菩薩道」であり、そうすることで個人は宇宙の真理に応じた理想の生き方ができるとした。ところが、資本主義に毒された現前の日本社会ではそうした理想が実現されておらず、ゆえに日本国民を覚醒させ国家を改造するためにも、資本主義の走狗である「特権階級」の打倒が目指された。

　このように、テロリズムを選択した井上とその同志たちの世界観は、明確な宗教的背景を有していた。実際、井上から仏弟子（ぶつでし）として居士（こじ）号を授けられた青年たちは、自分たちこそ末法の時代において衆生救済を担う「地涌（じゆ）の菩薩」だという信念を持っていたし、テロの実行犯となった者の一人は、自らの殺人行為を「如来の方便」として意味づけていた。

国家・暴力・仏教

マックス・ウェーバー（Max Weber, 1864~1920）によれば、国家とは暴力を使用することについての正統性の根拠である。つまり、警察や軍隊のような国家が管理している暴力は、それ以外の主体による暴力とは異なり、社会的な正統性を持っているというわけである。

上記にみてきた超国家主義者たちは、自らの理想を実現していくうえでの障害になる他者を、言論闘争であれ直接行動であれ、しばしば正統的とは言い難い暴力によって排除しようとし続けた。国家を究極的な価値の源泉とし、日本を信仰の対象のように扱う運動を推進し、その結果、国家規範の枠内に必ずしもおさまらない暴力へと彼らが及んでいったのは、いったいなぜなのか。

その説明要因の一つが、仏教（宗教）にあるだろう。仏教にそなわった超越性は、時として、社会や国家が定めた通常的なルールの打破へと人を導く。三井や井上らの行き過ぎた暴力活動も、むろん仏教がそのすべての動機づけではないが、しかし仏教の力による後押しを考慮せずには、その理由を十分には説明し難いところがある。仏教と関係した超国家主義者たちの思想と行動は、ゆえに仏教の超越性の意味を考えるうえでの有意義な検討事例の一つなのである。

（碧海寿広）

新しい方法で実践する

グローバル化する仏教瞑想

仏教を生み出したのは瞑想だった。瞑想は諸宗教との歴史的な交流や混淆を生み、仏教がグローバルに展開する重要な役割も担った。一方、対人関係のストレスや死の恐怖への対処など、心身への効能も注目されている。

瞑想合宿という出家

本来、瞑想は、諸行無常・諸法無我・一切皆苦・涅槃寂静といった高度な宗教的境地を洞察するための出家行であるが、社会的な立場を維持した「在家」のままで参加できる、一〇日ほどの瞑想合宿（リトリート）がある。合宿中は沈黙、食事は午前中のみ、五戒を守るなど、期間限定ではあるが、一時的な「出家」とも言える。

吉本内観と森田療法

合宿のかたちをとった集中的瞑想の例として、国際的にも知られる、吉本内観と森田療法をとりあげよう。

吉本伊信（一九一六～一九八八）の内観法では、一週間の合宿で、個人が受けた恩を詳細かつ具体的に想起することで自己を再生する。携帯電話や新聞やテレビなどからは切り離される。合宿といっても、参加者はその大半の時間を、ついたてによって仕切られた空間のなかで一人静かに過ごす。日中は、参加者一人ひとりを聞き手が巡回し、具体的に情景を思い浮かべるよう傾聴して、受けた恩について想起し反省するのを支援する。母、父、祖父母、兄弟と対象を絞り「してもらったこと」「して返したこと」「迷惑をかけたこと」という三つの質問にそって、また小学校時代、中学校時代と、対象とする重要な他者、時期、出来事に具体的に焦点を当てて調べていくという構成をとる。この合宿は誰でも参加できるし、刑務所などでの更生教育や企業研修などの現場でも用いられている。

いっぽう、森田療法は、精神科医の森田正馬（一八七四〜一九三八）によって創始された、精神療法である。対人恐怖、強迫神経症、不安神経症（パニック障害）、心気症などの治療に用いられる。

森田療法の治療は、以下の四つの段階を経て進められる。第一期：絶対臥褥期（食事、洗面、用便以外は横臥し、気晴らしも断って過ごす）、第二期：軽作業期（掃除、草取り程度を開始し、行動中心の日記をつける）、第三期：重作業期（木工、耕作、園芸など、積極性と工夫が求められる共働作業の当番）、第四期：社会復帰期（外出や外泊、登校や出勤を試みて社会復帰にそなえる）。

吉本内観や森田療法は、世俗を一定期間離れる長時間の沈黙と内省が組み込まれた瞑想合宿の形態をとり、自己覚知の深化を意図している。内観法や森田療法は、それぞれ仏教の近代化の産物である。浄土真宗の一伝統に発する、飲まず食わず寝まず極楽往生を確信するまで続けるという修行法「身調べ」をもとに、苦行的要素や宗教的問答を取り除いて、一つの自己探求法として吉本伊信が再構成したのが内観法である。いっぽう森田療法は、森田自身の、地獄絵に喚起された神経症とその克服体験が色濃く反映されている。内向的で心配性の完璧主義者が、完璧でない現実の自分を責め、それが失敗や不安や諸身体症状を招く悪循環を、社会生活から完全に退いた状態（絶対臥褥）で「あるがまま」に受容しつつ、「生の欲望」をいかして方向づけるものである。仏教の世界観や煩悩観が直接扱われるのではない。森田は迷信打破という「科学的」関心を、哲学館（現・東洋大学）創立者の井上円了（一八五八〜一九一九）や、異常心理学誌『変態心理』を創刊した心理学者中村古峡（一八八一〜一九五二）などと、共有していたのである。なお現在の森田療法では日帰りの外来診療も行われている。

なにが仏教瞑想をグローバル化したか

仏教瞑想がグローバルに、そして諸宗教と出会う展開をするには、思想としての仏教そのものへの好奇心や、布教への熱意も重要だった。イエズス会司祭の門脇佳吉（一九二六〜二〇一七）は臨済禅の指導者でもあり、カトリック修道者たちに参禅を指導し、道元を「身体で読む」ことを提唱する。三宝教団は宗派を超えた在家禅を提唱して、諸宗教の背景をもつ海外からの霊性探究の求道者を禅の指導者にも育てる。曹洞宗の鈴木俊隆（一九〇四〜一九七一）によるサンフランシスコ禅センターの設置（一九六二年）もグローバルな熱意の表れであろう。

いっぽうで、仏教瞑想の進展も近代の政情と切り離してはありえない。ベトナム戦争終結のための交渉にも従事した禅僧ティク・ナット・ハン（Thich Nhat Hanh, 1926〜2022）は、世界を構成するあらゆる存在の相互依存を観察する瞑想を提案した。中国治下のチベットより迫害を避けて亡命したダライ・ラマ一四世（一九三五〜）は、世界で最も有名な亡命者であり瞑想指導者でもある。中国の弾圧下から亡命したチベット僧が世界各地にチベット仏教の瞑想実践をもたらした。ビルマ（現・ミャンマー）は英国の植民地であったために、国内各地の瞑想センターでも英語が通じ、欧米から多くの求道者が訪れた。仏教原点回帰と合理主義的な仏教による上からの国民啓発で王制を保ち独立を維持したタイにおいては、パクナム寺のような首都の大寺院で瞑想の場が提供されるいっぽうで、静かに瞑想しやすい条件を整えた森林道場の発展もあった。アーチャン・チャー（Ajahn Chah, 1918〜1992）の英米人の弟子、たとえば臨床心理学の博士号をもつJ・コーンフィールド（Jack Kornfield, 1945〜）のような指導者たちが、米国にインサイトメディテーション協会（Insight Meditation Society）を創立し、瞑想合宿のかたちでのヴィパッサナー瞑想の学びを提供して仏教瞑想をひろめた。のちに同協会は母国の仏教宗派から独立する。

疼痛緩和に仏教瞑想が有効であるというデータを積極的に採集・公表したカバットジン（Jon Kabat-Zinn, 1944〜）

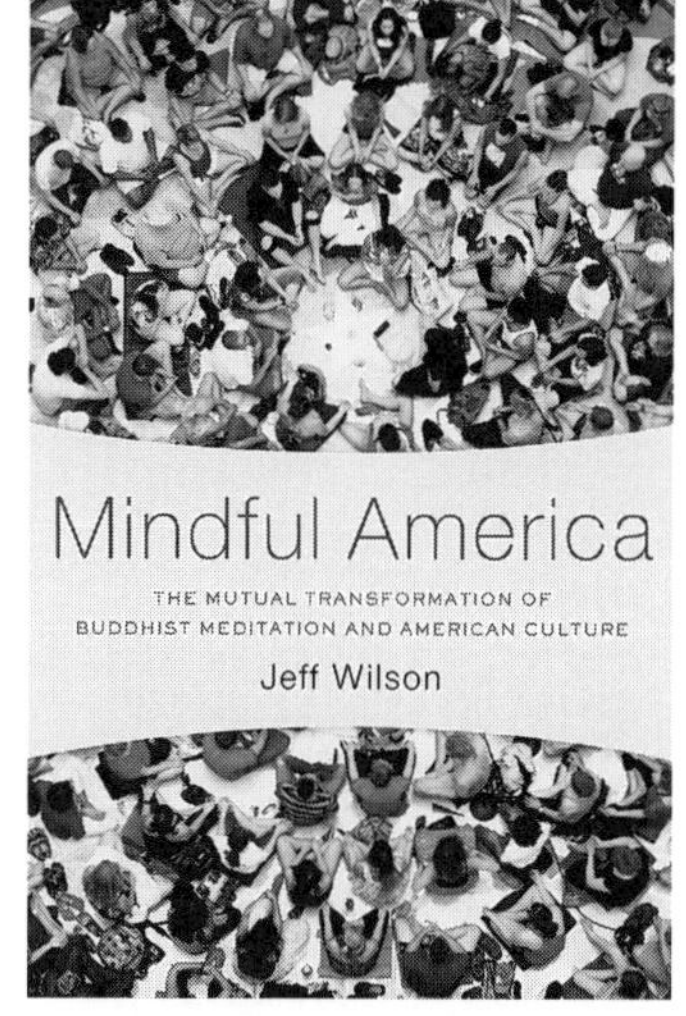

Jeff Wilson, *Mindful America: The Mutual Transformation of Buddhist Meditation and American Culture*, Oxford University Press, 2014の表紙

のＭＢＳＲ（マインドフルネスストレス低減法）は、のちにうつ病の再発防止という瞑想効用が検証され、マインドフルネスをキーワードとする研究が増加する契機となった。また、脳の機能には生涯にわたって成長と変化を続けるポテンシャルがあるので、活動させることによってその活動に関連する神経回路を発達させることができる、という神経可塑性概念は、脳に負った障害がある程度修復される可能性のみならず、瞑想によって人間の性格をあらためていく可能性をも示唆する。ｆＭＲＩなどの非侵襲的脳計測技術の発展で、仏教瞑想の科学的・医学的効能を知り尽くせる、と声高な者もいる。

医療者の燃え尽き防止という分野でも仏教瞑想が応用されている。禅僧のジョアン・ハリファクス（Joan Halifax, 1942〜）は、瞑想が生み出す落ち着きと安定と自己放下を活かし、医療者が初志を確認して共感を高め医療活動に臨めるよう支援するプログラム、ＧＲＡＣＥを考案した。

無我や無常というネガティブにとらえられがちな価値よりも、日常生活・対人関係のなかの気づきやトラウマからの回復など、瞑想関連のポジティブな価値に力点が移っているのは時代の趨勢だろう。商業的価値があがれば、実践者のもつ要望や渇望も瞑想に投影される。有名ＩＴ企業の社員研修にもマインドフルネス瞑想が導入されている昨今。マインドフル・ダイエット、マインドフル・セックスなどという、出家仏教では考えられないキーワードで、瞑想の効用に言及される時代にもなった。

（葛西賢太）

坐法と呼吸法のブーム

坐法や呼吸法を主体とした健康法・修養法。それは二〇世紀前半の日本社会でブームになった！　知識人をはじめ、多くの人々が実践した。では、人々はこうした実践に何を求めたのだろうか？　その謎に迫ってみよう。

修行としての坐と呼吸

坐ることと呼吸することは、人間の生活において不可欠な動作であり、生物的な本能や機能にねざした普遍的な行動に思える。しかし、歴史や文化によって人間の基本的な行動に異なった形式があることを、社会学者マルセル・モース（Marcel Mauss, 1872～1950）は指摘する。モースは、この形式が文化を通じた身体的な学習によってつくられることを論じ、伝承的な身体的行為を「身体技法」と呼んだ。身体技法によって人間の行為が規定されていることを知るとき、それを逆転させ、身体技法を用いて積極的に人間をある方向へと導こうとする考え方も生まれる。仏教の修行はそうした能動的な身体技法で構成されており、坐法と呼吸法はその重要な一部であった。

修行の形式は身体的訓練のみならず、さまざまなテクストを通じても伝えられてきた。中国の天台大師智顗（ちぎ）（五三八～五九七）の著作『天台小止観』や『摩訶止観（まかしかん）』は、坐法と呼吸法について日本でも影響力のあった仏教経典である。また、道元（一二〇〇～一二五三）の『普勧坐禅儀（ふかんざぜんぎ）』や瑩山紹瑾（けいざんじょうきん）（一二六八～一三二五）の『坐禅用心記』など、曹洞宗のテクストにも坐禅の所作として坐法と呼吸法への言及がある。

日本列島に坐法と呼吸法を伝えたのは、仏教だけではない。江戸期には幕府の支持を得て朱子学（新儒教）が隆盛するが、ここでは善である人間の本性を養うために「静坐」が重視された。儒者たちはあくまで静坐を修学の補助とし、日常を離れて坐にふけることを諌め、仏教の坐禅との差別化をはかってきた。また古代から医書を通じて、道教・神仙術に由来する身体技法「導引」がもたらされてきた。呼吸法や坐法を含む身体的所作によって「気」をめぐらせ、理想の心身状態を保とうとする導引の技術と思想は、江戸期に流行する養生論にも引き継がれていく。江戸中期以降の養生論は、儒者・貝原益軒（一六三〇～一七一四）の『養生訓』（一七一三年）に代表されるように、朱子学の影響を受け、「不老長寿」の目的を超えた生活形成・人間形成論にも及んでいた。一方、臨済宗の禅僧・白隠慧鶴（一六八五～一七六八）は、『夜船閑話』（一七五七年）で「内観」と呼ばれる呼吸法をともなう観想を紹介しているが、それは仏教のみならず道教・神仙術の影響が色濃いものであった。白隠の著作は、国学者・平田篤胤（一七七六～一八四三）の『志都乃石室』（一八一一年）にも引用されるなど、仏教を超えて近世知識人に影響を与えた。

心身修養法――坐法と呼吸法の近代化

明治維新後、西洋諸学が政府に採択されると、儒教の価値は相対的に低下し、近世養生論は西洋医学にその地位を譲ることになった。仏教はさまざまなかたちで近代化を模索していたが、講壇仏教学の成立や改革派仏教者の活動を通じて、教義や信仰の問題に関心が集中していった。西洋医学を介して坐禅を体系化・療法化した原坦山（一八一九～一八九二）のような例外はあったが、総じて修行論は周縁化することになった。

ところが、一九〇〇年前後を境に、坐禅を一般社会に向けて提示する試みが活発になる。まず、臨済宗の禅僧・釈宗演（一八六〇～一九一九）とその弟子・鈴木大拙（一八七〇～一九六六）が、共著『静坐のすすめ』（一八九九年）において、坐禅静坐は注意力増進や品性涵養に効果があると説き、具体的方法として「坐禅儀」（『禅苑清規』・『四部録』所収）を紹介した。さらに、静かに坐ることは、儒教やキリスト教にもあると述べ、生理学的・心理学的根拠も示して一般化した。この主張を引き継ぎつつ、在家仏教者の加藤咄堂（一八七〇～一九四九）は、『修養清話』（一九〇一年）や『冥想論』（一九〇五年）などで、坐禅静坐が、信念獲得・徳性涵養・詩境湧然・真理直観・病気修養に資するとして、あらゆる分野に展開した。現在、人格や精神の練磨を連想する「修養」だが、当時は体位向上とも深く結びついており、「心身修養」といった言葉もあった。仏教者による坐禅の修養化をきっかけに、坐法と呼吸法は仏教の枠を超えて見なおされていく。

こうして、岡田虎二郎（一八七二～一九二〇）の岡田式静坐法、医学博士・二木謙三（一八七三～一九六六）の二木式呼吸健康法、真言宗僧侶・藤田霊斎（一八六八～一九

五七）の藤田式息心調和法といった心身修養法が生まれてくる。二木のような医学者までも呼吸法を推奨した背景には、結核や神経衰弱に西洋医学が対処しきれない状況があった。岡田式・二木式・藤田式は、当時の健康本で常に筆頭に挙がるほどの人気を博し、教育者、政治家、実業家、芸術家といった知識人・著名人から、クリスチャンや仏教者などの宗教者までもが実践した。宮沢賢治（一八九六〜一九三三）も実践した電磁式静坐法（佐々木電眼・生没年不詳）などさまざまな派生も生まれ、同時期に流行していた霊術（民間精神療法）にも術者の能力を高める手段として坐法や呼吸法は取り入れられていった。

　これらの心身修養法は、先述したような近世以前のテクストを参照し、心身一元論や丹田（下腹部の中心）を強調するなど東洋的心身観を受け継いでいた。他方、技法についての詳細な指示や厳密さの要求は、近世以前の坐法や呼吸法の説にはあまりみられず、曖昧さを排除して一般化・簡略化を目指す一種の合理化だったと言える。理論的にも、生理学・物理学・心理学・哲学・近代西洋霊性思想が援用されており、心身一元論は、西洋哲学における主客二元論の超克という明治哲学の課題を共有して再発見されたものであった。

　心身修養法は、伝統を引き継ぎつつ、時代の要請にこたえ、新たな価値と実践を提示しようとしていた。それゆえ、伝統による束縛と西洋近代の行き詰まりを感じる知識人にも訴えかけ、健康法を超えた一種の思想運動としての側面を持つことにもなったのである。

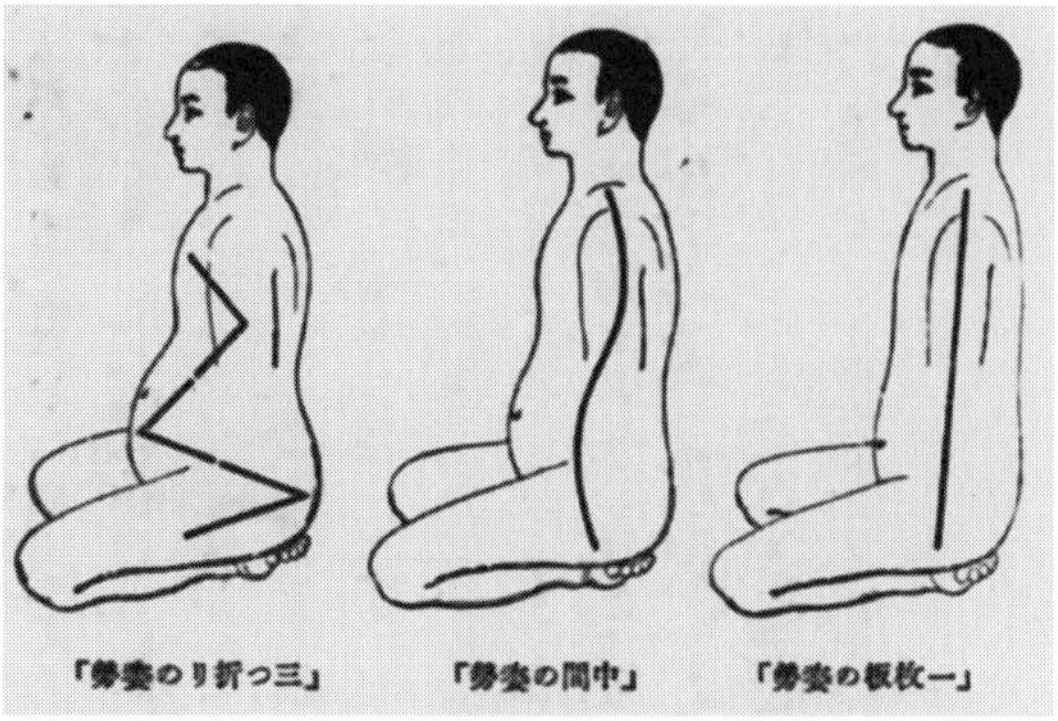

「勢姿のり折つ三」　「勢姿の間中」　「勢姿の板枚一」

「静坐の姿勢」

出典：岸本能武太『岡田式静坐三年』1922年、大日本文華

近代仏教と心身修養法

仏教の近代的展開は心身修養法を生み出したが、ひるがえって心身修養法が近代仏教に影響を与えることもあった。ここでは、岡田式静坐法を事例としてそれを確認してみたい。

大正期、岡田式静坐法を医療に応用した人物に、外科医・小林参三郎（一八六三～一九二六）がいる。小林が院長をつとめた済世病院（真言宗系の仏教慈善病院）には、清沢満之（一八六三～一九〇三）の私塾・浩々洞門下の金子大栄（一八八一～一九七六）、山辺習学（一八八二～一九四四）、安藤州一（一八七五～一九五〇）、さらに本願寺派で信仰革新運動を起こした足利浄円（一八七八～一九六〇）をはじめとした真宗の学僧が集い、岡田式静坐を実践していた。小林の死後、その意志を継いで設立された静坐社に真宗僧らは深く関わり、機関誌『静坐』に静坐論を発表していく。その結果、彼らは釈迦の坐や三学の戒学などの身体実践を見なおすことになった。身体への注目は、金子の仏教論において理想主義から自然主義への転換を促した。山辺は、『仏説大安般守意経』などの仏典にみられる呼吸法を紹介し、『心身鍛練の書』（一九三九年）を刊行した。静坐を医療とすることで、自力行を否定する真宗僧にも受け入れられた一方で、その静坐実践から、仏教論の新たな展開や仏教的身体技法の再発見が導かれたのである。

雑誌『静坐』創刊号（1927年）の表紙

このように、坐法や呼吸法は諸教・諸学の境界を超え、さまざまな思想交流の媒体として機能してきた。こうした越境性は、言葉や場所よりも、個人の身体に強く結びついた技法の特質と言えよう。近代における仏教のグローバルかつ多様な展開をとらえるためにも、身体技法に注目してみる必要はあるだろう。

（栗田英彦）

儀礼の伝統と新しい儀礼

儀礼というと、現代人には馴染みが少ないかもしれない。だが、教団や僧侶にとっては自分たちのアイデンティティに関わるほど重要だ。近代日本の仏教にとって、儀礼はどのような意味や役割を持っていたのだろうか？

儀礼と教団

明治を迎えた仏教界にとって神仏分離政策の影響は極めて大きかった。神宮寺の廃止や寺院からの神像撤去、神社内での仏教儀礼禁止などの命令は、廃仏毀釈（はいぶつきしゃく）の一因ともなった。とくに、天台・真言・日蓮といった山岳修験（しゅげん）との関わりが強かった宗派では大きな影響を受けた。神や神像に対する儀礼が大きく制限されることとなったからである。

明治政府は明治五（一八七二）年に一宗一管長制を命じ、地方分権的な組織体制であった仏教教団の刷新を図ろうとした。仏教界は、それまで緩やかに結ばれていた宗派を強制的に統合し、一つの教団（宗）として再構築する必要に迫られた。当然のことながら統合過程において、宗旨・教義の統一はもちろん、儀礼の統一も大きな問題となり、それが原因で種々の対立が引き起こされる。たとえば、東京・増上寺を大教院とし統一された浄土宗は明治一一年に東西分裂し二つの教団にわかれているが、教団内政治機構の不協和とともに、儀礼の統一失敗が分裂の一因とされている。真言系教団では、事相（儀礼・儀式の実践法）が教相（教理・教義）と同様に非常に重んじられるため、事相の行い方や作法の違いはそのまま分派・分裂の要因となり得た。明治初めに、一旦は一宗一管長制を受け入れ全派統一の「真言宗」が誕生したものの、その後、本山や有力寺院が独立を繰り返していき、明治末から大正期にかけて「真言宗」は解体していった。事相の違いが解体の大きな一因となっていたことは言うまでもない。

とはいうものの、儀礼の統一化がことごとく失敗したわけではない。仏教教団の組織体制が整いはじめる明治二〇年代から三〇年代にかけて、各教団では法式集や法要集などが次々と刊行されている。刊行の際に重んじられたのが明治以前からの伝承と文献であり、前時代のものを整理・再編した儀礼が、のちに宗定儀礼（しゅうていぎれい）（教団が正式に定めた宗定儀礼が絶対の必須要件だったのである。

代化していくに際し、組織として成立し続けるためには、儀礼）となっていった。教団が中央集権的な組織として近

儀礼と「旧仏教」

上記のように儀礼とは伝統教団にとって極めて重要な関心事項であったが、ほぼすべての儀礼が近代以前の世界観を継承するものであった。つまり、来世や先祖、神などが実在していることを前提とした儀礼が何の疑いもなく行われていたのである。そのような伝統教団を、最初に非難したのが啓蒙的知識人であった。彼らは既存の仏教界を、旧時代の因習に縛られ、新時代に対応しようとしない「旧仏教」と非難した。「旧仏教」という語を好んで用い、自らを新しい仏教と呼称したのが新仏教運動の担い手たちである。依然として旧時代と同じ方法で葬儀や祈禱を行い、来世や浄土といった非現実的な世界を中心に据えて日々過ごしているのは「旧仏教」以外なにものでもない。もっと現実の世界に目を向け、実際に社会に役立ち、生きている人間にとって有益な仏教を目指すべきだ！　と新仏教側は迫ったのである。そのためにも、葬儀や墓参、読経や祈禱よりも、まずは僧侶自身の内面的な信仰を磨き上げるべき、と強く主張したのであった。

東京・京極家の葬列（大正年間）
出典：個人蔵

しかし、結果的には彼らの主張は「旧仏教」の儀礼に大きな変革をもたらすことはなかった。彼らの主張があまりに革新的だった点もその理由であるが、明治二〇年代後半になると「旧仏教」の死者供養や祈禱が極めて重要かつ新

たな意味を持つようになったからである。日清戦争を契機として、僧侶による戦没者儀礼や戦勝祈願が再評価されたのである。僧侶が行う戦争関連の儀礼は、戦争遂行を国是とする当時の日本において誰もが支持すべきナショナルな行為として社会的認知を獲得していったのである。

新しい儀礼

ナショナリズムと結びついた戦没者儀礼は日本仏教界の生き残りをかけた命綱でもあった。初の本格的な対外戦争である日清戦争開戦が明治天皇の聖意として示されると、仏教教団はこぞって賛意および協力の意思を示す。戦死者の増加にともない、各教団では戦死者をどのように位置づけるかさまざまな論議が行われたが、そこには供養や慰霊とともに顕彰といった要素が加えられていく。この時期、各教団もしくは有志僧侶らが率先して英霊塔・忠魂塔などの慰霊碑を建立している。それらはもともと戦没者慰霊のためであったが、のちには英霊顕彰の教化活動のための象徴的建造物となっていく。仏教界は、その後の対外戦争においても多くの慰霊碑を建立していった。ナショナリズムと結びついた日本仏教の葬送儀礼は、近代天皇制の枠組みのなかで特有の展開をしていったのであった。

次に触れておきたいのが、仏式結婚式である。もともと日本において宗教者が結婚式に関与することは決して一般的ではなかったが、キリスト教式結婚式に触発されながら仏式結婚式は創作されていった。国柱会の創設者・田中智学は、仏式結婚式を公式に表明した最初の人物と言われている。その後、明治二五年に真宗本願寺派・藤井宣正が東京白蓮社会堂において、同三五年には曹洞宗・来馬琢道、浄土宗・藤田良信らが仏式での結婚式をあげている。儀礼統一の困難さについてはすでに触れたとおりだが、仏式結婚式をはじめとして、近代以降に創作された儀礼は比較的容易に定式化されていった。ほかにも新しい仏教儀礼として、仏教讃歌（仏教聖歌）、灌仏会をもとにした花まつり、寺庭婦人らによる御詠歌などがあるが、それらは教団機関誌や教化資料の刊行とともに普及していった。

儀礼と近代仏教

最後に儀礼と近代仏教研究の可能性について触れておきたい。近代日本の仏教を語る際、これまで信仰のあり方や内実については多くの労力が割かれてきたが、儀礼についてはそれほどでもなかった。いや、タブー視されてきたといってもよいくらいだった。

第1章でも述べられているように、近代日本ではreligionの翻訳語「宗教」が広く受け入れられてきたが、この概念はプロテスタント的な風土で形成されたものであった。何よりまず個人の内面的信仰を重視する概念であり、そして儀礼は信仰に従属するという前提を内包した概念であった。圧倒的な西欧文明とともにキリスト教が日本に流入すると、日本の仏教エリート達は「宗教」概念に応じるかたちで仏教改革を志した。精神主義や新仏教運動で標榜されたように個人の内面における信仰や倫理が重視される一方、葬儀・墓参・法事のような一般生活における儀礼実践は伝統的慣習の残滓として「単なる習慣的な儀礼でしかない」といった理解が、知識人層を中心に広まってしまったのである。その傾向は戦後のアカデミックな世界においても引き継がれ、たとえば仏教学や日本近代仏教史研究においては、長い間、〝「宗教」たる仏教〟の本質を教理にもとづく信仰ととらえ、仏教を儀礼という側面から語ろうとしてこなかった。しかし、先述したように儀礼とは教団や僧侶にとって過去と現在をつなぐ極めて重要な実践形式であり、アイデンティティそのものと言っても過言ではない。儀礼という側面からの新しい知見や研究が、近代仏教研究にも必要な時期が来ている。

（江島尚俊）

近代化する葬儀

「江戸時代いらいの葬式仏教」。日本仏教はしばしば、そう揶揄されてきた。また、葬儀は近代以前のものだというイメージも強い。しかし、仏教には近代が色濃く刻印されている！　葬儀もまた例外ではない。葬儀の近代とは？

葬儀の近代性

散骨・樹木葬・手元供養あるいは無宗教葬（友人葬）など、現代日本でしばしば話題とされる「新しい葬儀」と比較すると少々古めかしいが、映画などで表象される一般的な葬儀とは、葬儀社が取り仕切り、死者を納めた棺を自宅あるいは斎場に安置し、祭壇を設え、そこへ人々が集い、告別式など一連の儀礼を執り行う形態だろう。しかしこの形態は、「告別式」なる儀礼が二〇世紀を遡らないという歴史的事実ひとつとっても、きわめて近代的現象なのである。また葬儀には、仏教に限らず神道（神葬祭）やキリスト教などさまざまな宗教が関わることは、今でこそ一般常識であろうが、これすら日本では一五〇年も遡れない。あらためて近世期の制度的状況から確認しておくと、近世期における一般民衆の葬儀は、寺請（てらうけ）制によりいずれかの仏教寺院の檀家（だんか）とされていた関係で、基本的に仏式以外の選択肢がなかった。たとえ神職であっても、原則として仏僧の関与なくして葬儀ができなかったのである（近世も後半になると、神職がその身分の自立を目指し、神葬祭運動が盛んとなる）が一般民衆にも神道そしてキリスト教による葬儀が可能となるには、明治政府の政策実施を待たねばならなかった。

葬儀制度の紆余曲折

大政奉還から王政復古の大号令を承け、慶応四（一八六八）年の神祇官再興にはじまる一連の流れのなかで、いわゆる神仏分離が推進され、神職の葬儀も（仏式ではなく）神葬祭で実施することとされた。この対象は一般民衆ではないが、神葬祭用の墓地に対する需要が高まった。とくに新政府に関連して大勢移住してきた東京では、明治二（一八六九）年に神祇（じんぎ）官・神職そして華族百官のために神葬祭墓地を確保するよう指令が出された。

津和野藩など特定の藩（地域）に限定されず、一般民衆に神葬祭が浸透する契機は、明治五年に出された「自葬」の禁止である。葬儀は「神官僧侶」に依頼すべきこととされ、僧侶のみならず神職による葬儀執行が公認された。氏子などから神葬祭を依頼された場合、神職が関与するよう指示されたのである。また同年には、先に確保された神葬祭墓地が「士民一般」にも開放され、さらに「士民一般」の神葬祭墓地として、青山や雑司ヶ谷など四カ所が追加された。なおキリスト教による葬儀が可能となるのは、さらに明治一七年に「自葬」が解禁されるのを待たねばならなかった。

　この流れのなかで明治六年に火葬が禁止される。直接的には火葬場の臭煙問題が契機だったが、その背景には仏教的葬法とみなされた火葬に対する否定的見解があった。つまり神道的思想にもとづく火葬の禁止である。さらに同年、東京では旧朱引内つまり市内での埋葬を禁止し、朱引外つまり市外に公共墓地を選定することが決定された。翌明治七年に公共墓地の利用が開始されると、土葬は火葬よりも土地が必要なため、当初から懸念されていた墓地不足が深刻化し、混乱に拍車がかかった。結果、明治八年には公衆衛生的観点から火葬が解禁となり、火葬場取締規則が出され、朱引内にも火葬遺骨ならば埋葬が許可されることとなった。

　火葬禁止そして解禁の朝令暮改を経て、以後、葬儀は宗教的信条の問題というよりも、公衆衛生上の問題として取締対象とされた。逆に言えば、それに抵触しない限りは制限されないことを意味する。ここからは葬儀にまつわる制度史を離れ、その風俗史を眺めよう。

葬列から告別式へ

　葬儀にまつわるさまざまな制度的転換が生じた明治初期であるが、葬送儀礼そのものは近世後期の状況が引き継がれていた。自宅（喪家）での通夜、寺院や斎場での葬儀式、そして墓地や火葬場での埋火葬それぞれで儀礼があり、さらにそれぞれの場所を移動する際に組まれる葬列は、それ自体が儀礼であり、最も重視された。近世の文献史料にも広く確認でき、全国各地の民俗事例として数多く報告される葬列は、死者をこの世からあの世へと送るという文化的機能を果たし、そのことを視覚的にも明示する儀礼である。死出の旅路、とは単なる比喩表現ではなく、死者は死装束として旅支度を施され、乗り物である輿や駕籠に乗せられ、自宅から墓地へ、あるいは火葬場へと送り出された。葬列における各自の役割は、家の後継者や主婦といった喪家と死者との関係性を示す社会的機能も担っていた。このような葬儀の中心であった葬列が、その座を告別式へと受け渡すのが、風俗史上における葬儀の近代である。

一八世紀後半の畿内では、都市・村を問わず広汎に葬具業者が存在していた。また都市部においては、輿や駕籠を担ぐための人足を手配する請負業も存在した。これらのそもそも別の流れであった葬具貸物業と人足請負業とを兼ねる業態が、明治中期になって登場する。明治一六年には、それまで人足請負業であった大阪の駕友が、葬具貸物業の兼務を開始した。また明治一九年には東京神田で「東京葬儀社」が営業をはじめた。これらを嚆矢として、葬儀をサービスとして提供する業者が歴史に登場してくる。葬具と人足の提供元が一体化されたことは、葬列手配の低廉化＝同価格での華美化を引き起こし、葬儀の肥大化に一役買うことになった。

近世において華美な葬儀はしばしば規制対象とされ、身分に応じて規制されていた葬儀を大きく逸脱することは、

自宅棺前（白木祭壇以前の簡素な飾り）
出典：国立歴史民俗博物館所蔵『明譽眞月大姉葬儀写真帖』

葬列の一部（大量の蓮華が並ぶ華美な葬列）
出典：国立歴史民俗博物館所蔵『明譽眞月大姉葬儀写真帖』

きわめて困難であった。しかし身分制が廃された近代における制約は基本的に社会的評判のみであり、かつては上層民だけが用いた輿（寝棺）を次第に下層民も用いるなど、明治の葬儀は華美化が進展した。とくに都市部の葬儀では、造花・生花・放鳥籠（ほうちょうかご）などが（人足付きで）連なり、さらには看護婦や、奴行列（やっこぎょうれつ）までも含むことさえあり、見世物の様相を呈した。ところが大正期になると一変し、葬列を廃止した葬儀が増える。都市の拡張にともない発展した交通機関により葬列が分断され、また喪家から寺院や斎場までが遠距離化し、徒歩での移動が困難となったことが大きな要因であった。しかし寺院や斎場への移動は必要とされ、大正期には霊柩自動車が東京・大阪・京都・名古屋などで走るようになった。

その一方、唯物論的な「無神無霊魂」を唱え、葬儀不要と遺言した中江兆民（なかえちょうみん）（一八四七〜一九〇一）の死に際し、新たな儀式が生み出された。遺族・友人たちにより執り行われたのが、当時の葬儀から宗教的要素を差し引いた「告別式」であった。現在の無宗教葬に近いこの形態は、東京では大正年間を通じインテリ層から浸透するが、次第に宗教葬の弔問部分が独立した形態へと変容する。関東大震災以降は葬儀の簡素化が浸透し、一般庶民も告別式形式で葬儀を行うようになる。ほとんどの会葬者が近隣住民となる一般庶民においては、喪家で通夜から葬儀式・告別式まで執行するのが「合理的」であり、自宅告別式が広まった。と同時に、その中心となる祭壇が飾られるようになる。当初用いられた、白い布をかけた白布祭壇は、段数と設える道具によってランク付けされ、それに連動して葬儀規模が決まるシステムが昭和初期には成立した。戦時中の物資不足期を挟み、戦後に復活し一般に普及する。高度経済成長期には、白布ではなく彫刻が施された白木の板で祭壇が装飾されるようになり、仏教建築のモティーフが彫刻や意匠で用いられ、祭壇そのものがあの世の空間を表象する方向へ深化する。

葬儀は、葬列が中心であった頃、あの世へ死者を送る儀礼であった。それは、告別式と祭壇が中心となったことで、あの世の存在となった死者へ別れを告げる儀礼へと変質したのである。

（土居浩）

他宗教と関係する

キリスト教と出会った仏教

近代仏教の成立にはキリスト教のインパクトが不可欠だった！　最初は対抗すべき敵であると同時に参考にするべきモデルだった。しかし、後には相互交流も行われるようになっていった。そうした複雑な関係をたどりなおしてみよう！

近代日本という場

近世において仏教は、本末制度や檀家制度に支えられて社会制度のなかで安定的な位置を占めていたが、明治になって神仏分離が行われ、その位置を失った。近代仏教は近代への対応という意味で日本に限定された出来事ではないが、神仏分離を経た社会における位置づけの模索という課題は日本固有のものと言える。これに対して、戒律復興運動のような内発的な改良運動が試みられる一方で、キリスト教への対抗を自らの役割として任ずる動きも出てくる。

キリスト教を対抗すべき敵とする考え方は近世におけるキリスト教邪教観を受け継いだものであったが、明治以降はキリスト教徒が実際に活動するようになったという状況の違いがある。当初、明治政府が禁教政策を継続したこともあって、キリスト教の伝道は決して順風満帆なものではなかったが、仏教側はあらためて競合する相手としてキリスト教をとらえるようになり、またそうした認識の背景には近代社会における宗教のある種のモデルとしてキリスト教をとらえる視点があった。たとえば島地黙雷（一八三八〜一九一一）は、仏教は自立した宗教としてキリスト教に対抗すべきであるとして大教院分離運動を推進したが、それは自身が洋行の際に見聞したキリスト教のあり方から影響を受けていた。

キリスト教との邂逅

キリスト教の側から言えば、プロテスタントの宣教師が安政六（一八五九）年に滞日外国人のためという名目で禁教下の日本本土に上陸し、明治六（一八七三）年に禁教の高札が撤去されたことを契機として活動を活発化させる。法的な承認は明治二二年の大日本帝国憲法公布を待たなければならないものの、明治一〇年代にキリスト教は日本社会のなかで可視化された。

そして日本人キリスト教徒が日本各地で伝道を行うようになったことに対抗して、仏教側から演説や排耶書の配布、あるいは暴力の行使などを含めたさまざまなキリスト教排撃運動が試みられる。これらの運動について、担い手であった仏教結社のなかには、たとえば大内青巒（一八四五～一九一八）を中心とした和敬会のように諸宗協同かつ在家仏教徒を含んだ結社もあった。ここに近代仏教の特徴である通仏教性と在家への広がりを見て取ることができるが、実際にこれらの結社は仏教改良運動に共鳴するかたちで、近代仏教へと流れ込んでいくことになる。

また明治一〇年代以降、キリスト教と仏教の弁証論がお互いに闘わされるという局面も生じる。明治初年において、たとえば中村正直（一八三二～一八九一）のように日本の文明化という観点からキリスト教に好意的な見解を示す知識人があり、ひるがえって宣教師も日本人キリスト教徒もキリスト教を文明の宗教として理解し、提示した面があった。これは転じて文明を支える学問とキリスト教が親和的であるという弁証論にもなり、そこで仏教には非文明的・非学問的であるという批判が加えられることになる。これに対して仏教側からは自然科学と聖書記述の矛盾を指摘するようなキリスト教批判が行われたが、根本的な反論は明治二〇年代における井上円了（一八五八～一九一九）らの議論を待たなければならなかった。いずれにしても、ここで確認しておきたいのはキリスト教側からも仏教側からも、学問的知見と矛盾しない宗教がより正しい宗教であるという論法が出されていたということであり、この非合理性を排する姿勢は、その後の宗教論の一つの基調となって近代仏教にも大きな影響を与えることになる。

仏教の反撃

かくして明治一〇年代、演説会のような実践においても、あるいは弁証論の論理においても、仏教側はある意味キリスト教を参照しながらそれに対抗しようとしていた面がある。しかし、そのようなやり方では仏教のキリスト教に対する優越性を示すことは難しかった。

これに対して、明治二〇年代に入ると、仏教のキリスト教に対する本質的な優位性を新しい枠組みにもとづいて論じようとする議論が出される。たとえば井上円了は、西洋哲学の知見にもとづいて仏教をとらえなおしたうえで、仏教はより知的に洗練された宗教であると訴えた。また中西（なかにし）牛郎（うしろう）（一八五九〜一九三〇）は宗教進化論的な枠組みを前提として、多神教から一神教へと進化した宗教が、今まさに汎神教（はんしんきょう）へとさらなる進化を遂げようとしているとして仏教の弁証を試みた。

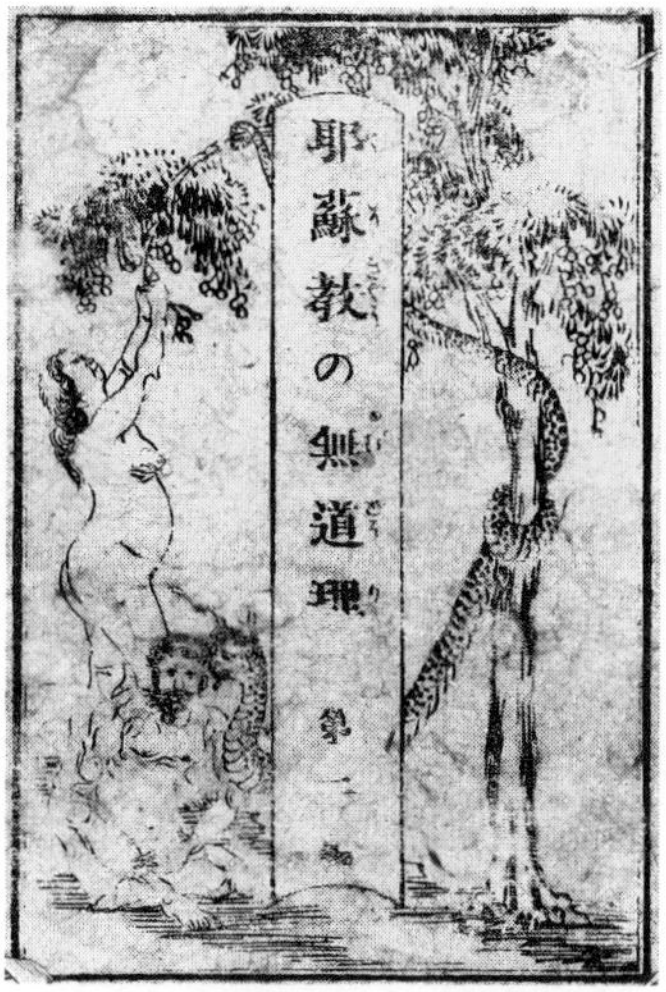

『耶蘇教の無道理・第二篇』(1881年7月刊)。キリスト教批判の小冊子で、仏教演説会などで配布された。第二篇は原罪説の誤謬を説いており、表紙にアダムとイブ、そしてヘビが描かれている。

この仏教の反撃の気運は明治一〇年代の欧化主義から明治二〇年代の国粋主義への変遷とも結びついており、「日本仏教」は日本の国柄とうまく調和して日本の宗教となったという語りが、キリスト教を外国の宗教として排撃する際に対比的に持ち出された。その延長において明治二四年の内村鑑三（うちむらかんぞう）不敬事件に際して、仏教メディアは内村個人に加えてキリスト教にも苛烈な批判を加えることになる。

他方で、理想の仏教を掲げる仏教論は、現実の仏教がその理想を体現していないとする仏教改良運動にもつながっていくことになるが、その理想像にキリスト教の影響がみられる。たとえば反省会はキリスト教徒のふるまいをみながら禁酒禁煙を訴え、また新仏教徒同志会は設立当初、ピューリタンにならって仏教清徒同志会と名のっていた。さらに、仏教改良論者が明治二五年に行った釈迦牟尼世尊降（ごう）誕会（たんえ）がクリスマスを念頭において企画されていたように、実践においても参照すべき対象であったのである。

宗教の行方

明治二六年にシカゴで開催された万国宗教会議に、日本から仏教徒もキリスト教徒も参加したが、そこで両者はそれぞれ日本の宗教としての仏教とキリスト教について発表した。この会議を一つのきっかけとして日本でも諸宗教融和の気運が生じ、とくに仏教とキリスト教に歩み寄りがみられるようになって、明治二九年に宗教家懇談会が開催される。これは諸宗教の協働につながるものであり、たとえば新仏教徒同志会とユニテリアンのように既存の教団の改良を訴える集団の間に、仏教とキリスト教という宗教の違いを超えた協力関係がみられた。

しかし、こうした融和的な関係は「日本の宗教」という枠組みを前提としたものであり、さまざまな宗教が国家の求めに応じるかたちで自らの有用性を競うという「日本型の政教分離」（安丸良夫）のもとでのことであった。これはのちの三教会同（明治四五年）や御大典記念日本宗教大会（昭和三〈一九二八〉年）などに、より明らかに見て取ることができる。すなわちそこで宗教には、社会主義の蔓延に対する防波堤としての社会的役割が期待され、また多くの教団はそのように自己規定してふるまっていくことになる。

他方、個人と宗教の関係については、明治後期以降、実存の問題への対処が宗教に求められるようになる。これは自我の問題に悩む、いわゆる煩悶青年の出現と呼応するものであり、キリスト教の内村鑑三（一八六一～一九三〇）、仏教の清沢満之（一八六三～一九〇三）や近角常観（一八七〇～一九四一）のもとに多くの若者が集まった。このように宗教を個人の内面との関わりにおいてとらえる姿勢は、前述した非合理性を排除しようとする姿勢とはまた別の、そしておそらくはより影響力の強い宗教論の基調となって、仏教やキリスト教に限らず広く受け入れられていく。しかし、それがどのように社会と結びつきうるかということは現在にいたるまで問題となっている。

（星野靖二）

ユニテリアンの与えたインパクト

ユニテリアン。キリスト教のなかでも極めてリベラルなこの一派ぬきには「近代仏教」の形成は語れない。教義の合理化や儀礼の否定は「近代仏教」の重要な特徴だ。じつは、これこそがユニテリアンからの影響なのだ！

ユニテリアンとは何か

ユニテリアンを教科書的に定義するならば、キリスト教の正統とされる三位一体(さんみいったい)説を否定して神の単一性、つまりユニティ(unity)を主張する集団であるとひとまず言うことができる。しかし、近代仏教との関係からみるならば、むしろ三位一体説を否定するにいたるような宗教の権威や伝統に対する態度が大きな意味を持つことになる。

前提として、近代になってキリスト教を理性にもとづいてとらえなおそうとするリベラルな潮流が啓蒙主義と結びついて出てきていた。これはたとえば、高等批評、すなわち聖書を歴史的なテクストとして検討する営みとして具体的なかたちを取ることになる。なお、この一九世紀から二〇世紀にかけて広く行われるようになった高等批評が仏教経典の文献学的研究に流れ込み、またそれは大乗非仏説論への対応を近代仏教に迫ることになる。

ここで取り上げるユニテリアンは、このようなリベラルな潮流を背景として出てきた教派の一つであり、とくに一九世紀アメリカにおけるユニテリアンは、理性への信頼や進歩に対する確信などを基調として既存のキリスト教を徹底的に再検討しようとした。それは一方では宗教の本質そのものを(あるいはキリスト教を超えたところに)探求する比較宗教への営みへとつながっていく。他方で超越性や啓示を相対化した一つの結果として、この世の問題に直接働きかけようとする社会運動が積極的に推進されることになる。この比較宗教と社会運動というユニテリアンの二つの特徴は、たとえば前者は日本における宗教学の創始者の一人である岸本能武太(きしもとのぶた)(一八六六〜一九二八)に、また後者はキリスト教社会主義者である安部磯雄(あべいそお)(一八六五〜一九四九)にみられるように、日本のユニテリアンにおいても展開されていき、さらに言えば、これらの特徴が近代仏教においても参照されることになる。

近代仏教とユニテリアン

近代仏教について、理念としてのプロテスタント・キリスト教をモデルとした仏教ということで「プロテスタント仏教」という言葉が用いられることがある。そして、もし教義の合理化や、儀礼の否定をその理念の中核とするならば、ユニテリアンは確かにこれを最も良く体現する一派であり、まずこのレベルにおいて両者に呼応する面があることになる。

そのうえで歴史に目を向けるならば、一九世紀後半に来日したユニテリアンは実際に近代仏教の人や組織と関わりを持つことになる。明治二〇（一八八七）年にアメリカ・ユニテリアン協会のA・ナップ（Authur May Knapp, 1841～1921）が来日し、自分は教えを広めるというよりも、友人として協力するために来たと述べた。ナップには、どのような宗教伝統からも宗教の本質にたどりつくことができるという確信があり、日本の土着伝統に対して非対決的な姿勢を取った。とりわけ仏教については、たとえば理性を重視し、創始者を神格化しない点などにおいてユニテリアンと共通性があるとした。こうした考え方は日本人キリスト教徒にも大きな影響を与えたが、キリスト教への対抗という課題に取り組んでいた仏教者にとっても、二つの方向で大きな意味を持つことになる。つまり、既存のキリスト教のとらえなおしを訴えるユニテリアンの議論は、一方において仏教者によるキリスト教批判において参照されるようになる。しかし他方において、その議論はひるがえって既存の仏教にも向けられ、仏教にも自由討究を加え、道理にかなった新しいものにしていかなければならないという議論が出されるようになるのである。

たとえば、明治二〇年代における仏教改良運動の基調を定めた一人である中西牛郎（一八五九～一九三〇）は、ユニテリアンが迷信を排して道理を重視すべきとする主張にはみるべきところがあるとしながら、ユニテリアンが一神教であるキリスト教にとどまるならば限界があるとしていた。中西は、ユニテリアンの主張を突き詰めていくと汎神論的な仏教に必然的にいたると考えていたが、しかしそれは当時の仏教のあり方を肯定する議論にはつなげられず、むしろその改良の議論へと展開されていったのである。さらに、この時期中西の仏教改良論を好意的に評していた古河老川（一八七一～一八九九）も、キリスト教がユニテリアンによって改められなければならなかったのと同様に、既存の仏教は進んで新しい仏教にならなければならないとしていた。ここで仏教改良論者達が、人間の理性にもとづいて宗教に自由討究を加えるというユニテリアンの基本姿勢については、これを望ましいとしていたのを見て取ることができるだろう。

新仏教徒同志会とユニテリアン

このように、既存の宗教的権威や伝統に対する態度においてユニテリアンと近代仏教に共通する点があることは明らかであり、実際に中西牛郎や平井金三（一八五九～一九一六）、あるいは佐治実然（一八五六～一九二一）のように日本のユニテリアンに加わる仏教徒も出てくる。とくに佐治は一〇年以上ユニテリアン協会の会長を務め、これは日本のユニテリアンの汎宗教的な側面をよく示している。

そして近代仏教の一つの結実である新仏教徒同志会について、人間的なつながりに加えて、汎神論や進歩の確信などにおいて共通する思想がみられており、早い段階で両者の「握手」が指摘されていた（『中央公論』一九〇一年五月）。実際に組織としても、同志会側から「両者が暗に意気相投合せんとする傾あるは、勢の然らしむる所」（「ユニテリアン協会役員と本会評議員との会合」『新仏教』二巻一三号、一九〇一年一二月）という認識が示されており、これを受けて両者の幹部による会合が開かれている。

すでにユニテリアン協会は、新仏教徒同志会が明治三四年の五月からはじめた毎月一回の公開演説会に場所を提供

ユニテリアン協会役員と新仏教徒同志会の会合（前列左から、岸本能武太、融道玄、佐治実然、後列左から、境野黄洋、高嶋米峰、杉村縦横、1901年11月９日頃の撮影）

出典：『東京朝日新聞』1928年９月16日朝刊

していたが、こうした親密な関係に支えられて、会場の提供は明治四五年の一月まで続くことになる。

この会場の提供について、初回の演説会の際に同志会において中心的な役割を果たした一人である境野黄洋（さかいのこうよう）（一八七一～一九三三）は、「所謂旧仏教」が新仏教徒同志会に好意的では無かったことを引き合いに出しながらユニテリアン協会の協力的姿勢について述べている。この境野の言及と、日本の正統的キリスト教会がユニテリアンとある種の緊張関係にあったことを考え合わせるならば、近代仏教とユニテリアンは、仏教とキリスト教という関係というよりも、むしろ既存の宗教伝統の問いなおしを含む自由討究という営みにおいて結びついていたということができるだろう。

（星野靖二）

反宗教運動との衝突、新興類似宗教への批判

一九三〇年代。長引く経済不況からマルクス主義への関心が高まるとともに、社会不安を背景に新宗教の活動が活発化した時期。やがて日本の軍国主義化が加速していくなか、マルクス主義と新宗教は国家権力と衝突した！

宗教批判の理論的導入

一九二〇年代後半、海外から宗教を反動イデオロギーとして把握する理論を導入した日本のマルクス主義者は、反宗教運動を本格的に開始することになる。昭和六（一九三一）年に結成された反宗教闘争同盟準備会（のち日本戦闘的無神論者同盟）、日本反宗教同盟などの運動はいずれも短命ではあったけれども、それらが日本の宗教界に与えた衝撃は軽視しえない。

そうした反宗教運動の理論的背景だが、最初期は佐野学（一八九二〜一九五三）の成果に拠るところが大きい。佐野は、宗教が現実の苦痛や不平を観念的に解消し、階級闘争を抑圧する社会的機能を持つがゆえに、階級的支配の要具にほかならないと断じた。反宗教論の理論的次元における検討が進められたのは、三木清（一八九七〜一九四五）と服部之総（一九〇一〜一九五六）を中心とした「マルクス主義と宗教」論争と多くのマルクス主義者や宗教学者を巻き込んだ座談会であった。ただし、論争において三木が提起した宗教の自己変革の可能性や、服部の論じた青年宗教家とマルクス主義者の連帯といった実践的課題は、川内唯彦（一八九九〜一九八八）によりマルクス＝レーニン主義の原則からの逸脱だとして一蹴され、その後の反宗教運動に継承されることとはならなかった。

反宗教運動とそれへの応答

昭和六年四月七日、その川内を中心として反宗教闘争同盟準備会（以下、準備会）が発足し、六月には機関誌『反宗教闘争』が創刊された。準備会は、反宗教運動を階級闘争の一翼であると位置づけ、勤労大衆をあらゆる形態の宗教的観念より解放して、マルクス＝レーニン主義的世界観を獲得させるための組織の結成を目指した。準備会は、宗教的教化団体（希望社、更生会など）や既成教団による工

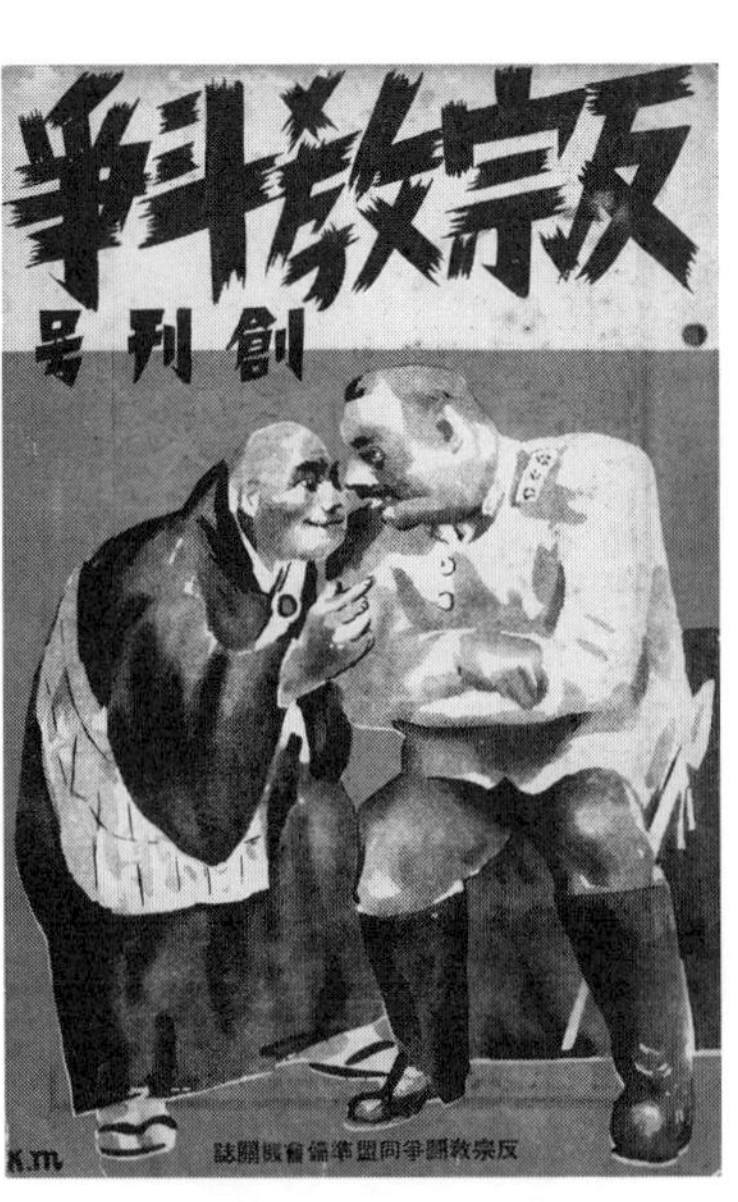

『反宗教闘争』創刊号の表紙
（反宗教闘争同盟準備会、1931年６月）

場布教・農村布教を標的ととらえ、それらに対抗する大衆の主体的な取り組みを重視しながら活動を展開していった。そして同年七月には、準備会編『反宗教闘争の旗の下に』（共生閣）を刊行し、その時点での理論的総括を行った。

こうした運動の活発化を契機として、全国宗教擁護同盟や反宗教思想折伏（しゃくぶく）連盟、仏教青年連盟などが結成され、宗教学者や既成仏教教団関係者を中心に、反宗教運動批判の論陣が張られた。ただし宗教者のなかには、新興仏教青年同盟の妹尾義郎（せのおぎろう）（一八八九～一九六一）のように反宗教運動の問題提起を積極的に受けとめて応答した者もいた。妹尾は、宗教がその本来性を回復することでこそ支配階級と結託する教団への批判が徹底できると考え、マルクス主義者との共闘を主張したが、準備会は新興仏教青年同盟を反動的性格であるととらえて連帯を拒絶した。

準備会は、昭和六年九月に日本戦闘的無神論者同盟へと改称し、昭和九年五月に中央委員長の川内唯彦が検挙されるまで組織活動を継続したが、当初の勢いは長続きしなかった。それは警察当局による激しい弾圧と満洲事変の勃発といった外的要因に加えて、運動の担い手におけるマルクス＝レーニン主義に対する理論信仰とエリート主義が内的要因となり、彼らの構想した運動の大衆化を著しく制約したためである。

ところで、準備会は結成にあたり、高津正道（たかつせいどう）（一八九三～一九七四）ら社会民主主義者を組織的に排除している。社会民主主義は反動的性格を免れておらず、したがって共闘できる相手ではないと判断したからである。高津は堺利彦（さかいとしひこ）（一八七一～一九三三）らと昭和六年一一月に前述の日本反宗教同盟を結成して機関紙『反宗教』を刊行し、別組織で活動することとなった。

新興類似宗教批判

日本戦闘的無神論者同盟が壊滅した昭和九年あたりから、「宗教復興」現象が起こった。友松円諦（一八九五～一九七三）による『法句経』の講義のラジオ放送が大きな反響をもたらしたり、高神覚昇（一八九四～一九四八）や梅原真隆（一八八五～一九六六）といった人々が「流行僧」として活躍したりするのは、ちょうどこの頃である。このような「復興」の背景には、マスメディアの発達とともに、戦時非常体制の強化による国民の精神的不安の拡大が存在した。社会不安は新宗教による教線拡大をもたらすこととともなった。戦前の新宗教は「新興宗教」「類似宗教」「疑似宗教」「淫祀邪教」などと称され、絶えず政治権力の注視すべき対象とされており、昭和一〇年の大本教が治安維持法の適用を受けた、いわゆる第二次大本事件以降、昭和一一年のひとのみち事件、昭和一三年の第二次ほんみち事件などの宗教弾圧が起こっている。一九三〇年代にはそうした行政のみならず、既成宗教からの新興類似宗教批判（「邪教批判」）も活発に行われた。

新興類似宗教の批判者となったのは、既成宗教はもちろんのこと、妹尾義郎や浅野研真（一八九八～一九三九）などの既成教団とは距離をとって活動した宗教者、さらには貴族院議員の三上参次（一八六五～一九三九）にまで及んだ。昭和一一年、浅野は新興邪教排撃連盟の委員長に就任して新興類似宗教の徹底的排撃を本格的に開始し、三上は貴族院本会議で淫祠邪教の取り締まりを質問してその善処を要望した。また、この昭和一一年には「邪教」「類似宗教」と銘打った書籍が立て続けに刊行されていることから、この前後に新興類似宗教批判は一気に沸点に達したようである。そこで批判者の提示した論点はじつにさまざまであるが、大枠としては、新興類似宗教が経済的・社会的不安にある人々を心霊療法・触手療法といった病気治療や事業困難の打破といった方法で巧妙に誘惑する「インチキ宗教」であり、信者を邪信邪道に導くばかりでなく、ひいては国家にとっても有害な存在になると論じる傾向にあった。

浅野研真は、新興類似宗教を「邪教」と把握する基準として、反国体的、反道徳的、反科学的、反医薬的の四点を指摘し、岩野真雄（一八九三～一九六八）が編集した『仏教より観たる正信迷信の区別』（大東出版社、一九三六年九月）の「はしがき」では、仏教と類似宗教との根本的な差を、「宗教的、思想的、哲学的背景が有るか、否か」に求めている。このほかにも、高津正道が『邪教新論』(北斗書房、一九三六年一二月)を著し、新興類似宗教の成立を資本主義社会に起因するものとして論じきっている。新興類似宗教に対するこうした批判には、批判者の志向した社会像や宗教理解をうかがうことができよう。たとえば、岩野の立場には既成宗教の「正信」に「邪教」の「迷信」を対置して前者の積極的意味を説き、それがひいては国家と親和性を有すると主張しているけれども、高津は既成宗教が支配階級に与していることを重視し、「邪教批判」を精力的に展開しながらも、既成宗教によるそれとは一線を画して、既成宗教こそが批判解剖に値すると論じている。

こうした「邪教批判」は、議論が深められていく間もなく、新興類似宗教が国権の弾圧により壊滅的打撃を蒙ったことで終息へと向かった。国権による新興類似宗教への弾圧はもちろんのこと、既成宗教による「邪教批判」もまた、大局としては戦時体制に宗教団体を再編する役割を果たすものであったと言えよう。

(近藤俊太郎)

戦没者を祭祀する

幕末期から明治初期にかけての国内の争い、明治二〇年代から昭和二〇年までの対外戦争で数えきれない戦没者が生まれた。戦没者はどのように慰霊・追悼されてきたのだろうか？　靖国神社や護国神社との関わりから考えてみよう！

靖国神社

靖国神社は、言うまでもなく二四〇万余柱の戦没者を祭神として祀る、日本国内でも最大の慰霊・追悼の宗教施設であり、現在でも年間約五〇〇万人とも言われる人々が参拝する神社である。無名戦没者の遺骨を祀る宗教色のない千鳥ヶ淵戦没者墓苑が年間二一万人ということからみても靖国神社は、我が国における戦没者祭祀を語るうえで中心的な施設である。その一方で、靖国神社は現在、全国に一六ある勅祭社の一つであり、春と秋の例大祭には現在でも天皇陛下から勅使の差遣がなされる皇室とも縁深き神社である。

靖国神社は、明治二（一八六九）年六月二八日に軍務官知事・小松宮嘉彰親王が祭主となって鳥羽伏見の役より函館の役（戊辰戦役）の殉難者三五八八柱の招魂祭（第一回合祀）を斎行、翌二九日には明治天皇が勅使五辻安仲を差遣、奉幣がなされ、創建された東京招魂社を起源とする。創建当初は、軍務官から改組された兵部省が東京招魂社の維持・経営を管轄、例祭日は当初、明治天皇の御裁可により、一月三日、五月一五日、同一八日、九月二二日と定められたが、以後数度の変更がなされ、現在は四月二一～二三日、一〇月一七～一九日となっている。その後、明治一二年六月四日には東京招魂社から靖国神社へと改称。別格官幣社の社格に列せられた。ただし、一般の神社が内務省の管轄であったのに対して、靖国神社は別格官幣社への列格当初は内務省、陸軍省、海軍省三省共同所管の社であったが、明治二〇年からは、陸・海軍省共同所管の社となり、祭式や神職の任免などについてのみ内務省が関与していた。なお、戦後は神社本庁に属さない単立の宗教法人である。

靖国神社の御祭神は、創建当初の招魂祭以後、逐次招魂祭がなされ、嘉永六（一八五三）年以降に斃れた維新の志士、陣没者をはじめ、佐賀、神風連、秋月、萩の各乱と西南の役、日清、日露、第一次世界大戦、第二次世界大戦の各戦争での犠牲者を生前の身分、階級の区別なく合祀しており、現在までに二四六万六〇〇〇余柱の戦没者の御霊が合祀されている。なお、御祭神には約六万柱の女性の御霊も含まれており、戦後七〇年以上を経た現在でも数は少ないものの毎年、戦没者の合祀が続けられている。

護国神社

護国神社は、戦前期に戦没者の慰霊のために設立された神社という点は靖国神社と同様であり、もともとは、幕末から明治維新前後に国事に尽くした殉難者の霊魂を祀り、慰霊する目的にて全国各藩で創設された招魂墳墓、招魂場に由来する。社名も当初、区々であったが明治八年に名称を招魂社と統一することとなり、官費で祭祀を行うこととなったのが、官祭招魂社のはじまりである。これに対して各地で私的に招魂社を創建したのが私祭招魂社である。招魂社には社格が与えられず、受持神官と称される神職が奉仕していた。その後、昭和一四（一九三九）年三月一五日の内務省令第一二号によって明治以後に設立された招魂社百十数社がすべて護国神社と改称することとなった。内務大臣の指定する指定護国神社は原則として各府県一社、県社相当とされ、社司一人社掌若干人が置かれることとなり、祭神の範囲も各神社の所在する道府県の区域内の戦没者とされた。指定外護国神社については村社相当とされ、社掌若干人が置かれることとなった。

約一五〇社あった終戦直後の護国神社は、GHQからの干渉を受けたため、岡山県護国神社が操山神社と名称を変更したように、大半の護国神社が社名を変更したが、昭和二七年の講和条約発効後はもとの社名に復している。なお、東京では、もともと東京招魂社と称していた靖国神社があるため、護国神社は存在せず、神奈川県では、昭和一七年に指定護国神社の創建が神祇院より許可されたが、創建中の昭和二〇年五月に横浜大空襲で社殿が焼失し、終戦を迎えたため、東京を除く四六の道府県中唯一、旧指定護国神社が存在しない。神奈川県の場合には、戦後、護国神社の跡地に横浜市慰霊塔が建設されたが、県は神社跡地とは別の土地に神奈川県戦没者慰霊堂を建設、五万八〇〇〇余の戦没者、戦災死者を祀り、毎年五月一〇日に神道・仏教・キリスト教三教合同の戦没者慰霊大祭を実施している。

同様のケースは宮崎、熊本両県でもあったが、両県では戦後、民間の手によって護国神社が再建されている。

また、民間の手によって各町村レベルを祭神の範囲とした「ムラの護国神社」もある。たとえば、岡山県真庭市の落合町護国神社は、昭和二一年五月一七日に旧落合町出身ならびに縁故の戦没者二九二柱を奉斎したものであり、町民の総意によって創建したものである。講和条約発効後は宗教法人格を取得し、五月に春季例大祭、一〇月に秋季例大祭を行っている。また静岡県の西部旧三ヶ日町では、昭和二九年に璽田稲荷(たまだいなり)神社の境内に護国神社が創建され、日清・日露戦争以後の戦没者六九六柱を祀り、神仏合同で隔年交替の慰霊祭を実施していたが、平成一七(二〇〇五)年に浜松市に合併したことが契機となり、現在では神式のみの慰霊祭を行っている。

戦前期から創建されたものとしては、特攻隊出撃の地で知られる鹿児島県南九州市知覧町の平和公園内の知覧町護国神社がある。知覧特攻平和記念館に隣接しており、平和観音堂も公園内に鎮座している。同社は明治二年の創建で戊辰戦争から第二次世界大戦終結までの戦没者を祀っており、昭和三四年に平和公園内に移設されたものである。

多様な戦没者祭祀を考えるうえで

近代における戦没者祭祀と言っても一概に靖国神社や護国神社における祭祀、あるいは第二次世界大戦末期に国で企図された英霊公葬問題などに目が向きがちであるが、個々の事例を今一度丹念にみておくと興味深い事例も登場する。一例ではあるが、明治から大正にかけての対外戦争で最も多くの戦死者を出した日露戦争当時の陸軍主催の招魂祭の写真を記録した『第四師団招魂祭紀念帖　明治三十七八年戦歿』(一九〇六年)を紹介しておきたい。この写真帖には明治三九年一月から三月にかけて大阪城東や大津、由良などの各練兵場内に設けた祭場で読経する僧侶や斎服を付け招魂祭に奉仕する神職の姿、祭文を奏上する塚本勝嘉(つかもとかつよし)陸軍第四師団長の姿などが掲載されている。なかには「招魂」と記された額の掲げられた仮設の鳥居などや、参列遺族の焼香風景もあり、神式・仏式双方の戦没者祭祀が行われていることをうかがい知ることができる。

あるいは大正期から昭和初期にかけて独特の神道理論で知られ、神社界の有力者の一人でもあった葦津耕次郎(あしづこうじろう)が昭和九年一一月に全国神職会の機関誌であった『皇国時報』

誌上に「私の信仰と希望」として靖国神社へ仏教各派管長の正式参拝を促す論を述べ、神仏関係に一石を投じて議論を巻き起こしたことは、単に戦没者祭祀のみならず、明治維新の神仏分離以降の神職・僧侶の神仏観やともに国民の宗教信仰や倫理・道徳観を支えるべき両者の使命、関係性を問うものとして興味深い。

（藤本頼生）

神式（上）仏式（下）の招魂祭の光景

出典：『第四師団招魂祭紀念帖　明治三十七八年戦歿』1906年

新たな研究領域を探究する

語りなおされる宗祖1
——親鸞像

近代の親鸞像の語りなおしは複雑だ。真宗教団では本山を中心に「ご開山聖人」像が量産され続けた一方で、多くの知識人により親鸞はさまざまに語りなおされた。変化する社会的諸条件のなかで、多様な親鸞像があふれだす！

親鸞はなぜ特別か

日本の宗祖のうち、小説や戯曲といった文芸作品に最も多く取り上げられてきたのが、浄土真宗の宗祖・親鸞（一一七三〜一二六二／六三）と、日蓮宗の宗祖・日蓮（一二二二〜一二八二）である。彼らの伝記にしても、その数量は他の宗祖の群を抜いており、親鸞と日蓮は実に多様な「語り」の対象となってきた。

そんな二人の宗祖だが、親鸞の場合、日蓮とは決定的に異なる点がある。それは、史実がほとんどわからないということだ。親鸞自らがその生涯について記したものとして、『教行信証』の末尾に流罪や法然とのやりとりに関するわずかな記述があるほかは、出自や家族についてすら彼は全くと言っていいほど何も語っていない。「親鸞」という名も、同時代の真宗関係以外の史料には登場せず、師とされる法然が親鸞について書き遺したものも皆無である。

そのため明治期には、歴史上に親鸞という人物は存在しなかったとする「親鸞不在説」（「親鸞抹殺論」とも言う）がささやかれた。親鸞の実在を問う、親鸞の史実を明らかにする、という態度こそ、近代日本における親鸞の語りなおしのスタートであった。

親鸞を語る伝記

親鸞本人に代わって、長らく彼の生涯を語り継いできたのが「親鸞伝絵」（以下「伝絵」）だ。親鸞の没後三三年目に親鸞の曾孫にあたる覚如（一二七〇～一三五一）によって制作された絵巻である。日本絵巻物史上最高の普及率を誇るとされるこの絵巻で語られてきたのが、宗祖であり、如来の化身としての親鸞だった。

「伝絵」は、絵相部分を抜き出した「御絵伝」と詞書部分の『御伝鈔』に分けられ、真宗寺院の最も重要な年中行事である報恩講では「御絵伝」が掲げられ、『御伝鈔』が拝読される。「御絵伝」の形式は完全に定型化しており、構成から各場面の登場人物、姿態に至るまでほぼ同一の型が固く守られてきた。このことは、本山から末寺に至るまで、宗祖親鸞のイメージが統一されてきたことを意味する。例えば、近世において東本願寺は、絵草紙屋が刊行した親鸞伝と浄瑠璃本の板木を強引に買取り、刊行の差し止めと浄瑠璃の上演停止の訴えを起こしている。『御伝鈔』は本山が末寺に拝読を許可し、「御絵伝」は本山が仕立てて相応の礼金を収めた末寺に下付するものである。本願寺には寺領がなく、末寺や門徒の助成で成り立っているため、寺領を有する他宗と異なることを勘案し、出版を禁じてほしい」との事情からだった。「伝絵」は、その入手経路が本山に集約されることにより、本願寺の経済基盤を支える強固な財政ネットワークの形成にも寄与してきたのである。

史実が明らかでない一方で、早くに宗祖としての人物像が確立し、固定化された語りが量産・統制される。それが集団の信仰と経済の両面を支えてきたことは、親鸞特有の事象だと言えるだろう。「伝絵」の親鸞こそ宗祖親鸞聖人であり、それを描いた「伝絵」もまた、真宗教団にとっては単なる絵巻物以上の価値を持つ存在とされてきたのだ。

「人間親鸞」と親鸞ブーム

ところが明治後期になると、「伝絵」は科学的検証の対象となる。村田勤（一八六六～一九二一）の『史的批評親鸞真伝』（教文館、一八九六年）を皮切りに、近代歴史学の立場から「伝絵」をはじめとする親鸞伝に批判的検討が加えられ、親鸞にまつわる神秘的な事柄や非合理的な要素が排除されていったのだ。大正一〇（一九二一）年には、親鸞の妻とされる女性の手紙『恵信尼消息』が発見され、親鸞の家族や人となりにも注目が集まった。こうして、如来の化身として神秘的ヴェールに包まれた親鸞ではなく、歴史上を生きた生身の親鸞――「人間親鸞」が浮き彫りにされていくこととなる。これも、近代になって親鸞が直面した新たな事態だ。

人間親鸞を語る際に欠かせないのが『歎異抄』である。明治三〇年代から四〇年代、『歎異抄』に関する注釈書や講義本が次々と出版され、なかでも暁烏敏（一八七七～一九五四）の『歎異鈔講話』（無我山房、一九一一年）は、多くの読者を獲得した。『歎異抄』の親鸞こそが親鸞だと語った暁烏は、歴史上の親鸞がどのような人物であったか、自分にとってはどうでも良いとまで言い切った。自己の赤裸々な体験を通じて、暁烏は自身と同じように内省する人間親鸞を語ったが、そのような姿勢は近角常観（一八七〇～一九四一）などにもみられる。彼ら以降、解釈の対象としてではなく、自らの信仰告白や苦悩の体験の語りを伴った『歎異抄』の読み方が浸透していく。

倉田百三（一八九一～一九四三）の戯曲『出家とその弟子』（岩波書店、一九一七年）は、そんな近代の『歎異抄』読解と文学の出会いによって生まれた。真宗の宗祖や歴史上の親鸞ではなく、「私の親鸞」を描き出すこと。人間らしく、自己の心情を吐露するこの人間親鸞は、聖書の言葉を話し、愛を説いて祈るキリスト教的親鸞だった。教団関係者からの批判に反し、『出家とその弟子』は大正教養主義の必読書として人気を博した。恋愛や人生に苦悶する青年たちは、教団や信仰を介してではなく、私的な読書経験を通して親鸞に接したのである。内面的苦悩を抱えた先達としての親鸞が、信徒ではない多くの読者に求められたのだ。

『出家とその弟子』の人気を契機に、大正一一（一九二二）年からの数年間には「親鸞ブーム」と呼ばれる流行現象も起こった。親鸞を取り上げた戯曲や小説・評論などが立て続けに登場し、生き方や恋愛に悩む人間親鸞が次々と誕生していく。大正期は、新聞や雑誌などの活字メディアが急成長を遂げた時期であり、僧侶や門徒に限らない不特定多数の人々が、人間親鸞の伝え手／受け手となっていった。この傾向は大正期以降も引き継がれ、親鸞は、時に吉川英治（一八九二～一九六二）の『親鸞』（大日本雄弁会講談社、一九三八年）のような同時代の大衆が求める英雄として、あるいは丹羽文雄（一九〇四～二〇〇五）の『親鸞』（新潮社、一九六九年）のように自己の弱さを吐露する苦悩者として語り出された。新聞小説をもとにした五木寛之（一九三二〜）の『親鸞』（講談社、二〇一〇年）も、メディア上で自由に発信された人間親鸞の系譜上にある。

親鸞について「考える」

信仰や文学的な面から親鸞に目が向けられるようになった一方で、近代ではそれらとは異なる立場から親鸞を語る者たちも現れた。親鸞思想に感化され、自身の思考を親鸞に重ね合わせた者たちである。

真宗の立場から『出家とその弟子』を批判した高楠順次郎による『真宗の信仰と戯曲『出家と其弟子』』（大日本真宗宣伝協会、1922年）の広告（『真宗の世界』1922年8月号）。

親鸞をキリスト教社会主義の立場から論じたのは木下尚江（一八六九〜一九三七）であり、マルクス主義では佐野学（一八九二〜一九五三）がいる。日本主義として親鸞思想を語る者もいた。これらの主義主張を生み出す要素が親鸞思想に内在するものかどうかは議論が分かれるが、時代の流れに沿うように、あるいは抗うようにして、親鸞の思想と生涯を読み込んだ者たちがいたのである。彼らの他にも、哲学者の三木清（一八九七〜一九四五）が獄中で親鸞の内面的体験から宗教的真理の根拠を掴み（「親鸞」）、思想家の吉本隆明（一九二四〜二〇一二）は、自力を捨て、

大正期親鸞ブームを牽引した、石丸梧平『人間親鸞』（蔵経書院、1922年）。

自ら「愚」に接近した親鸞に惹かれ、思索に耽った（『最後の親鸞』春秋社、一九八一年）。

彼らは、必ずしも真宗の構成員であったわけではない。親鸞の生涯や思想を、なかば独学で吸収した上で、そこへ自身の理念や願望を込めて親鸞を語ったのだ。彼らの著作を読んだ読者もまた、親鸞を語り、考える営みに参入した。親鸞を「信じる」のではなく、親鸞について自由に「考える」こと。これも、近代における親鸞の語りなおしである。

伝統と革新のはざまで

忘れてはならないのは、明治以来のこうした多様な変化がある一方で、「ご開山聖人」としての親鸞も依然として語られ続けていることだ。明治四四（一九一一）年には、親鸞聖人六五〇回御遠忌（大遠忌）法要が東西本願寺ともに教団を挙げて盛大に挙行されている。新たに駅を設営し、特別列車や汽船が団体参拝者を輸送、宿泊場所から救護所の手配、園遊会にイルミネーションまでもが整備されたこの大規模事業には、西本願寺だけでも一〇〇万人を超える門徒が全国から京都の本山へ集ったという。ここには娯楽的な要素も多分にみられるが、根底にあったのは他ならぬ宗祖親鸞への崇敬である。

近代になって、親鸞はさまざまに語りなおされた。その親鸞が辿った道は、宗祖親鸞から人間親鸞へという単純なものでは決してない。近代の親鸞は、一貫して人間化や大衆化へ向かったというよりは、伝統と革新、信仰と学知、そして人々の興味や関心の間を行き来し、その過程において、構築や脱構築、回帰や転倒が絡み合っている。この複雑な様態を捉えるためには、真宗史や歴史学といったどれか一つの専門領域や特定の時代に偏ることのない、柔軟で広い視野が求められる。

（大澤絢子）

語りなおされる宗祖2
――日蓮像

日蓮没後から近世後期に形成された超人的な、神秘的な日蓮像は、近代に大きく変容した！　その神秘性は継承されつつも、さまざまなメディアで語りなおされた日蓮は実践家・運動家として近代に登場しなおすのだ！

近代以前――祖師日蓮

日蓮宗において、日蓮（一二二二～一二八二）は祖師と呼ばれる。特に近世後期には江戸町人の間で「お祖師様」という呼び方が生み出されるほど、祖師信仰が隆盛した。

日蓮没後から始まるそのイメージ形成には、多くの特徴がある。初期日蓮宗では、祖師のイメージの拠り所となり信仰の中心にあったのは、画像よりも木像だ。これは、日蓮の造形化が肖像彫刻として始まり、中世に広くみられた仏像の生身信仰（仏菩薩が救済のためにこの世に姿を現すこと）の影響を強く受けながら、日蓮の神格化が早くから進んでいたためとされている。とりわけ、日蓮の七回忌にあたる正応元（一二八八）年に造立され、現在も日蓮入滅の地である池上本門寺（東京都大田区）に安置される着衣型の木造日蓮聖人坐像の影響が大きい（なお、画像の成立はそれより後の一四世紀頃といわれる）。

室町期以降、日蓮宗が全国的に展開すると、地方寺院でも曼荼羅本尊の前に日蓮の木像が安置されるのが通常となる。そのため各地で木像が主に造立され、画像はむしろ脇役的な位置にあった。こうした木像などの祖師像を媒介とした信仰は、日蓮自身への敬慕の度合いがきわめて高く、祈禱的な性格を多分に持つといわれる。早くから始まった木像の聖化は、やがて現世利益への傾斜に結びついていく。

江戸期には開帳が流行するが、江戸の日蓮宗寺院で開帳されたのは、祖師像がほとんどであった。その際に作られた略縁起（寺社のパンフレット）では、祖師像が日蓮の魂を受け、日蓮に代わって不思議な力を顕す霊験譚が記されており、超人的な能力を持つ祖師日蓮のイメージが際立つ。

さらに、江戸期から日蓮がしばしば舞台にも登場する。とりわけ一八〇〇年代に入ってからは、「日蓮記物」と呼ばれる歌舞伎の上演が急増する。こうした日蓮伝の劇化と

星野　哲著
寺、再起動
「ゾンビ寺」からの脱出！
1430円

小林惇道著
近代仏教教団と戦争
日清・日露戦争期を中心に
7150円

江島尚俊・三浦　周・松野智章編
現代日本の大学と宗教
【シリーズ大学と宗教Ⅲ】
〔大正大学綜合佛教研究所叢書36〕
3850円

瓜生　崇著
なぜ人はカルトに惹かれるのか
脱会支援の現場から
1760円
3刷

ショバ・ラニ・ダシュ著
パーリ語文法
仏典の用例に学ぶ
4400円
2刷

重版

宮坂宥勝著
装版　密教の学び方
2刷

小嶋博巳著
六十六部日本廻国の研究
13200円

清水寺史編纂委員会編
清水寺　成就院日記　第七巻
9900円

大羽恵美著
チベットにおける仏教説話図の研究
14300円

菅野博史著
中国仏教の経典解釈と思想研究
13750円

ザ・グレイトブッダ・シンポジウム論集第19号
室町時代の東大寺
GBS実行委員会編
2200円

矢崎長潤著
チャンドラゴーミン研究序説

新刊

「中国古典を自分の力で読んでみたくはありませんか」。

2刷

中国注疏講義—— 経書の巻

古勝隆一著

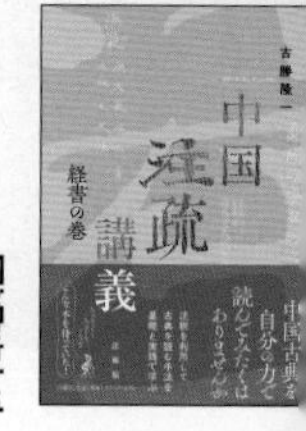

注釈を利用して古典を読む。その手法を基礎と実践で学ぶ。経書の巻は孝経・論語・周易・尚書・詩・礼記・春秋左氏伝の注釈を読む。　1980円

ためし読み

シリーズ宗教と差別(全4巻)　監修=磯前順一、吉村智博、浅居明彦

第2巻 差別と宗教の日本史

—— 救済の〈可能性〉を問う

佐々田悠、舩田淳一、関口　寛、小田龍哉編

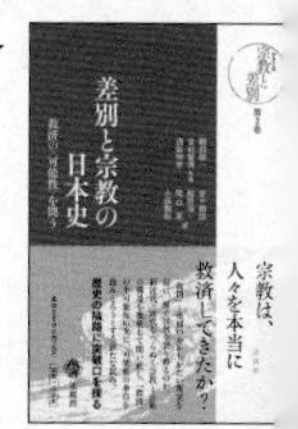

宗教は、人々を本当に救済してきたか?
前近代・近代をつらぬく宗教と差別の構造を事例を通して徹底して問い直す、注目の論集。　3080円

ためし読み

2刷

宗教の行方

—— 現代のための宗教十二講

八木誠一著

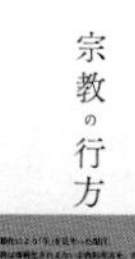

仏教とキリスト教の共通点を探る試みから、宗教の本質と可能性を追究し、宗教回復への道を現代に通じる言葉で語る最新講義。　3520円

ためし読み

盛んな上演は、他の宗祖にはみられない特異な現象であり、開帳の流行に伴って起こったとされる。加えて、同時期には在家信徒による伝記の刊行も隆盛する。こうした流れは近代に受け継がれ、日蓮像の形成と普及に大きく関わっていく。

一方、法然や親鸞・一遍などの絵伝は鎌倉末期までに成立しているにもかかわらず、日蓮の絵伝は没後二〇〇年以上を経過して成立した、日澄（一四四一～一五一〇）の『日蓮聖人註画讃』が初出である。同書は日蓮の生涯を絵と漢文で表現した絵巻で、その原本は早くに失われたが、天文五（一五三六）年に書写された京都本圀寺本が現存する。慶長六（一六〇一）年に書籍として刊行されて以降、近世に最も大衆的に普及した絵伝となっている。

日蓮絵伝が室町期に初めて成立した理由として、そもそも日蓮の画像が脇役的な位置にあったこと、室町期に各地に散在していた日蓮自筆の著書や書状（真蹟遺文）の蒐集が進められたことが指摘されている。日澄が『日蓮聖人註画讃』の詞書に真蹟遺文から多くを引用し、巻第五末尾にはわざわざ「御書目録」の項を設けて池上での遺文収集の様子を描いているのもそのためだとされる。こうして、日蓮が遺した自叙伝に各地に伝わる伝承が加えられて絵伝が成立する。そこで語られているのは、超人的な、そして神秘的な祖師日蓮だ。

近代――辻説法する日蓮の登場

多くの名僧は「大抵遁世主義の人」だが、「日蓮上人は之に反して、大に国事を論じ、政道を非議」した「前代未聞の大聖人、大豪傑、大政治家、大自由主義者、大民権家、大愛国家」「大偉人」「卓然たる一主義を樹てて、之を世に争い」をした（田中智学『龍口法難論』金鱗堂、一八九〇年）。

明治二三（一八九〇）年六月、日蓮主義の提唱者である田中智学（一八六一～一九三九）は、東京の木挽町（現在の銀座）の厚生館において三〇〇〇人の聴衆の前で演説し、こう語った。まるで自由民権運動家のような日蓮だ。これは、日蓮没後から近世後期にかけて形成されてきた高僧伝的な色彩の強い「お祖師様」とは、明らかに異なる日蓮像だ。

この演説は「抹殺博士」と呼ばれた歴史家の重野安繹（一八二七～一九一〇）が、日蓮の龍口法難（日蓮が捕縛され、文永八〈一二七一〉年九月一二日の深夜に龍口の刑場で斬首されようとした事件）の史実を否定したことに端を発するもので、多くの人々の注目を集めた。学問知と信仰優先の日蓮論の対立が表面化した出来事といわれるが、むしろ注目すべきは、近代アカデミズムに挑む智学の武器となったのが、日蓮の遺文だったことだ。中世の人物でここまで膨大な自筆文書が残っていることは珍しく、この点で日蓮は他の宗祖と大きく異なる。近代における日蓮像の語りなおしには、やはり遺文が不可欠だった。

とはいえ、智学は遺文だけに拠ったわけではない。彼は同じ演説でこうも語った。日蓮は「鎌倉市街の辻に立て、行交ふ人に向て……大議論を聞かしめた」、と（同前）。そして智学は同年九月にこの演説を『龍口法難論』として書籍化し、早くもその翌月には、街頭で演説する日蓮が絵本に登場している。これは鎌倉遊学中の場面とされているが、日蓮の背後にある街並みは、むしろ明治期の銀座を思わせる（図1）。

人通りの多い街角に立って道行く人々にやみくもに法を説く「辻説法」は、日蓮の代名詞ともいえるほど広くイメージとして定着している。だが、実はその事実を確認で

図1　街頭で演説する日蓮

出典：牧金之助『絵本実録　日蓮上人御一代記』金寿堂、一八九〇年（国立国会図書館デジタルコレクションより）

図2　辻説法の場面を表す挿絵

出典：『日蓮大士真実伝』巻之二、一八六七年（筆者蔵）

図3　銀座二丁目で街頭演説中の田中智学

出典：田中芳谷監修『田中智学先生影譜』師子王文庫、一九六〇年

きる史料はない。日蓮遺文には辻説法についての記述がみえず、先述した『日蓮聖人註画讃』にも屋外説法の図はない。そもそも「辻説法」自体が中世にみられない語であり、その定着は明治以降のことだ。

では、辻説法は智学による創作なのか。そうではない。幕末維新期の居士・小川泰堂（一八一四〜一八七八）の著した『日蓮大士真実伝』（一八六七年）がその典拠である。同書は、明治期以降、日蓮像の構築や大衆的な普及と定着に最も寄与し、日蓮を題材とした多くの小説や演劇・絵画などの創作の際によく参照された伝記本だが、ここに「辻説法」という語や鎌倉小町での説法を描いた挿絵が初めて登場する（図2）。

この泰堂の日蓮像を継承・発展させた智学による辻説法の再現も見逃せない。彼が最初に街頭で演説したのは明治二四（一八九一）年だが、同三五年に開宗六五〇年を記念して演説した際の写真がきわめて興味深い（図3）。その構図はまさに、『日蓮大士真実伝』の挿絵を意識したようにみえる。さらに、智学が明治三四年に鎌倉小町に建てた「日蓮上人辻説法跡」の顕彰碑も重要だ。同碑は辻説法の記憶装置として、今日も機能し続けている。

祖師を思想的にみる、そして実践する近代

没後次第に作り上げられていった超人的な祖師日蓮のイメージが近代に入って完全に消失したわけではなく、その神秘性は継承されていった。さらに日蓮像はさまざまなメディアを通じて多種多様に語りなおされており、もはやその全体像を捉えるのは容易ではない。だが、近代ならではのイメージといえば、街に出て堂々と辻説法する日蓮だろう。これは日蓮に対する信仰を保ちつつも、自分の主張に引きつけて思想的にみる、そして実践するという智学の姿勢が反映されている日蓮像だ。すなわち、前近代の霊験譚の主人公「お祖師様」とは違った、社会と積極的に関わる実践家・運動家としての日蓮なのである。

（ユリア・ブレニナ）

「勤王僧」の登場

尊王・攘夷思想のもとで活動した僧侶たち。彼らは愛国模範的な「勤王僧」とされ、その像が各種メディアを介して近代日本に拡散された。ここでは二人の「げっしょう」に注目し、その「登場」について考えてみよう。

「処士横議」と幕末の政治論議

幕末の日本は、外国船の来航や相次ぐ飢饉、打ちこわしの発生など「内憂外患」といわれる困難に直面していた。徳川政権が試行した政治改革も功を奏さず、かえってその統治システムに対する疑義を増大させた。徳川将軍の「武威」に依拠した統治システムの動揺は、相対的に天皇のプレゼンスを高めることにつながり、後期水戸学や平田国学に代表される尊王・攘夷思想の流行を招いた。後期水戸学は、天皇崇敬を通じて人心の糾合を目指し、平田国学は、天皇を外圧に対抗するエスノセントリズム（自文化中心主義）の象徴としてみなした。中下士層の武士をはじめ、学者、農民、商人、宗教者などいわゆる草莽層は、「処士横議」と呼ばれる風潮の中にあって、近世の社会秩序に基づく領域や身分を超えたヨコのつながりを形成し、尊王・攘夷の方途について論議を交わした。彼らは、学問や和歌・漢詩文のサークルを媒介して広域なネットワークを形成した。そしてその一部は党派化し、「言路洞開」（主君など高位の人物に対する意見が認められること）を要望し、あるいは認められ、その政治的発言力を高める場合もあった（諸藩における「勤王党」の動向など）。このネットワークの中に、少なくない僧侶が参入していた。

尊王・攘夷思想と幕末の護法論

ところが、幕末の尊王・攘夷思想は仏教を批判対象としてみなす「排仏論」を包含していた。排仏論とそれに反駁する護法論の対峙は江戸初期からみられ、排仏論の典型は僧侶の素行、仏教の不経済性および出家主義などに対する批判である。幕末にはこれに加えて、仏教が外来宗教であることを理由とした排外主義的な排仏論や、洋学研究の成果を取り入れた科学論的排仏論（須弥山説批判、大乗非仏説論）も展開された。一例を挙げると、幕末水戸藩では後期水戸学の思想を具現化した海防政策の一環として、寺院整理や僧侶の帰農、梵鐘類の拠出が断行された。廃仏政策はそれ以前にも実施例があるが、幕末のそれはよりラディカルでイデオロギー的な側面が強く、のちの廃仏毀釈につながるものであった。

対する護法論は、神・儒・仏の三教ないし二教一致を説き、仏教が社会秩序から外れるものではないと説くものや、戒律復興に努めて仏教のプレゼンスを回復しようとするものが中心であったが、梵暦運動など科学論的な指向性を持つ護法論も見られた。

幕末の護法僧は、流行する尊王・攘夷思想と、そこから疎外された仏教の立場を擦り合わせることに苦心した。還俗して志士となる僧侶（伴林光平など）もいるなか、先述したネットワークに参入して僧侶身分のままこの難題に挑む僧侶もいた。そして護法僧は、民心掌握やキリスト教の防波堤に仏教の活路を求め、そこに地歩を固めようとした。それは「護国・護法・防邪」の三位一体の思想と評価される。こうした思想を底流としつつも、その活動範囲は著述や研究の域を超え、周旋活動や軍事行動への関与に展開していく。近代以降「勤王僧」として表象された僧侶たちはこうして世の中に〝登場〟した。

二人の「げっしょう」

いわゆる「勤王僧」とは、近代日本において愛国模範的とされた仏教者の総称である。したがって、「勤王僧」と言及された僧侶は、幕末期を中心としつつも、南北朝期や平安・鎌倉期にまで及ぶ。ここでは、幕末の「勤王僧」に限定して紹介するが、その実態は、尊王・攘夷思想の影響を受けた護法僧、または貴族や大名などとの個別の関係性に起因して幕末の政治・軍事活動に関与した僧侶の一部であることを、まず指摘しておきたい。

さて、清水寺成就院月照（一八一三～一八五八）と真宗妙円寺月性（一八一七～一八五八）は、いわゆる「勤王僧」の代表格として知られる僧侶である。

月照は、青蓮院宮尊融や近衛忠煕が薩摩藩や福井藩と協力して推進した将軍継嗣問題や条約勅許問題といった安政期の政治運動に関与した。月照と近衛は和歌を通じて親しく、青蓮院宮は前奈良一乗院門跡（清水寺の本寺）であり月照と旧知だった。月照は、僧侶身分を活かし、公家や武家をつなぐ存在として情報収集や伝達を担うなど、エージェント的な役割を果たしたほか、実弟の信海とともに異国船調伏の秘密祈禱を高野山に取り次ぐなどした。そのため、安政の大獄において追捕対象となり、最期は同志である西郷隆盛とともに薩摩錦江湾に入水して亡くなった（西郷は蘇生）。生還した西郷は維新後も月照の追弔に尽力しており、その後も月照入水は幕末悲話のエピソードとしてさまざまなメディアで再生産され、西郷人気と相まって戦前には広く認知されていた。

月性は、九州や大坂に遊学して漢学や真宗学を修め、郷里の周防遠崎（現・山口県柳井市）では私塾・時習館（清狂草堂）を開き、吉田松陰をはじめとする萩の有志や、畿内の儒者らと交流を持った。また海防の重要性について庶民に説諭してまわったので「海防僧」と呼ばれたほか、「人間到る処青山有り」で知られる漢詩「将東遊題壁」の作者としても知られる。月性の活躍は西本願寺の目に留まり、彼は本山御用によって「護法意見封事」（のち『仏法護国論』として出版）を著し、仏教が護国に有用であることを説いた。尊王・攘夷思想と仏教の融和をしてみせ、しかも広い人脈を持つ月性登用の背景には、西本願寺の護法僧である超然（一七九二〜一八六六）の推挙があった。

月性登用には、時勢に対する西本願寺の強い危機感と宗門護持の生存戦略が現れていたといえる。月性の指導を受け

戦前に頒布されていた「月照入水」を描いた絵葉書（筆者蔵）

千河岸桜所『少年読本第三十三編　釈月性』博文館、1911年（筆者蔵）

神根悊生『明治維新の勤王僧』興教書院、1936年（筆者蔵）

た周防大島覚法寺の大洲鉄然（一八三四～一九〇二）は、幕長戦争において僧兵隊を率いて奮戦し、維新後は島地黙雷（一八三八～一九一一）らとともに本山改革を実行し、執行長に上り詰める。大洲は地域社会と協力して月性の顕彰にも尽力しており、月性の思想や行動、さらには月性が「勤王僧」として称揚された事実も含めて、月性という存在が近代の西本願寺教団や地域社会に与えた影響は大きかった。

近代日本における「勤王僧」像の形成

近代日本国家は、歴史上の偉人に対する祭神化や贈位を通じて、歴史観の再編を企図したことが知られている。殊に明治維新の殉難者に対する贈位は明治二二（一八八九）年の大日本帝国憲法発布以降活発化するが、同二四年にはこの枠組みで初めて四人の僧侶が贈位を受けた。契沖・月照・月性・信海である。契沖（一六四〇～一七〇一）は国学研究が評価されての贈位であったが、他の三名の贈位理由は幕末の「勤王」運動に対する功績であった。つまり、国家が国策的な価値観をもって幕末の僧侶たちを「勤王僧」として公的にカテゴライズし、顕彰したと考えられる。

この後、月照や月性は、西郷や松陰との関わりなどから、小説・伝記など多様なメディアに登場し、それによって「勤王僧」のイメージが広く社会に認知されていく。仏教教団も、仏教が明治維新に貢献したことを示す「史実」として、宗門史や教化資料に「勤王僧」を取り上げた。また、一九〇〇年代初頭から地域社会において活発化した偉人顕彰の動きは、月照・月性をモデルケースとして、歴史に埋もれた幕末の僧侶たちを再発見していく。地域社会ではこの僧侶たちを「勤王僧」として、郷土教育や観光資源に活用するとともに、国家に対し贈位を求めることもあった。贈位請願運動は、郷土の偉人たる僧侶を公的な意味で「勤王僧」に認定してもらおうという下からの承認欲求でもあった。

このように、「勤王僧」像は、近代日本を通じて国家・仏教教団・地域社会の三者三様の思惑を取り込みながら形成されていった。そして、「勤王僧」像は、アジア・太平洋戦争下において翼賛運動に協力する仏教系知識人の目に留まり、愛国主義的な性格をより強調される形で、仏教の戦争協力を推進する際のアイコンの一つとして利用されるに至った。

（髙橋秀慧）

皇室と仏教

廃仏毀釈を巻き起こした神仏分離の影響は、皇室にも及んだ。矢継ぎ早に、皇室内から仏教的要素を排除する施策が出された。はたして、明治維新を機に前近代まで続いた「皇室と仏教」の関係は途絶えたのだろうか？

皇室の神仏分離

慶応四（一八六八）年三月、新政府の掲げる祭政一致の理念のもと、神仏分離令が出された。その後、皇室において本格的に神仏分離に着手されるのは、明治四（一八七一）年になってからのことである。明治天皇の即位儀礼の一つである大嘗祭の行われたこの年は、「神社ノ儀ハ国家ノ宗祀」との方針が示されるなど、宗教制度においても転換点となった。同年五月から一〇月にかけて、相次いで皇室と仏教を切り離す施策が出された。

具体的には、まず第一に、門跡・比丘尼御所の称号が廃された。仁和寺・大覚寺などの親王家や摂家から入寺する寺院を門跡寺院という。これにより皇室との由緒を持つ、近世までの門跡寺院制度は廃止された。

第二に、京都御所の仏間である御黒戸を廃し、位牌や念持仏などを御所外の恭明宮に移管した。恭明宮とは京都東山・方広寺内（現在の京都国立博物館敷地）に設けられた、皇室の位牌などを収める宮内省所管の慰霊施設で、東京に随従しなかった女官の居所でもあった。

第三に、朝廷内で行われる大元帥法や後七日御修法といった密教系の儀礼は、諸寺・諸山における勅会（天皇の命によって行われる法会）とともに廃止された。以上の施策は皇室と仏教の双方向から関係を断ち切るもので、神道国教化・祭政一致を実現するうえで不可欠の作業であった。

華族としての真宗

一方で、皇室への接近を積極的に試みる仏教勢力があった。東西本願寺は、幕末より多額献金や米穀の提供などの「勤王」活動を展開した。維新後はその功績が評されるとともに、明治五（一八七二）年三月には、浄土真宗各派の本山住職家が華族に列せられた。華族は旧公卿・大名などから選ばれる特権的身分のことで、東西本願寺では宗祖親鸞以来、世襲を常とする法主の継承制度や、准門跡として摂関家と猶子関係（実親子ではない親子関係）を有してきたこともあって、華族制度に適合的であった。僧侶の中でも、真宗のみに「皇室の藩屏」を担う特権的な地位が与えられ、皇室を支える立場となった。

皇室内においては神仏分離施策による仏教抑圧の傾向にあって、風穴を開けたのが真宗であった。明治九年、明治天皇より宗祖親鸞への「見真」の大師号が宣下された。大師号とは、天皇から宗祖や派祖、中興の祖などに与えられる諡号である。師号宣下は皇室の神仏分離により一時は抑制的であったにもかかわらず、維新後の初例として均衡を破った。親鸞は没後から六〇〇年以上の時を経て、「見真大師」という皇室とのつながりを表象する宗祖像として更新された。華族として皇室を支える真宗にとって、他の華族には得られない大師号宣下は、紛れもなく皇室との関係をより親密に意識させる重要な拠り所となった。

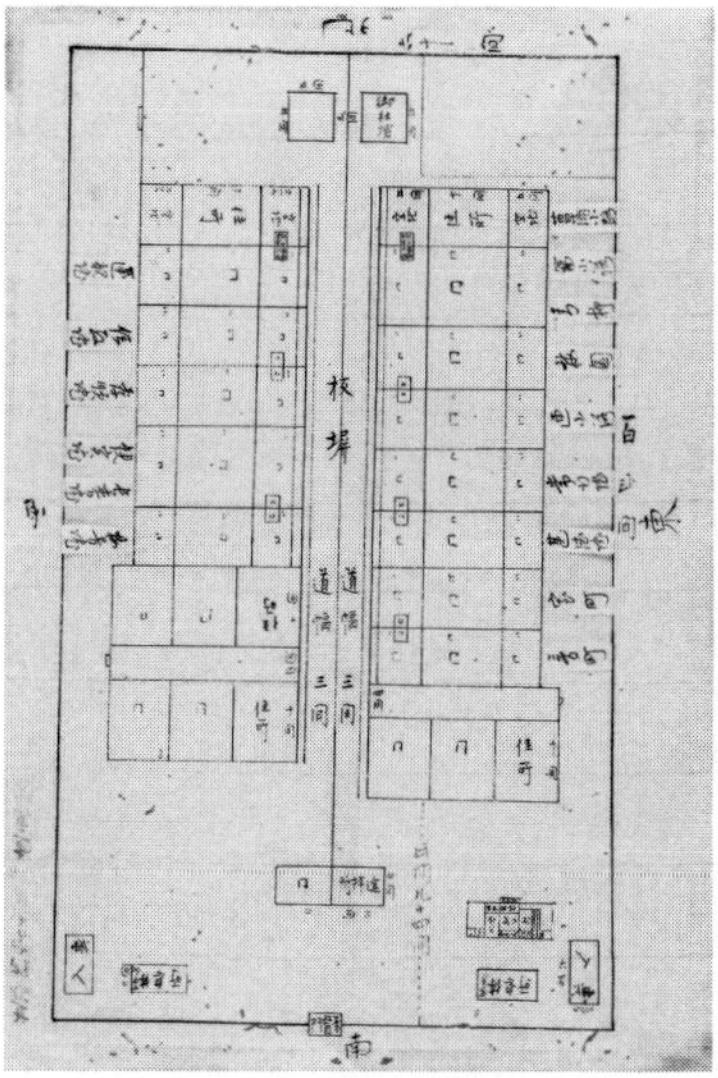

［恭明宮用地建物絵図］
出典：「中御門家文書」恭明宮関係書類
（早稲田大学図書館所蔵）

宮内省による御寺・泉涌寺の保護

神仏分離の影響は、前近代より皇室と密接な関係を持つ泉涌寺も例外ではなかった。江戸時代までの泉涌寺は、鎌倉時代の四条天皇や後水尾天皇・後光明天皇以下、歴代の天皇や皇族の菩提を弔う寺院であった。だが、孝明天皇三年祭（明治元〈一八六八〉年一二月二五日）以降、祭儀は神式で行われるようになったため、泉涌寺僧侶は携わることができなくなる。また、明治四年の社寺に対する上知令では、惣門内の境内地以外の土地が収公された。泉涌寺の寺領であった御陵地は官有地として寺門から切り離され、財政的な困窮を招いた。

そこで、明治九年を境として、宮内省では泉涌寺を特別に皇室の菩提寺として保護する方針が示される。設置後二年で廃された恭明宮や、京都府内の皇室関係寺院に奉安されていた歴代天皇らの尊牌・尊像を全て泉涌寺に合併するとともに、泉涌寺に集約されたこの尊像・尊牌奉護料として、皇室から年間一二〇〇円を下賜することになった。以後、宮内省では一時の徹底した神仏分離路線から後退し、皇室関係寺院の保護へと舵を切っていった。

その折り、明治一五（一八八二）年一〇月に泉涌寺で火災が発生すると、仏殿を除く境内の諸建物を失った。廃寺という選択肢もあったはずだが、時を移さず宮内省によって再建を決めた。明治一七年の再建後からは、高木博志の研究によれば、宮内省において天智天皇を始祖とし、光仁・桓武以降、平安京に生きたすべての天皇の菩提寺である「御寺」として再定義したとされる。泉涌寺を支えたのは、英照皇太后（孝明天皇女御）や昭憲皇太后（明治天皇皇后）らであり、東京に移ってもなお続く念持仏の信仰があった。

皇室と仏教の関係再編

皇室と仏教との関係を復旧する主な出来事としては、一旦は廃止された御修法の再興、門跡号の復旧、師号宣下の復活という三点が挙げられる。

第一に、御修法の再興。これは承和元（八三四）年に空海の進言により始まった密教の法会のことで、特に真言宗で行なう後七日御修法の略称で用いられる。正月八日から七日間、宮中の真言院において玉体安穏と鎮護国家を祈って行われてきた宮中行事である。戒律主義から仏教復興を唱えた真言宗僧侶・釈雲照（一八二七〜一九〇九）らによって、明治一六年に再興された。だが、場所は宮中ではなく教王護国寺（東寺）灌頂院。直に天皇に加持祈禱を施すのではなく、そのために下賜される御衣に加持を行なう形式であった。

第二に、門跡号の復旧。政府は明治一七年の管長制の導入に伴い、翌年に門跡号を「寺格ニ属スルノ名称」とみなして、称号の復旧のみを認めた。政府を動かしたのは旧門跡寺院ではなく、大師号宣下の復活と同様に、准門跡であった東西本願寺からの要求であった。

第三に、師号宣下の復活。前述した親鸞への大師号宣下をもって、近世まで続いた師号宣下が再開する。以降は、明治一六年制定の「大師号国師号賜与内規」を基準として、宗教行政を所管する内務省において可否が判断されたが、

郵便はがき

料金受取人払郵便

京都中央局
承　　認

5829

差出有効期間
2025年2月
22日まで

(切手をはらずに
お出し下さい)

6008790

11

京都市下京区
正面通烏丸東入

法藏館 営業部 行

愛読者カード

本書をお買い上げいただきまして、まことにありがとうございました。
このハガキを、小社へのご意見またはご注文にご利用下さい。

お買上 **書名**

＊本書に関するご感想、ご意見をお聞かせ下さい。

＊出版してほしいテーマ・執筆者名をお聞かせ下さい。

お買上
書店名

区市町

◆新刊情報はホームページで　http://www.hozokan.co.jp
◆ご注文、ご意見については　info@hozokan.co.jp

23. 02. 5

ふりがな ご氏名		年齢　　歳　男・女
〒□□□-□□□□		電話
ご住所		
ご職業 (ご宗派)		所属学会等
ご購読の新聞・雑誌名 （ＰＲ誌を含む）		

ご希望の方に「法藏館・図書目録」をお送りいたします。
送付をご希望の方は右の□の中に✓をご記入下さい。　□

注 文 書

月　　日

書　名	定　価	部　数
	円	部
	円	部
	円	部
	円	部
	円	部

配本は、○印を付けた方法にして下さい。

イ. **下記書店へ配本して下さい。**
（直接書店にお渡し下さい）

（書店・取次帖合印）

書店様へ＝書店帖合印を捺印の上ご投函下さい。

ロ. **直接送本して下さい。**
代金（書籍代+送料・手数料）は、お届けの際に現金と引換えにお支払下さい。送料・手数料は、書籍代計16,500円未満780円、16,500円以上無料です（いずれも税込）。

＊お急ぎのご注文には電話、ＦＡＸもご利用ください。
電話 075-343-0458
FAX 075-371-0458

（個人情報は『個人情報保護法』に基づいてお取扱い致します。）

師号の抑制方針によりすぐに廃された。時の首相伊藤博文の言うように、「帝室ハ宗教的ノ外ニ立」つ立場から、宗派間の競争などの問題に配慮された。だが仏教教団からの要望などもあって、明治四二年に再開された。以降は宮内省の所管事務となり、賜与内規を準用する形で、社会的影響などを考慮して慎重に判断された。

以上のように、皇室と仏教の関係は、必ずしも神仏分離によって断ち切られた訳ではなかった。その実は新たに関係を持とうとするもの、従前までの関係を維持するもの、さまざまなアプローチがあった。宮内省としては皇室との由緒を基準に寺院を保護する立場であったが、仏教教団にとっては皇室との関係を折々利用してきた。なぜ皇室との関係が必要とされたのか、仏教教団の内部事情に即して考える必要があろう。

（辻岡健志）

仏像と仏画

廃仏毀釈の後、寺院に伝わってきた仏像や仏画は「文化財」として信仰とは異なる文脈で語られるようになった。さらに、西洋からもたらされた美術概念と仏教が結びつき、近代的な仏教美術の作品が生み出されたのだ！

美術制度の輸入

博物館や美術館で開催される仏像の展覧会の人気は根強く、仏像を紹介する書籍は今も数多く出版されている。多くの日本人にとって、葬儀や墓参りなどの仏事の次に身近な仏教との関わり方が、「仏教美術」と言えるのかもしれない。絵画・彫刻・工芸など「日本美術」とされるものの中で、仏教と関わりのないものはないと言えるほど、日本に仏教が伝来して以来、仏教は造形表現に大きな影響を与え続けた。だが、それらが「美術」として語られるようになったのは明治期に入ってからだ。

明治六（一八七三）年に開催されたウィーン万国博覧会へ参加するに当たり、出品分類をおこなう官製翻案語として「美術」という言葉が作られた。またウィーン万博の出品物考証のために開催された文部省博覧会とあわせ、明治五年には寺社に伝わる古器旧物を調査する壬申（じんしん）検査がおこなわれている。廃仏毀釈（はいぶつきしゃく）による仏像・仏画の破壊、さらに海外流出への危機感からおこなわれたこの調査は、現在まで続く文化財保護のさきがけとなった。

さらに、美術教育によって美術概念が輸入され、明治九年から一五年にかけて日本最初の美術教育機関である工部美術学校が設置された。この間、お雇い外国人を講師に招き、欧米的な美術教育がおこなわれた。日本にそれまで存在していた造形物が「美術」として語られるようになり、その下位概念として「絵画」「彫刻」「工芸」などの言葉が作られ、分類がおこなわれるようになった。こうして仏像は彫刻、仏画は絵画、仏具は工芸へと分類され、日本美術の歴史の中で捉えられるようになった。

日本美術史の成立

明治一一（一八七八）年に来日したアーネスト・フェノロサ（Ernest Fenollosa, 1853～1908）は日本美術に深い関心を寄せ、助手をつとめた岡倉覚三（天心）（一八六三～一九一三）とともに古寺を訪ねるなど、日本美術史における仏教の関わりを重視した。日本国内においては急激な西洋化の結果、日本固有の美術作品の価値が落ちたことを危惧する風潮が高まっていた。佐野常民・河瀬秀治・九鬼隆一らによって明治一一年に「龍池会」が結成されると、フェノロサは同会の重要なブレーンとなった。その後、フェノロサが和洋折衷の新しい美術作品の創出を目指したことで、龍池会内部に対立が生じた。その結果、明治一七年に九鬼や岡倉らが離反して新たに「鑑画会」を発足させ、この運動は明治二〇年、日本画と木彫を中心に教育をおこなう東京美術学校（現・東京藝術大学美術学部）の創立へと至る。フェノロサや岡倉が新しい日本美術を作ろうとした背景には、西洋社会に対抗しうる日本を打ち立てようとする国粋主義があった。こうして内向きには東京美術学校における美術教育の推進、外向きには万国博覧会などの国際舞台における発表という実践により、「日本美術」が展開された。

　美術学校の開校準備とともに進められた大規模な近畿宝物調査は、日本の歴史の中に「美術」を位置づける基礎となり、美術学校では岡倉によって日本美術史の講義がおこなわれた。また宝物調査では、写真師の小川一真が仏像をはじめとする文化財の撮影をおこなっていることも重要である。明治二二年に創刊した本格的な美術雑誌『國華』にも写真が数多く掲載されている。写真というメディアの登場に加え、博覧会や博物館などによって仏像を視覚的に「鑑賞」することが主流となった。近世までの信仰儀礼においては仏像や仏画に触れることがしばしばおこなわれ、秘仏に代表されるように、見えなくとも信仰的意味を有していた。だが近代以降、美術概念の成立よって仏像や仏画を鑑賞するという「視覚性」が強調されるようになったのである。

新しい仏画としての日本画

　日本で美術概念が形成される過渡期の明治二一（一八八八）年、「最初の日本画」と評される狩野芳崖（一八二八～一八八八）の遺作《悲母観音》が描かれた。日本画とは、近代以前からの伝統的な絵画技法にもとづきながらも、フェノロサや岡倉の影響により西洋絵画の構図や手法を摂取して描かれた絵画である。前近代は信仰対象としての仏画、

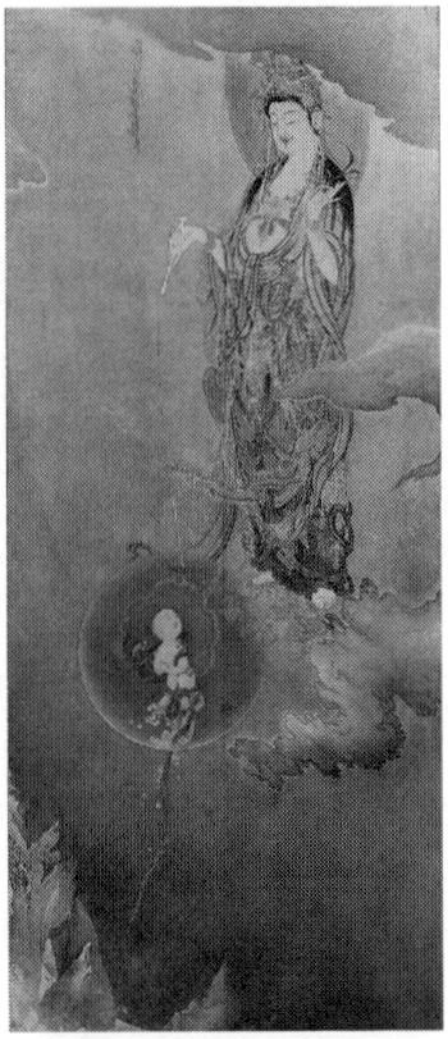

狩野芳崖作「悲母観音」(部分)
画像提供：東京藝術大学／DNPartcom

室内調度としての障壁画、娯楽や記録としての絵巻や浮世絵といったように役割が異なっていたが、近代以降は多用な平面イメージが日本画として統一された。日本画に描かれた仏菩薩は信仰対象から鑑賞の対象へと変化した。芳崖はフェノロサと交流するなかでダイナミックな構図や、西洋からもたらされた鮮やかな顔料を取り入れ、仏菩薩の姿を描いた。その到達点が《悲母観音》である。

《悲母観音》によってスタートした日本画において、仏教的な画題は主流ではないものの比較的よく選ばれた。仏菩薩の姿だけでなく、歴史上の仏教者や古寺の風景など、日本らしい画題として仏教に関連した日本画が描かれた。

一方で明治三六年に横山大観と菱田春草がインドに渡ったことを皮切りに、数多くの日本画家がインドを訪れた。歴史上の人物としての釈迦、そして釈迦の生まれたインドへの眼差しは、前近代の仏画とは異なるリアリズムを追い求めたものであり、西洋からもたらされた仏教学や歴史画・キリスト教絵画などからの影響を受けて仏教的主題の日本画が制作されるようになった。国粋主義を背景に日本らしい美しさを追求するなかで生み出された日本画であるが、近代的な仏教の視座を取り入れることでアジア的なものへと発展した。こうしてインドや中国と結びついた仏教的主題の日本画は、昭和初期には大東亜共栄圏のイメージの一翼を担いながらも、戦後も日展や院展などの公募展を中心に描かれ続け、平成に入って日本画を牽引した平山郁夫（一九三〇～二〇〇九）まで引き継がれることになった。

彫刻としての仏像

日本の近代彫刻においては、江戸仏師から彫刻家になった高村光雲（一八五二～一九三四）がよく知られている。東京美術学校彫刻科の初代教授となった光雲は、自身の彫刻作品が仏像臭くなることを終生気にしていたという。だが、彫刻家となった光雲は、信州善光寺の仁王像をはじめ、数多くの仏像を手掛けた。このように、日本画家以上に彫刻家の仕事は寺院との関わりが大きかった。光雲は数多くの弟子や教え子に自身の技術を伝えており、山崎朝雲、山本瑞雲、米原雲海、関野聖雲、平櫛田中など、光雲のもとで学んだ近代を代表する彫刻家の多くが、他の主題の彫刻とともに仏像を手掛けている。さらに新納忠之介や明珍恒男らは、廃仏毀釈によって荒廃した寺院の仏像を「鑑賞」にたえうる姿へ修復した。

寺院においては、信仰対象とは別に鑑賞対象の彫刻としての仏像も模索された。光雲と同様に東京美術学校の初代教員となった竹内久一（一八五七〜一九一六）は、明治二六（一八九三）年の第一回シカゴ万国博覧会において西洋のミューズに対応する「純日本風」の女神として極彩色の木彫の大作《伎芸天立像》を出品している。竹内は東京美術学校では授業の一貫として、多くの仏像の模刻を手掛けている。東大寺や興福寺の仏像を模刻し、これらは開館したばかりの帝国博物館（現・東京国立博物館）へ展示されていた。模刻による学びを活かし、独自の表現をあわせた《伎芸天立像》を、美術作品として制作したのである。さらに竹内は、元寇を記念する《日蓮聖人銅像》（明治二八年）や、日露戦争の戦死者慰霊のために発願された《戦勝観世音菩薩立像》（明治三九年）など、仏教的な主題のモニュメント彫刻も制作した。屋外に建立される大型のモニュメントとしての仏像は、アジア・太平洋戦争後に数多く作られた平和観音などに引き継がれた。近年も東日本大震災の後には犠牲者を慰霊するモニュメントとして複数の仏像が建立されている。

（君島彩子）

竹内久一作「伎芸天」（部分）
画像提供：東京藝術大学／DNPartcom

仏教と女子教育

仏教界の女子教育は明治二〇年代に始まり、明治後期に女性に家への従属を求める体制イデオロギー普及の役割を担った。しかし、大正期の仏教社会事業の影響下、女性の自立を促す女子教育が実施された！

僧侶養成から一般女子教育へ

明治期の女子教育は、明治四（一八七一）年一一月、日本最初の女子留学生として津田梅子や山川捨松、永井繁子らを米国に送ったことに始まる。その翌月、文部省は欧米諸国に倣い女子教育奨励の布達を出すが、明治二〇年頃までに設立された公立高等女学校の数は二〇校に満たなかった。かかる状況下で女子教育を牽引したのが、明治初期以降、自由な宣教活動を認められたキリスト教徒たちである。明治三（一八七〇）年に設立されたフェリス女学院・女子学院を嚆矢に、明治二一年までに設立されたキリスト教系女学校は一〇一校にも及んだ。

一方の仏教界は、政府による大教院制度の崩壊後、教団改革に着手し、教育分野では明治五年の学制をモデルに宗門系の学校運営に取り組んでいく。以後、仏教教団による教育は、男性僧侶の養成を中心に展開する（本書「僧侶を育てる大学へ」を参照）。明治二〇年代頃から、キリスト教の動きに刺激を受けた仏教界でも、徐々に女子教育に取り組む動きが生じ始める。たとえば浄土宗では、のちに伝通院（現・東京都文京区小石川）内に淑徳女学校（明治二五年、現在の淑徳大学の前身の一つ）を創設した尼僧・輪島聞声（一八五二～一九二〇）が、浄土宗宗務議会に対して尼僧教育の要望を提出している。ただし男子教育と同様、女子の場合にも僧侶（尼僧）養成に重きが置かれ、一般女子教育への積極的な取り組みは、女子の就学率が向上し始める明治後期を待つこととなる。

明治中期の仏教主義による学校教育では、明治三二年八月に発令された文部省訓令第一二号に代表されるように、宗派的教育を排除しようとする教育行政のもとでの宗教的情操教育が重視された。それは、教育勅語を基軸とする天皇制イデオロギーの浸透を目指す国家の方針にかなうものであった。明治後期になると、政府は国民を天皇の

「赤子（せきし）」と見立て、国家を家族の延長線上に位置づける家族国家観による天皇制支配の再編成を試みる。さらに国家主義的な国民教育が叫ばれ、教育勅語にもとづく「国家のための人づくり」が目指されていく。教育内容の独自性を欠いた仏教教育は、女性に家への従属を求める体制イデオロギー普及の一翼を担うこととなる。

女子教育を促した仏教婦人会

学校とは別に女子教育を担った仏教組織として、とくに明治二〇年代に入り、各地に設立された仏教婦人会がある。学校教育の場合と同様、仏教婦人会設立の背景には、キリスト教に対抗しようとするねらいがあった。当時、明治二三（一八九〇）年の第一回衆議院議員選挙を目前に控え、全国的に政治的緊張が高まりをみせていた。この状況を受けて仏教界は、宗派を超えた結束を固めるため、各地に仏教青年会・仏教少年教会・仏教婦人会などを組織する。

これらの設立を促したのが、『明教新誌（めいきょうしんし）』『奇日新報（きじつしんぽう）』などの仏教系新聞・雑誌であった。なかでも仏教系婦人雑誌の先駆けとなったのが、橘女人講（たちばなにょにんこう）を母体とする婦人教会（現・東京都日本橋区橘町）によって、明治二一年二月に発行された『婦人教会雑誌』である。

同誌では、当時の欧化主義に対して、仏教界での女性教化・女子教育の取り組み、および女性の地位向上の必要性が主張された。これにより各地で真宗系の婦人会が組織されるようになり、その動静は他宗派にも波及していく。仏教婦人会の事業として、雑誌発行にくわえて女子学校が付設される場合も少なくはなく、明治二三年時点で約二〇校の仏教主義女子学校が設立されている。

『婦人教会雑誌』に端を発する仏教婦人会の活動は、仏教界の女子教育を後押しする役を担った。しかし、やがて国粋主義的な風潮が高まると、その論調はキリスト教の西洋中心主義や民権主義に対抗する形で、婦人教育の啓発から国粋主義・国権主義を強調するものへと転換していく。その一因は、当時の仏教婦人会の多くが、近代化による仏教教団の再編成の過程で、強い護法意識を抱いた僧侶の主導で創設され、地域の保守勢力に支えられていたことにある。その教育・教化方針は、仏教主義に立脚したものというより、キリスト教への対抗意識から伝統的女性像を内面化したものに過ぎなかった。それゆえに仏教婦人会は、女性を家父長的家族秩序内に位置付け、「良妻賢母（りょうさいけんぼ）思想」の普及を目指す政府の補完的役割を担うものとして展開していった。

仏教セツルメントによる女子教育

明治中期の仏教婦人会による女子教育への影響力は継続性を持てなかったが、明治後期から大正期には社会事業の文脈で新たな潮流が生じる。その転機となったのが、明治三七（一九〇四）年二月に開戦し、朝鮮半島と南満州の支配を争った日露戦争である。戦後の好景気は資本主義社会の形成を促し、農村部からの出稼ぎ労働者を増大させた。それに付随して、貧困や労働問題など本格的な社会問題が生じ、都市部ではその象徴ともいえるスラム地域が拡大する。当時、貧困・労働問題は政治的・社会的文脈によって解決されるべき課題ではなく、個人の資質上の問題と捉えられがちであった。明治二〇年代後半から明治三〇年代以降、松原岩五郎や横山源之助などのジャーナリストが貧困地域の実態を明らかにし、貧困問題は社会構造上の弊害として理解されるようになる。一方で、スラム地区の実態があらわになることで、生活困窮者に対する社会的な差別意識が助長される。

こうした事態を受け、内務省は明治四一年に第一回感化救済事業講習会を開催し、中央慈善協会を設立する。これによって民間慈善事業の組織化が行われ、官民の協力による感化救済事業への移行が推し進められる。他方で、差別問題の解決に取り組んだのは、欧米の社会連帯思想を背景に導入されたセツルメントである。これは、一般に知識人や資産家・宗教者・学生らが、貧困世帯の多い地域に移り住み、宿泊や授産・保育・学習支援などの活動を行うことで、地域住民の生活・待遇・社会的地位・文化の向上を目指す事業および施設の一種である。この活動は、当時の差別主義的な慈善事業から対象者の人格を尊ぶ社会事業への転換を促すものとして期待された。

本格的な仏教セツルメントの嚆矢は、明治四四年に渡辺海旭（一八七二～一九三三）によって設立された浄土宗労働共済会である（本書「社会事業に取り組む仏教者たち」を参照）。その特徴は、都市部の成人労働者保護を目的に、個々の人格を尊ぶ教育を重視した点にある。

この流れを汲み、女子労働者を対象とする教育事業を展開したのが、渡辺の門下の一人、長谷川良信（一八九〇～一九六六）である。長谷川は、宗教大学（現・大正大学）を卒業後、東京市西巣鴨町（現・東京都豊島区）のスラム地域でセツルメントを開始し、大正八（一九一九）年一月にマハヤナ学園を設立する。長谷川の事業は、社会主義にみられた急進的な階級闘争ではなく、大乗仏教思想にもとづく「感恩愛人」の倫理観を根拠に労働者の教育機会の獲得および人格的自立を促すものであった。

さらに長谷川は、大正一一年から翌年にかけて内務省嘱託および浄土宗海外留学生として欧米に留学する。そこで、最新のソーシャル・ワーク理論や女性への社会事業教育を学んでいる。長谷川は帰国後、国内で注目され始めた大正新教育運動の流れを汲み、マハヤナ学園内に大乗女子学院を開校する。翌年には大乗女子学院を巣鴨家政女学校へと発展的に改組し、昭和六（一九三一）年四月に財団法人大乗学園の認可を受け、独立した女子教育機関として巣鴨女子商業学校（現・淑徳巣鴨中学校、高等学校）を設立する。当時の高等女学校の多くは、富裕層の女性への教育に重きが置かれていた。一方、巣鴨女子商業学校設立のねらいは、教育を通じて貧困世帯に生きる女性の自立と社会的権利の獲得を支援し、彼女たちの置かれた差別的な境遇の改善に努めることにあった。

長谷川の女子教育の背景には、マハヤナ学園の夜学校に通う児童の母親らの、教育水準の低さを目の当たりにしたことがあった。貧困問題の原因を教育機会の欠如に認め、女性の自立を促す教育を実施しようとした点に、大正期の仏教社会事業による女子教育の特徴を垣間見ることができる。

（井川裕覚）

長谷川良信
画像提供：淑徳大学アーカイブズ

儀礼とメディア

近代の知識人たちは、仏教儀礼を画一的で発展がないと批判した。しかし、近代の各種メディアに掲載された仏教儀礼の情報は実に膨大だ。近代のメディアの発達は、多くの人びとと仏教儀礼の距離を縮めていったのである。

紙上の死者を弔う

新聞と仏教儀礼の関係を考えるにあたって、まず取り上げたい事例は、明治九（一八七六）年六月二八日に実施された「新聞供養大施餓鬼」である。本施餓鬼は、東京・横浜の新聞社社員が浅草浅草寺の観音堂に集まり、施主を新聞各社、『明教新誌』を発行する明教社が差配役となり、日報・報知・朝野の新聞社三社が施主の世話役となって実施された。明教の大内青巒（一八四五～一九一八）、日報の福地源一郎（一八四一～一九〇六）、報知の藤田茂吉（一八五二～一八九二）、朝野の成島柳北（一八三七～一八八四）の四名が個人名で大幹事となり、天台宗の唯我韶舜（一八二五～一八八六）が導師を務めている。讒謗律と新聞紙条例（いずれも自由民権運動を抑制する意図の言論統制令）の公布一周年に合わせて実施された本施餓鬼では、一二社二四名の新聞記者が祭文を読んだ。その内容からは、前述の法令によって投獄された多くの新聞記者の現状を参加者に知らせ、政府を批判する面と、新聞紙上に事件として掲載された事故死、自殺者などを供養する面が看取できる。ジャーナリストたちの反政府運動とメディア上の死者の弔いという、近代を象徴する興味深い儀礼である。

他方、新聞には、「黒枠広告」と呼ばれる死亡と葬儀の通知、開帳や施餓鬼の際の鉄道会社による運賃割引広告も掲載されている。前近代では仏教儀礼の開催に際し、口伝や建札による告知がなされていたが、新聞紙上での儀礼に関する情報は、地域を越えて多くの人びとに伝達された。

禅と雑誌

雑誌は、新聞と並び、近代の重要なメディアである。雑誌と関係の深い儀礼のひとつとして坐禅が挙げられる。釈宗演（一八六〇～一九一九）と鈴木大拙（一八七〇～

一九六六）を中心として、明治四三（一九一〇）年八月に創刊した『禅道』は、在家向けに平易に禅を紹介することを目的としていた。そのため、読者向けに坐禅会の開催情報（日時・場所・講師・講本）を紹介した、「禅界一覧」という項目が、明治四四年四月の九号に掲載されている。本項目はカレンダー形式の「禅会暦」（図1）、「禅会一覧」と名を変え、以後定着していく。九号から一五五号までの一一五カ月分で合計一九五三の広告があり、六三会が確認可能である。

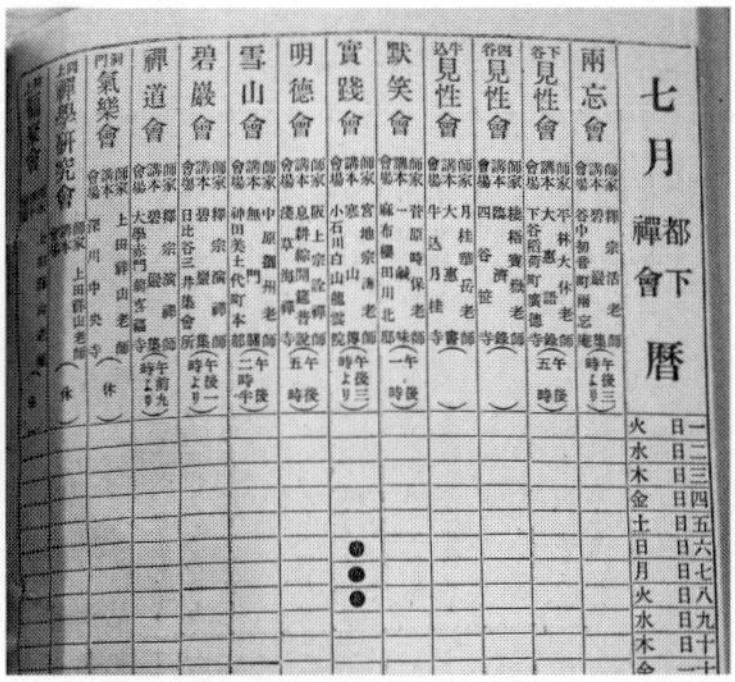

釈宗演の遷化から数年後、『禅道』は廃刊となったが、坐禅会の案内は、大正一三（一九二四）年一〇月創刊の月刊雑誌『大乗禅』によって継承された。曹洞宗の原田祖岳（一八七一〜一九六一）、医師より居士となった飯田欓隠（一八六三〜一九三七）を主宰とし、雑誌出版を通じて仏教の普及を積極的に推進していた中央仏教社から発刊された本誌では、一号より「禅会案内」が掲載された。昭和一八（一九四三）年四月までに一万一九八八の案内があり、坐禅会の種別は五四一会を数える。最も多い昭和一三年には、八九八回の案内が登場している。坐禅が雑誌によって普及したといっても過言ではないだろう。

図1　禅会暦
出典：駒澤大学図書館所蔵『禅道』36号（1913年7月）

聴覚と視覚を刺激する

大正時代の新たなメディアであるラジオでの仏教講話の人気が、本章第三節三項「ラジオ説教の時代」で指摘されている。講話のみならず寺院での儀礼と法話もラジオ中継されていた。曹洞宗系の雑誌から事例を挙げれば、昭和七（一九三二）年に福井永平寺の秋彼岸で実施された皇霊諷経と北野元峰（一八四二〜一九三三）の法話（『吉祥』三〇九号、一九三三年一月）、翌年七月一三日の鶴見總持寺での盂蘭盆会法要の実況と、江川太禅（一八九一〜一九七

○）の法話（『伝道』四二一号、一九三三年八月）が放送された。また、永平寺東京出張所での施餓鬼が全国に中継放送された際に、導師の秦慧昭（一八六二〜一九四四）は、「何十万と云ふ人に聞えるかと思ふと昔の神通力と云ふ事を想ひ出す次第である」（『吉祥』三四〇号、一九三五年八月）とラジオの効果に言及している。他方、浄土宗の機関誌『浄土教報』には、浄土宗大本山の一つである京都清浄華院で実施された日曜勤行のラジオ放送を聞いた感想が掲載されている。著者の城東庵主は、「関西独特の後尻上がりの勤行法にて、特に音律一定せず各人マチマチにて不揃も甚だしく」と述べ、最近ラジオで聞いた鎌倉光明寺、長野善光寺の勤行放送は統一感があり、浄土宗でも儀礼を統一すべき、と講評している（『浄土教報』二一二三号、一九三六年二月一六日）。儀礼の「音」は、僧侶でないと理解が難しいと想定されるが、ラジオによる仏教儀礼の放送は、即時に何十万という人に伝わるため、法式改良などの議論を呼んだ。

一方、視覚に訴えるメディアである映画と儀礼の関係として、「映画伝道」が挙げられる。昭和一〇年三月一五日の曹洞宗『宗報』九〇六号に掲載された映画伝道の案内は、道元の一代記「一天ヲ照ラス」を筆頭に、大阪毎日新聞社撮影の「僧堂生活ノ一日」、「大本山永平寺大遠忌実況」、「大本山總持寺僧堂開単式実況」であった。後者二本は、五〇年ごとの祖師忌である「遠忌」、修行僧の生活拠点である僧堂の「開単式」の実況であり、儀礼が中心と思われる。出張映画の依頼は、事前に交渉し、三教場以上の上映と一教場一回ごとに一〇円の実費が必要であった。フィルム・映写機の分譲にも応じる旨が書かれているが、映画内の仏教儀礼がどの程度視聴されていたのかは、さらなる検証が必要である。

『大法輪』の登場

最後に、写真と儀礼の関係で述べておきたいのは、雑誌『大法輪』の創刊である。四歳の時に母を亡くして寺院に入った石原俊明（一八八八〜一九七三）は、六歳で上京し出版事業に携わる。大正一一（一九二二）年に国際情報社を創立、月刊グラフ雑誌『国際写真情報』で得た利益をもとに、寺で育った恩返しとして、昭和九（一九三四）年一〇月、『大法輪』を出版した。一宗一派に偏らず、仏教を伝道する目的を持った本誌の特色のひとつは、特派記者による大量の写真をともなう儀礼記事であった。例えば、昭和一〇年の二巻六号には、関東大震災の倒壊を経て復興した築地本願寺での落慶法要（図２）、永平寺での授戒会の様子（図３）が掲載されており、いずれも、熱心な儀礼参加者の様子が伝わってくる。また、同誌では「行の宗教」を提唱しており、合掌や坐禅といった仏教儀礼を生活に取り入れている全国各地の村の様子を写真付きで報告している。

以上の事例から、メディアの発展とともに、前近代よりも多くの人びとの間に仏教儀礼の情報が伝わっていた、と考えることができる。メディアによる仏教儀礼の伝達は前近代よりも多様化し、情報量も膨大である。しかしながら、中世の仏教儀礼研究の重厚な成果に比して、近代の研究は少ない。近年発展している近代仏教のメディア研究の成果を参照しつつ、仏教儀礼の検討を進める必要がある。本項で扱った事例はほんの一握りにすぎず、まだ見ぬ豊かな近代仏教の儀礼世界が広がっている。

（武井謙悟）

図２　築地本願寺落慶法要
出典：駒澤大学図書館所蔵『大法輪』２巻６号（1935年６月）

図３　永平寺の授戒会画報　懺悔道場に引き込む
出典：駒澤大学図書館所蔵『大法輪』２巻６号（1935年６月）

鉄道と社寺参詣

草創期の鉄道は、社寺参詣と思いがけない出会いをして、「初詣」という新しい参詣の形も生み出した！　明治末以降の電鉄誕生で参拝客マーケットは拡大し、昭和期にはメディア・イベント化が顕著となり、「社寺」のリアリティを支えつづけた！

「汽車」の時代と「初詣」の成立

鉄道と社寺参詣との関わりは、大きく分けると、電気鉄道（電鉄）の誕生が相次ぐ二〇世紀初頭を境目として、二つの段階に分けることができる。

まず第一段階であるが、明治五（一八七二）年に首都東京と貿易港横浜を結ぶ「国家のための鉄道」として日本初の鉄道が開業すると、意外な乗客たちが姿を現した。途中に川崎停車場が設けられたため、弘法大師の縁日にあたる毎月二一日に川崎大師に参詣する人々が乗り込んできたのである。鉄道当局は臨時列車の運行のみならず運賃割引までおこなって、積極的に対応した。

一般書やインターネットなどでは、鉄道と参詣というと「参詣のためにつくられた鉄道」ばかりが取り上げられる傾向にあるが、鉄道草創期における社寺参詣マーケットの発見、言い換えれば、鉄道と社寺参詣の思いがけない出会いという事実を見落としてはならない。金毘羅参詣客のための讃岐鉄道、あるいは伊勢参宮客のための参宮鉄道のように、「参詣のためにつくられた鉄道」が各地で登場するのは明治中期以降のことである。

重要なのは、鉄道の誕生は単に参詣客を増加させただけではなく、新しい参詣の形を生み出したということである。その代表例が、「初詣」である。

江戸時代の参詣は徒歩が基本であったが、都市から郊外へ延びる鉄道路線ができると、郊外の社寺に赴く人が増えていく。当時は汽車に乗ること自体がハレの楽しみであったうえに、都会の喧騒を逃れてリフレッシュしながらお参りして現世利益を願うこともできる。この一石三鳥の魅力にひかれて、初縁日（社寺の一年最初の縁日）や恵方（歳徳神がいると信じられた方角）といった近世以来の細かい縁起にとらわれずに郊外の社寺に参詣する人々が増加していく。たとえば川崎大師はもともと初大師（正月二一日）が賑っていたが、鉄道開業後は次第に三が日の賑わいが増していき、これが明治の中頃から「初詣」と称されるようになった（図1）。このように大都市で発祥した「初詣」が、全国の都市圏へ広まっていく。昭和に入って除夜の鐘がラジオの年越し番組の目玉となると、「除夜の鐘＋初詣」が年越しの風物詩となり、俳句の季語としても定着した。

なお、日露戦後には、戦時中に大量使用された車両の活用という事情もあいまって、高野山・伊勢神宮など著名社寺への団参（団体参拝）列車がたびたび運行されるようになった。なかでも明治四四（一九一一）年の浄土真宗の親鸞聖人六五〇回大遠忌法要の際は、未曽有の規模となった。

○鐵道　新橋横濱間の滊車は急行列車の分は平生は川崎驛へ停車せざれど昨日より三ケ日は川崎大師へ初詣の人も多かるべきなれば夫等の便利のため特に停車せらるゝことゝなりしとぞ

図1　「初詣」の初出（『東京日日新聞』明治18年1月2日）

「電鉄」の時代——乗客＝参詣客の争奪戦

明治末期以降、各地で電鉄が次々と誕生すると、参詣と鉄道の歴史も第二段階へと入る。職住分離にともなう鉄道での通勤・通学の比重は戦前を通じて限定的だったので、行楽客輸送は当時の電鉄経営において現在よりも大きな比重を占めていた。大規模な投資の必要のない在来の行楽スポットとして、神社仏閣は重要な集客資源となる。

各電鉄が沿線社寺への参詣客の呼び込みを活発化させていくなかで頻発したのが、「川崎大師＝国鉄VS京浜電鉄」「成田山＝国鉄VS京成電軌」「伊勢神宮＝国鉄VS大阪電気軌道・参宮急行電鉄（大軌・参急。現在の近鉄）」といったように、並行する国鉄と電鉄（私鉄）による乗客＝参詣客の争奪戦である。第一次世界大戦以降の大衆消費社会化のなかで競争は激しさを増し、参拝客の増加に拍車をかけた。なかでも、あらゆる業種・立場の人々が一斉に休みとなる正月三が日の初詣客の増大は顕著であった。

メディア・イベント化と社寺側の反応

参詣客マーケットの拡大にともなって広がったのが、メディア業界とタイアップしたメディア・イベントの手法である。たとえば節分は、すでに明治後期から成田山などで鉄道会社と提携したイベント化が始まっていたが、昭和に入るとメディア・イベント化が顕著となる。たとえば阪神電鉄が昭和五（一九三〇）年に新聞社と映画会社との共催で人気映画俳優を登場させる節分豆撒きを西宮神社でおこなったところ、未曽有の大群衆が境内に押し寄せて負傷者まで出る騒ぎとなった。神社関係者はこの日の社務日誌に、「映画俳優ノ人気全ク想像ノ外ナリ」と驚嘆の言葉を書き残している。

ここで、一月の初詣、二月の節分という時期に注目したい。今日のように冷暖房が普及していなかった戦前の日本では、行楽客が春と秋に集中したため、夏と冬は閑散期で旅客収入が落ち込むというのが鉄道業界に共通する悩みどころであった。したがって、夏の甲子園野球、冬のラグビーといったスポーツイベントとならんで、冬期の初詣や節分は鉄道会社にとって貴重な増収資源となった（図2）。当時の日本社会で大きな比重を占めていた農民たちにとってちょうど農閑期にあたるということもあって、冬期の社寺参詣は国鉄と私鉄双方によって強力に推進されていった。

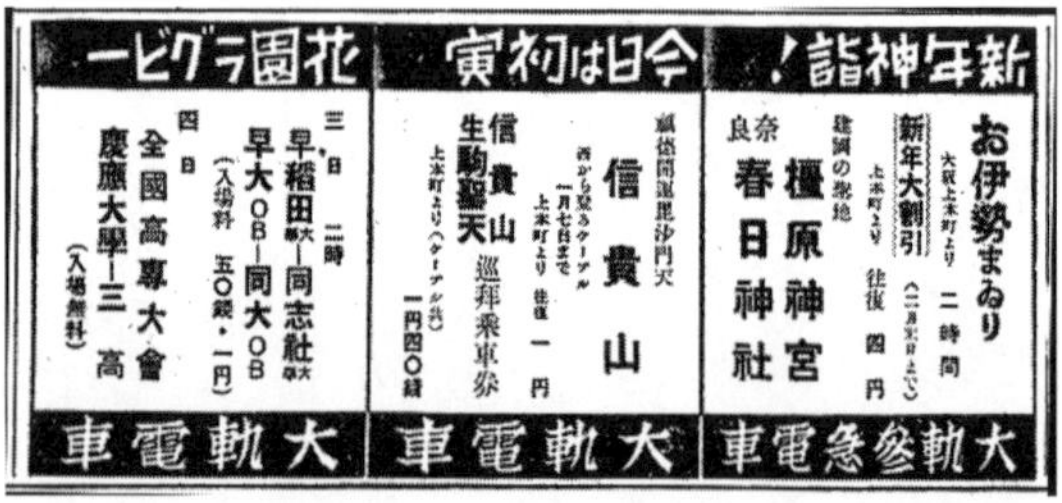

図2　大阪電気軌道（現・近鉄）の新聞広告（『大阪朝日新聞』昭和12年1月3日）

このように鉄道によって参詣客が増加していった神社仏閣では、どのような変化が起こったのだろうか。

明治維新によって封建的特権の多くを喪失したこともあって、社寺側としても参詣客増加はおおむね歓迎するところで、公園の併設などで誘客に努めることも珍しくなかった。鉄道会社の創立にも関与した成田山新勝寺（しんしょうじ）の「凄腕住職」の活躍については、鈴木勇一郎が活写している。

もっとも、メディア・イベント化の波で社寺側が対応に苦慮する事態も生じていく。たとえば阪神電車は、西宮神社が重視する十日戎（とおかえびす）のみならず、この神社の由緒とは何の関係もない初詣も大々的に宣伝するようになったため、正月の社務日誌には毎年のように、「極度ニ疲労ス。何トカ良法ナキモノカ」と疲労が綴られるようになる。神社仏閣が初詣で多忙をきわめるという現代のあり方は、この時期にメディア・イベント化の波が社寺に押し寄せるなかで定着したものなのである。

なお、このように社寺側の史料から鉄道と社寺参詣の関わりを解明する手法は、筆者や卯田卓矢によって近年開拓されつつある。卯田の成果は、大正期以降の都市近郊の霊山へのケーブルカー敷設という、先行研究が著しく不足していた問題に切り込む注目すべき成果である。

「社寺」のリアリティ

鉄道と社寺参詣という切り口は、これまでの宗教史・仏教史研究で看過されがちだったプラクティスのレベルに光を当てるという不足補充の意義をもつだけにはとどまらない。「仏教」という領域の独立性、あるいは、宗教（仏教）と非宗教（神社神道）を区別する戦前日本の公的な枠組み。これらを絶えず揺さぶり続けたのが「社寺」という枠組みであり、そのリアリティを担保し続けた領域が、ほかでもない社寺参詣だったからである。「近代仏教」や「国家神道」が各々一つの固有の領域に見えるのは、社寺参詣や古社寺保存（文化財）といったように、神社と仏閣が並列あるいはセットにならざるをえない領域を捨象しているからである。この領域は、二〇世紀のツーリズムの拡大によって常にエネルギーが注入され続けていく。たとえば、「敬神」が喧しく叫ばれるようになった昭和戦前期においても、国鉄をはじめとする交通・旅行業界は、「社寺券」というクーポン券を売り出すキャンペーンのなかで、「敬神仏思想」「日本民族の生活中枢を成す神社と本邦最古最大の宗教たる仏教の霊蹟」といった文句を用いて「社寺」の枠組みを強固に維持した。これは、単に収益のためだけではなく、親鸞ブームなど仏教の存在感が大きかった大正教養主義の影響を受けた大学卒知識人がその推進者だったことも一因である。

このように、ツーリズムという社会的実態のなかで「社寺」というリアリティが強固に維持され続けたことは、二〇世紀の日本社会のなかでの仏教のあり方をとらえるためには、決して見落としてはならない事実である。

（平山昇）

◉コラム　ちょっと一息③

仏教系新聞・雑誌のなかの広告

研究対象としての広告

近代仏教史を探究しようとすると、昔の雑誌や新聞のなかの何を読むだろうか。信仰あるいは体系的教義が現れる「記事」と、ほとんどの人は答えるだろう。しかし、これは史料としてのメディアの一つの見方にすぎない。単に記事を読む以外に、イラストに焦点をあてたり、また出版情報を通して一つの出版物がどれほど読まれていたのかを明らかにするアプローチまで、さまざまな研究方法が考えられる。ここでは、広告を研究対象とする可能性について考えたい。

なぜ今まで仏教史研究のなかで、広告が取り扱われてこなかったのか。近代以降、経済的領域は宗教的領域とわけてとらえられ、二項対立図式に当てはめられてきた。広告は経済的領域に属するものとして、宗教的領域の研究において研究対象にされなかったと考えることができる。しかし、宗教的領域と経済的領域の二項対立図式から発生する問題も多い。一つは、近代仏教者を含めた宗教者が住処とした世界の全体像が考慮されてこなかったことである。また、寺院によるお墓の運営などの営利活動は、実際には「宗教」プロパーと有機的に共存しており、簡単にわけることができない。この意味で、近代仏教史研究の対象となる人物、組織、そしてその歴史的背景をうかがうための窓として、広告にも目を向けるべきだろう。

『中外日報』という仏教系新聞

それでは、主に『中外日報』という仏教系新聞を使いながら、近代仏教系新聞・雑誌に現れる広告をいくつか紹介して、それを通して何がみえるのか、簡単に述べたい。

まず、掲載されている広告をみることで、新聞自体についての情報を得ることができる。『中外日報』は現在でも存続しているが、明治後期の号を開けると、ほかの新聞・雑誌・書籍の広告が目を引く。たとえば、「仏教各宗　布教大辞林」とキャッチコピーのついた『布教史料全集』（法藏館）の「予約大募集」の広告と、『救済』（大谷派慈善協会）という雑誌の広告が並んで載せられている。この二つの広告は『中外日報』の性格をよく表している。

『布教史料全集』の広告には、「通仏教の演説教誨のために無限豊富なる」と謳われるが、このような宗派を超えた「仏教」がこの新聞の全体的なテーマとして設定されていて、この広告以外、『仏教学概論』や『支那仏教史綱』のような著述の広告も、これを反映している。その一方で、『救済』は浄土真宗の色が濃い仏教と慈善についての雑誌である。この広告以外にも、『親鸞聖人全集』や『求道』のような真宗系著述や雑誌の広告が数多く載せられており、このことは『中外日報』が、宗派を超えた仏教を全体的なテーマにしながらも、頻繁に真宗的立場から仏教にアプローチすることを反映している。

佛教學概論

本願寺新法主
大谷光演師　題辭
齋藤唯信師　著

近來文運の隆盛と共に、佛教の研究日一日より多からんとする時に方り之に適當の著書に乏しきは、洵とに斯界に於ける一大恨事と謂ふ可き也斯道の北星たる齋藤唯信師は深く之を慨嘆し多年研鑽の結果を公にし、以て其の缺點を補わんとせらる、論ずる所、審明快流、卓説累々、圓轉、先碍、横論竪説、彼の宇宙觀と云ひ、人生論は勿論、苟も佛教に關する教理は盡くして除蘊あること無し今や本店は師に請ふて之を上梓し、以て佛教南海の針路を示さんとす、斯道に志すの士斯一書を繙かば、其益する所甚だ大なる可きは深く信じて疑わざる所也、冀くば四方の諸彦速に一本を購讀して本書の眞價を知り玉わんことを、

（紙質善良洋裝頗美）
全一冊紙數三百六十餘頁
定價金壹圓參拾錢也
送料金八錢滿韓は金十錢

図1　斎藤唯信『仏教学概論』（1907年）の広告

広告のない明治初期の仏教系雑誌

このように、広告を通して新聞の性質をうかがえるが、じつは、広告の有無によっても、さまざまな情報がみえてくる。たとえば、明治初期には、広告が入っていない仏教系雑誌が多かった。その理由の一つに、その宗派の本山が雑誌に、経済的支援を提供していたことを挙げることができる。また、半世紀以上話を進めると、第二次世界大戦中、『中外日報』に広告がほとんど載せられなくなる。これによって収入がかなり減ったと推測できるが、加えて、経済の大部分を戦争に費やした当時の社会情勢がうかがい知れる。

仏具の広告と学校の生徒募集

次に広告を通して、メディアの読者層に関して、いかなる情報が手に入れられるのか考えたい。明治後期の『中外日報』に、さまざまな仏具の販売業者がよく広告を載せている。

吉岡宗次郎の「調進所」が販売する「各本山御用達仏像仏具仏壇位牌」の広告がその一つの例である。これを通して、読者層がさまざまな宗派の人で構成されていることがわかるだけでなく、彼らがいかなるマテリアル・レリジョン（物質宗教）の世界を住処としていたかもうかがえる。

また、当時の『中外日報』には、学校の生徒募集が多く見受けられる。たとえば、井上円了（いのうええんりょう）（一八五八～一九一九）創立の東洋大学が「第二十一年度新学年開始に付学生を募集」していると宣伝する広告がある。これによって、『中外日報』の読者の少なくとも一部が、高等教育まで受けたものであったことが推測できる。

英文雑誌 *The Eastern Buddhist*

最後に、『中外日報』から、鈴木（すずき）大拙（だいせつ）創刊の *The Eastern Buddhist* という英文雑誌に目を向けよう。大正後期の *The Eastern Buddhist* には、いわゆる「Oriental Books」（東洋の書物）を販売している会社の広告がいくつかある。これは、少なくとも当時の英語圏において、この雑誌の読者は当時の流行であった「東洋」への興味・関心を通して「仏教」と出会い、「仏教」を構築していたことを反映している。

図2　Oriental Books の広告

近代の仏教メディア

このように、広告を通して、雑誌の性格からその経済的背景、また読者の世界観までがうかがえる。このコラムでは、広告へのアプローチの一部しか紹介しておらず、これ以外にもさまざまなアプローチが存在すると考えられる。近代の仏教系メディアを考察する際、研究者が広告を視座に入れることで、一歩進んだ成果が現れるのではないだろうか。

（戸田　ディラン　ルアーズ）

第4章　近代仏教ナビゲーション

どうすれば、近代仏教を深く知ることができるのか？

近代仏教初心者が読むためのブックガイド、調べるためのリサーチマップ、さらには知られざる人脈関係図を世界初公開する！

初心者のための人脈相関図

西本願寺系
——禁酒から改革、そして国際化へ

真宗本願寺派の普通教校の学生有志らによって展開された仏教改革運動。それが反省会である。禁酒進徳を目指す運動は、やがて仏教界の刷新、新仏教運動へとつながっていく。他方、教団内で仏教の改革や国際化を進めたのが高輪仏教大学の教員たちであった。

普通教校における反省会

明治一八（一八八五）年、真宗本願寺派（西本願寺）では、僧侶養成を主目的とした大教校に対して、普通教育を取り入れた僧俗共学の普通教校を設立した。普通教校では最新の教育システムを導入。外国人教師を雇い、とりわけ英語教育に力を入れた。普通教校の進取的な校風を反映して、明治一九年、同校の教員や学生有志らによって禁酒などをスローガンに掲げた社会改良運動、反省会が組織された。翌年、高楠順次郎（一八六六～一九四五）（当時は沢井洵）、桜井義肇（一八六八～一九二六）、梅原融（一八六五～一九〇七）、古河老川（勇）（一八七一～一八九九）らをはじめとする学生が中心となり、機関誌『反省会雑誌』（のちに『反省雑誌』と解題）が発行される。彼らは禁酒運動にとどまらず、それを通じての社会改良や仏教界の刷新を志向していた。やがて本願寺派の有力者である赤松連城（一八四一～一九一九）に重用された中西牛郎（一八五九～一九三〇）の『宗教革命論』（博文堂、一八八九年）の影響を受け、彼らのなかには「新仏教」という言葉で仏教改革を唱える者も現れるようになる。

その後、明治三二年、反省会の機関誌『反省雑誌』は、

新たな読者の獲得を目指して東京へと進出し、雑誌名も『中央公論』に改称された。この頃、反省会のメンバーの多くも上京していた。このうち古河老川は、教団を離れて在家仏教者として仏教革新を主唱するようになり、この流れは新仏教運動へと継承される。一方、教団にとどまった高楠や桜井、梅原らは、東京に新設された高輪仏教大学で教員となり、仏教の改革や国際化に取り組もうとしていた。次に、彼らの動きを中心に、明治三〇年代の高輪仏教大学で起こりつつあった新たな動向を探ってみたい。

高輪仏教大学における万国仏教青年連合会

　高輪仏教大学は、明治三五年、真宗本願寺派の仏教大学（龍谷大学の前身）が京都の仏教専門大学と東京の高輪仏教大学に分立したことにより、東京市芝区高輪（現在の東京都港区高輪）に設立された。京都の仏教専門大学は宗学中心の教育を行っていたが、東京の高輪仏教大学は普通教校の学風を受け継いで普通教育を重視し、英語教育にも力を入れていた。高輪仏教大学の教員には、前述の高楠や桜井、梅原をはじめ、本願寺派の前田慧雲（一八五七～一九三〇）、島地黙雷（一八三八～一九一一）、島地大等（一八七五～一九二七）らがいた。また同校では、宗教哲学者の波多野精一（一八七七～一九五〇）、英文学者の上田敏（一八七四～一九一六）、『万朝報』の英文記者の斯波貞吉（一八六九～一九三九）らも教鞭をとっている。一方、学生には宇野円空（一八八五～一九四九）、中井玄道（一八七八～一九四五）、足利浄円（一八七八～一九六〇）らがおり、カルピス創業者の三島海雲（一八七八～一九七四）も一時期同校で学んでいた。

　普通教校の進歩的・国際的な学風を受け継いだ高輪仏教大学では、万国仏教青年連合会という国際的な仏教青年会が発足している。以前、普通教校には海外宣教会という組織があり、海外への文書伝道を目指し、日本初の英文仏教雑誌 *Bijou of Asia*（亜細亜之宝珠）を発行するなどの活動を行っていた。高輪仏教大学には、これらの活動に関わった高楠順次郎や桜井義肇らがいたことが、万国仏教青年連合会創設の要因になったと考えられる。万国仏教青年連合会の発足は、明治三五年五月、高輪仏教大学にアナガーリカ・ダルマパーラ（Anagarika Dharmapala, 1864～1933）が演説に訪れたのを機に発表された。会長には島地黙雷、役員には高輪仏教大学の教員らが就任している。同

高輪仏教大学

（西本願寺系）

学　生

開教使・仏教児童博物館創設者
中井玄道（1878－1945）

開教使・同朋舎創業者
足利浄円（1878－1960）

カルピス創業者
三島海雲（1878－1974）

万国仏教青年連合会　高輪支部委員
宗教学者・民俗学者
宇野円空（1885－1949）

（西本願寺教団以外）

教　員

宗教哲学者
波多野精一（1877－1950）

陽明学者
高瀬武次郎（1869－1950）

『万朝報』記者・政治家
斯波貞吉（1869－1939）

牧師・動物愛護運動家
広井辰太郎（1876－1952）

渡辺海旭（1872－1933）
近角常観（1870－1941）等

アメリカの哲学者・仏教研究家
ポール・ケーラス（1852－1919）

アイルランド人・ビルマの僧侶
ダンマローカ（1856－1914）

万国仏教青年連合会

経緯会
⇩
新仏教徒同志会

反省会
古河老川
(1871-1899)

教　員
万国仏教青年連合会　評議員

仏教学者
高楠順次郎(1866-1945)

『中央公論』編集長
桜井義肇(1868-1926)

梅原　融(1865-1907)

高輪仏教大学 初代学長
酒生慧眼(1865-1910)

高楠順次郎

協力

『反省会雑誌』
(『反省雑誌』)
⇩
『中央公論』
⇩
『新公論』

高嶋米峰
(1875-1949)

高輪仏教大学　第二代学長
前田慧雲(1857-1930)

万国仏教青年連合会 会長
島地黙雷(1838-1911)

島地黙雷

前田慧雲

アナガーリカ・
ダルマパーラ

万国仏教青年連合会（教団外の会員）
井上円了(1858-1919)　大内青巒（1845-1918）
村上専精(1851-1929)　南条文雄（1849-1927）

海外の宗教家
スリランカの仏教改革家
アナガーリカ・ダルマパーラ(1864-1933)

会は国内外の一二の仏教青年会と連合。特別会員には井上円了（一八五八～一九一九）、渡辺海旭（一八七二～一九三三）、村上専精（一八五一～一九二九）、南条文雄（一八四九～一九二七）、近角常観（一八七〇～一九四一）、大内青巒（一八四五～一九一八）、ポール・ケーラス（Paul Carus, 1852～1919）、ダルマパーラなど仏教界の有力者らが名を連ね、正会員として三二〇名以上が集まった。またオーストラリア、香港、広東、ペナンにも支部が設立され、活動の場を広げつつあった。さらに彼らは、キリスト教の内村鑑三（一八六一～一九三〇）、ビルマで活躍したアイルランド人僧侶ウ・ダンマローカ（U Dhammaloka, 1856～1914）や神智学徒らを高輪仏教大学に招いて講演会や集会を行うなど、いわゆる「宗教間対話」にも熱心であった。

　しかし、次第に高輪仏教大学は教育方針をめぐって、本山と対立するようになる。明治三七年四月、西本願寺は創設からわずか二年で高輪仏教大学を廃止し、京都の仏教大学（龍谷大学の前身）に統合することとした。高輪仏教大学の教員らは同校の廃止反対運動を起こし、本山の方針を激しく批判したが、この運動に関わった教員は処分された。またこの一件により、桜井も『中央公論』の編集長を辞職し、友人の高嶋米峰（一八七五～一九四九）らの協力を得て、新たに『新公論』を創刊するにいたった。高輪仏教大学に事務局が置かれていた万国仏教青年連合会の活動も、これを機に次第に縮小していき、途絶えたものと考えられる。

（岩田真美）

浩々洞

——師、清沢満之との生活

仏教信仰の革新を提唱した精神主義運動。それは、近代仏教史の重要なトピックの一つである。この運動の拠点が東京本郷にあった浩々洞であり、個性豊かな仏教徒が集まった。浩々洞の盛衰を中心に精神主義運動の歴史をたどってみよう。

浩々洞の誕生

明治三三（一九〇〇）年九月、前年六月より東本願寺の新法主・大谷光演の補導として上京していた清沢満之（一八六三～一九〇三）の宿舎に、真宗信仰にもとづく私塾的共同生活の場が開かれた。東京本郷森川町にあったその宿舎は、東本願寺から宗教事情視察を命じられ渡欧中であった近角常観（一八七〇～一九四一）宅の寮で、そこで満之、月見覚了（一八六四～一九二三）、原子広宣（侍者）と、九月からは真宗大学を卒業したばかりの暁烏敏（一八七七～一九五四）、佐々木月樵（一八七五～一九二六）、多田鼎（一八七五～一九三七）が合流して、共同生活をはじめ、同年一一月に「浩々洞」と名を付した。暁烏・佐々木・多田は、京都尋常中学校時代の満之の教え子であり、明治二九年には、満之とともに教団改革運動に立ち上がった同志でもあり、浩々洞の三羽烏と呼ばれた。ある時、三河での満之の講義を聞きに集まった三人が、彼に願いを打ち明け、東京での私塾生活が具体化するにいたった。「浩々」とは、水が広くみなぎり、見渡す限り水平線という広大な様を意味し、彼らの理想とする信仰的立場と重ねて表現したものと思われ、満之や月見らが話し合って決めたという。

「精神主義」の提唱

洞の生活は大変自由で、「各好む所をなし、各思ふ所を行ふ。興至れば我を忘れて呵々大笑し、時に議論風生、夜の更行くを覚えず」（近藤純悟「入洞の記」『精神界』一巻一一号）という様子で、毎日曜日の夜には、洞内外の有志が満之の居室樹心窟でその講話を聞き、心ゆくまで議論を闘わせたという。洞の真向かいの大日本仏教青年会の真岡湛海、和田鼎、常盤大定や近所の荻野仲三郎、吉田賢

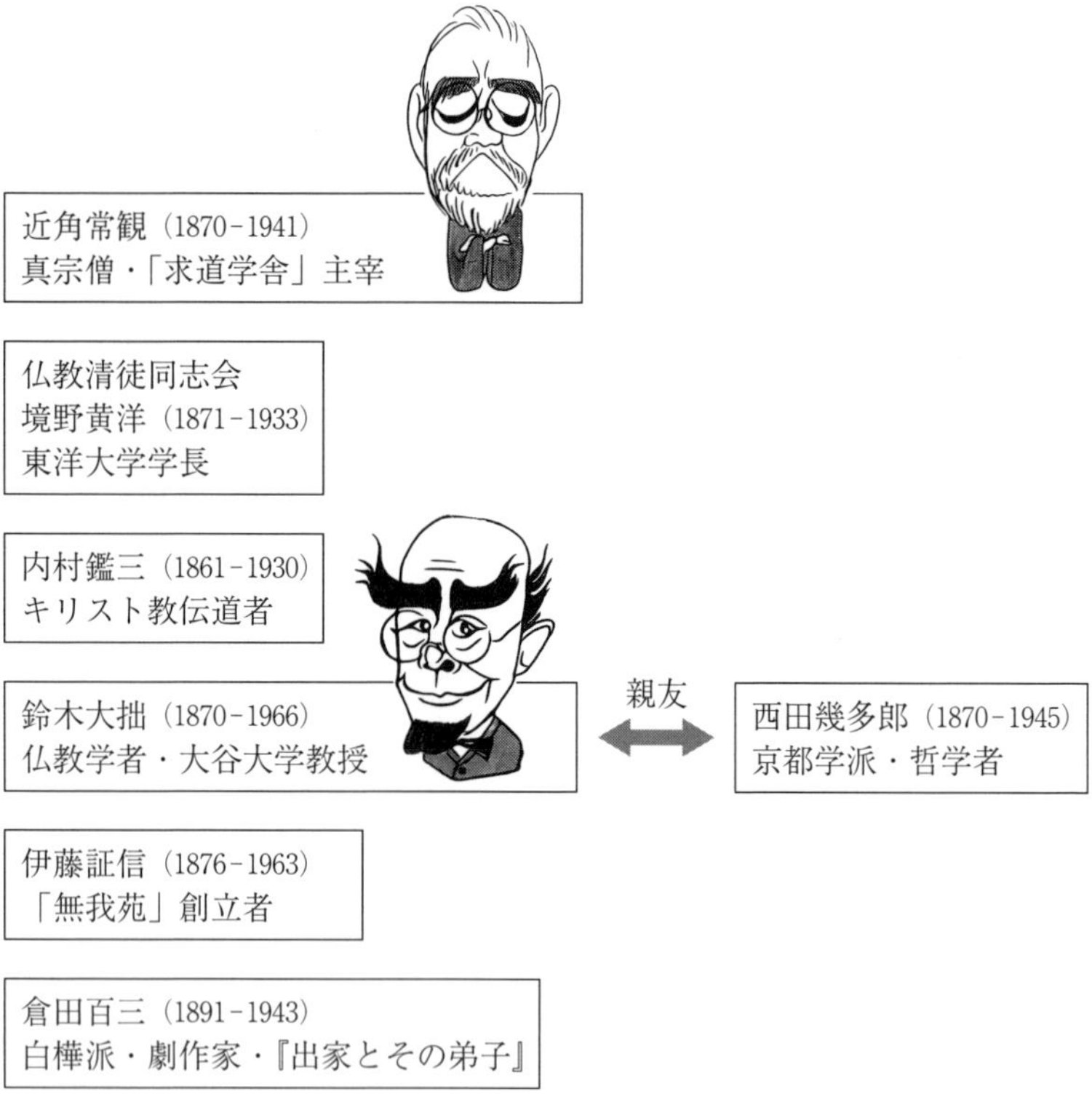

近角常観（1870-1941）
真宗僧・「求道学舎」主宰

仏教清徒同志会
境野黄洋（1871-1933）
東洋大学学長

内村鑑三（1861-1930）
キリスト教伝道者

鈴木大拙（1870-1966）
仏教学者・大谷大学教授

親友

西田幾多郎（1870-1945）
京都学派・哲学者

伊藤証信（1876-1963）
「無我苑」創立者

倉田百三（1891-1943）
白樺派・劇作家・『出家とその弟子』

龍たちが連日洞に来ては議論に加わり、また、毎日曜日には精神講話を開催し、それは内村鑑三（一八六一〜一九三〇）の聖書講読会と並び、東京の宗教的関心を持つ青年たちを二分したという。

暁烏は、満之について「私達と一緒に居る時は、丸で御友達のやうで極く平等主義な人」（法藏館版『清沢満之全集』八巻）で、洞の同人たちに対しては、「各人の性格をさとり、其の機に応じ、智を以って之を開発し給ふ」（同前）人であったと振り返っている。また多田は、満之が仏教経典のほかに儒書を読み、佐藤一斎（一七七二〜一八五九）の『言志録』を賞賛していた（同前）と、満之の思索を知るうえで重要な一面を紹介している。

明治三四年一月、洞の同人たちは「あまり術語を用ゐないで、一般人に仏教の真意を伝へる雑誌を」（暁烏・同前）という願いをもって『精神界』を創刊し、彼らの宗教的信念

清沢満之

暁烏　敏

浩々洞同人

浩々洞同人	関係
清沢満之（1863-1903）宗教哲学者・真宗大学初代学監　同人と共に「精神主義」を提唱	← 浩々洞同人に自宅寮を提供
暁烏　敏（1877-1954）戦後の真宗大谷派宗務総長	↔ 「精神主義」をめぐり論争
佐々木月樵（1875-1926）仏教学者・大谷大学学長	↔ 親　交
多田　鼎（1875-1937）真宗僧	→ 大谷大学へ招来
曽我量深（1875-1971）真宗教学者・大谷大学学長	→ 元浩々洞同人
金子大栄（1881-1976）真宗教学者・大谷大学教授	← 『精神界』に寄稿

「精神主義」を広く世に提唱していく。これを精神主義運動という。創刊号には、同人たちの求めに応じて満之が寄稿した巻頭言「精神主義」が掲載されている。そこには我々が「絶対無限者」（如来）に接して「完全なる立脚地」を得ることの重要性と、そうした立脚地に立つ「精神」を以って、「自家の精神内に充足を求」め、実際に世の中を生きていくための処世法（「実行主義」）が「精神主義」だと主張され、仏教界に一石を投じた。

満之の死去と浩々洞のその後

明治三五年春、近角が帰国すると浩々洞は本郷区東片町に移転した。この年、長男と妻を相次いで亡くし、さらに内紛が起こった真宗大学の学監を辞した満之は、三河に戻った。満之は『精神界』の廃刊を口にしたが、洞の同人たちの希望もあり、続刊されることになる。同年一二月には、洞はさらに本郷曙町へ移転、暁烏・佐々木・多田を中心に、和田龍造、安藤州一らを加えて経営が行われ、その約半年後、満之は、絶筆「我は此の如く如来を信ず（我信念）」を残し、明治三六年六月六日に生涯を閉じた。

満之没後、暁烏や多田の活躍で満之の名は全国的に広まり、五、六年後には「清沢宗なるもの」ができるほどの勢力となったという（涼風学舎『暁烏敏全集』一二巻）。こうした動きは、結果として満之が否定した「教権」を、満之の名を以て再び創出する意味をも孕むものであったから、「精神主義」の展開は、満之の弟子たちの思想信仰の内実と合わせて検証していく必要があるだろう。事実、恩寵主義となった暁烏、多田は、若い同人たちとも対立し、程なく信仰上の挫折を経験していくことになる。

大正三（一九一四）年八月、自己の信仰の破綻を浩々洞全体の問題とした多田の求めで洞人大会が開催され、洞の解散と『精神界』の廃刊が決議された。だがこれを遺憾とした月見と関根仁応（一八六八～一九四三）が、金子大栄（一八八一～一九七六）に『精神界』の編集を依頼し、金子を中心に洞の経営は継続した。その二年後、さらに曽我量深（一八七五～一九七一）に洞の運営が任されたが、旧来の洞の同人たちは独自の道を歩みはじめ、洞に対する精神的なつながりもすでに稀薄となっていた。こうして大正七年一月号からは『精神界』から「浩々洞」の名は消え、翌年二月号（二〇巻二号）を最終号とし、三月に『精神界』の廃刊が決定された。

（福島栄寿）

求道学舎

――浄土真宗説教師・近角常観の舞台

求道学舎は、東京大学の正門近くに存在した学生寮である。浄土真宗説教師の近角常観のもと、寮に住まう学生たちは、信仰を中心にした共同生活を送った。多くの知識人が、この寮や併設された説教所を通じて、仏教と出会った！

学生と宗教

大正年間を中心に、少なからぬ学生、しかも比較的優秀な学生が宗教に自発的に関わりを持った時代があった。東京帝国大学や第一高等学校の掲示板には、宗教者の講演会の知らせが毎週のようにあり、学生たちは自らの教養を高め、人生の問題を考えるために、文学書や哲学書を読むのと同じように、宗教者の話を聞いたときがあったのである。

学生を指導した人物として、キリスト教では内村鑑三（一八六一～一九三〇）や海老名弾正（一八五六～一九三七）らが著名であるが、これらの人物に対応する仏教者として近角常観（一八七〇～一九四一）の名を挙げることができる。東京帝国大学で哲学を学んだ近角は、宗教法案反対運動で活躍して名をはせた。この働きが評価され、のちの求道学舎となる建物と土地（現住所、東京都文京区本郷六丁目二〇―五）を東本願寺から与えられた。さらに、近角は、欧米の宗教事情の調査を東本願寺に命ぜられた。二年ほどの間、アメリカ合衆国やドイツ、イギリス、フランスなどに渡り、現地のキリスト教の布教のあり方や社会との関わり方について見聞を広めていった。洋行中の近角の留守宅には、清沢満之（一八六三～一九〇三）らが入居し、浩々洞を発足させた。帰国した近角は、清沢らと入れ替わり、ここに自らの布教の拠点地を形成したのである。

学生寮と説教所

求道学舎と一口にいっても三種類ある。古い時代に使われ、取り壊された学舎と、現在までその建築物が残った学舎である。これらに加え、説教所であった「求道会館」が隣接して建っており、これも現存している。以上の三種類の建築物の説明をしていこう。

最初に創設された求道学舎は、もと憲兵屯所であった古い建物であり、あばら屋と言ってもいい木造二階建ての家であった。明治三五（一九〇二）年に帰国した近角は、ここに十数人の学生を寄宿させ、信仰を中心にした共同生活をはじめた。浄土真宗の教えを背景にした寮生活を構築したのである。近角は、一人ひとりの個人の選択や決断を重視した。信仰にもとづいた共同生活を送るにしても、毎朝の勤行（ごんぎょう）に参加する程度の義務があるだけで、強い規則があったわけでない。日曜日には、求道学舎の食堂とそれに隣接する一部屋を打ち抜いた場所で、外部の人に開かれた日曜講演の会を開いた。一方的に近角の信仰を聞くだけでなく、自らの信仰を語ったりする信仰告白の会なども催された。しかし、聴衆が次第に多くなり、座敷に入りきれないほどになったため、専用の説教所をつくろうと考えるようになった。そのために新たに建築されたのが、求道会館である。

大正四（一九一五）年に完成したこの会館は、一見、キリスト教の教会のようである。事実、欧米で近角がみたキリスト教建築物をモデルにしている。レンガ造りで、地上二階建の建物である。設計は、日本の近代建築の代表的設計家のひとりである武田五一（たけだごいち）（一八七二〜一九三八）。求道学舎の説教所としての役割は、これ以降、求道会館が担うことになった。地理的利点もあり、また近角の情熱的な説教が話題を呼び、多くの若者がここに集まった。男性だけではなく女性も多かった。現在では、東京都の有形文化財に指定されており、修理がなされた会館は、公開日にはその中を見学することができる。

現在の求道学舎（筆者撮影）

求道会館が完成してから一〇年後、大正一五年に古い求道学舎にかわって、鉄筋コンクリート三階建の白亜の新しい求道学舎が完成した。設計は、求道会館と同じく、武田五一。ドイツのヴィッテンベルクにあるルターハウスに示唆を得た建物だとも言われている。近角も夫人やその子息たちと一緒にこの学舎に住み、信仰を核とした共同生活を送った。ただし、現在では、改装されて一般の人たちの共同住宅となっている。

求道学舎、求道会館に出入りした人物で比較的有名な人物を列挙しておこう。哲学者では、三木清（一八九七〜一九四五）や谷川徹三（一八九五〜一九八九）は近角に親近し、彼らの思索形成に一定の影響がみられる。岩波書店創業者の岩波茂雄（一八八一〜一九四六）は、近角のところに行き、その勧めでトルストイを読み、その煩悶に一段落をつけることができた。文学者では、伊藤左千夫（一八六四〜一九一三）や私小説作家の嘉村磯多（一八九七〜一九三三）は常観と密接な関係にあった。有名な宮沢賢治（一八九六〜一九三三）の父政次郎とその一族は、近角と家族ぐるみでつきあいをしていた。ただし、賢治が求道学舎を訪れたかどうかは不明な点が残っている。日本精神分析学会の初代会長である古澤平作（一八九七〜一九六八）は、近角の熱心な信者であり、近角の説教は、古澤を介して、日本の精神分析学の源泉の一つとなった。そのほか、実業界にも多くの人材をここから輩出したのである。

（岩田文昭）

浩々洞

曉烏　敏

清沢満之
（1863-1903）
真宗大谷派僧侶，
宗教哲学者

曉烏　敏
（1877-1954）
真宗大谷派僧侶

交流

協力

近角の協力者

伊藤左千夫

伊藤左千夫
（1864-1913）
歌人，小説家

小野清一郎
（1891-1986）
東京帝国大学教授，
法学者

影響

煩悶し近角を訪れた青年

岩波茂雄

岩波茂雄
（1881-1946）
岩波書店創業者

三井甲之
（1883-1953）
歌人，右翼思想家

求道学舎・求道会館関係者

近角常観

近角常観
（1870-1941）
求道学舎・
求道会館創始者

宮沢政次郎
（1874-1957）
宮沢賢治の父

谷川徹三

谷川徹三
（1895-1989）
哲学者，
文藝評論家

古澤平作
（1896-1968）
精神分析医

三木　清

三木　清
（1897-1945）
哲学者

嘉村礒多

嘉村礒多
（1897-1933）
私小説作家

武内義範
（1913-2002）
京都大学教授，
宗教哲学者

新仏教運動

——体制批判した青年仏教者たち

明治末期、青年仏教徒たちによって結成された仏教清徒同志会。彼らは出版と公開演説会によって、旧仏教を激しく批判し、社会改良を訴えた。その自由闊達な気風と仏教界を超えるネットワークをのぞいてみよう。

仏教の刷新と社会改良の主張

明治三二（一八九九）年、主として在家の若き仏教徒六人（境野黄洋、田中治六、安藤弘、高嶋米峰、杉村縦横、渡辺海旭）によって結成された仏教清徒同志会（のちに、新仏教徒同志会に改称）は、翌年に発刊した機関誌『新仏教』の一巻一号において、次の綱領を掲げて気炎を上げた（傍線は引用者）。

一、我徒は仏教の健全なる信仰を根本義とする
二、我徒は健全なる信仰智識及道義を振作普及して社会の根本的改善を力む
三、我徒は仏教及其の他宗教の自由討究を主張す
四、我徒は一切迷信の勦絶を期す
五、我徒は従来の宗教的制度及儀式を保持するの必要を認めず
六、我徒は総べて政治上の保護干渉を斥く

これらの主張は当時のキリスト教に対するユニテリアンの動きに呼応し、時代の啓蒙主義的気運にも合致するものであった。毎月一度、会員宅や神田の学士会館などで通常会が開かれ、飲食や将棋、ビリヤードなどを共にし、和気あいあいとした雰囲気のなかで宗教や信仰について議論が交わされた。やがて明治三七年からは会員外にも開かれた談話会が開かれるようになり、哲学館（のちの東洋大学）の学生など数十名が集まることもあった。

さらに広く一般に向けて、毎月一、二回全一七〇回以上開催された公開演説会には、のちに新仏教徒同志会の幹部に加わった鈴木大拙や、演説の名手とされた加藤咄堂なども登壇し、宗教、道徳を中心に、社会や文化の諸問題が論じられた。明治四〇年の記録によると毎回一〇〇名前後の聴衆があり、都市教養層向けの市民講座のような役割を果たしていたことがうかがわれる。

機関誌『新仏教』は四〇〇部ほどの発行部数で大正四

（一九一五）年まで毎月一回発行され続けた（合計一八二号）。基調となるメッセージは「旧仏教」の批判で、形骸化した読経や法事、伝統教団の権威主義などが槍玉に上がり、これに現状に満足しない地方在住の僧侶達が呼応して原稿を寄せた。仏教界内部から上がったこうした声は、今日まで続く「葬式仏教」を批判する言説の源流のひとつと見ることができる。

しばしば、国家権力と宗教が結びつくことに対する警戒感が鮮明にされ、明治四五年の三教会同に対しては誌上で盛んに反対意見が発表された。大正四年には「支那内地布教権問題」に関して、国の宗教政策に異議が申し立てられた。『新仏教』にはこうした在野の反骨精神がみなぎっており、幸徳秋水ら社会主義者たちの文章をしばしば掲載し、発禁処分を受けることもあった。

新仏教徒同志会は禁酒禁煙や動物愛護の主張にも共感を示すなど、倫理的社会改良運動という性格も持ち合わせていた。しかしそれは裏を返せば、宗教運動としては深みに欠け、インパクトが弱いということでもあった。事実、彼らは近代社会の世俗的価値観を超えて社会を改善に向かわせる「健全なる信仰」とは何なのかという原理を明確に示すことができなかったという評価もなされている。

ネットワークとしての新仏教運動

誰が新仏教徒同志会の会員であり、誰が『新仏教』の「同人」であったのかは、よくわからない部分が多い。まず、人脈においても思想においても、新仏教徒同志会の母体となったのは、明治二七年に古河勇（老川）を中心に結成され、機関誌『仏教』を発行した経緯会であった。経緯会からは、渡辺海旭、杉村縦横、境野黄洋、安藤弘、鈴木大拙などが新仏教徒同志会に加わった。ここに境野、安藤、高嶋らが卒業した哲学館の関係者が加わり、新仏教運動は哲学館を拠点に、各宗門の思惑や官製アカデミズムの枠組みにとらわれない自由な言説空間を形成していく。

文人、歌人が加わっていたことも『新仏教』の大きな特徴である。幹部の林古渓は童謡「浜辺の歌」の作詞で知られているが、伊藤左千夫、饗庭篁村ら、正岡子規門下の根岸派の歌人たちが毎号のように寄稿し、結城素明、平福百穂、石井柏亭らの挿絵とともに誌面に文芸的彩りを添えた。寄稿者には女性も含まれ、全巻合わせて千種類に迫る思い思いの筆名が用いられたことも雑誌の性格をよく表している。

同志会の評議員ともなった毛利柴庵の主催した『牟婁新報』で社会主義者たちが論陣を張っていたこともあり、高嶋米峰と旧知の仲であった木下尚江や、堺利彦、井上秀天、石川三四郎らがしばしば寄稿し、私信欄には幸徳秋水、森近運平、管野須賀子（幽月）、豊田孤寒、福田英子といった社会主義関係の人物たちの近況が掲載された。これは幸徳や森近が処刑された明治四三年の大逆事件後も変わることがなく、『新仏教』が官憲によって弾圧され廃刊するにいたった一因であるとされている。

このほか、新仏教徒同志会は、演説会の会場を提供したユニテリアン協会（代表は佐治実然）、上宮教会（河瀬秀治の創設した聖徳太子奉賛団体）、風俗あらため会（越後の篤志家山口せい子が起こした啓蒙団体）とも人的交流を持っていた。

このように、新仏教徒同志会は、演説会と雑誌というメディアを通じ、とりわけ、高嶋米峰という人望ある名編集者を中心点として、仏教界の内外をゆるやかに結びつけるネットワークを形成する役割を果たしたのである。

（高橋原）

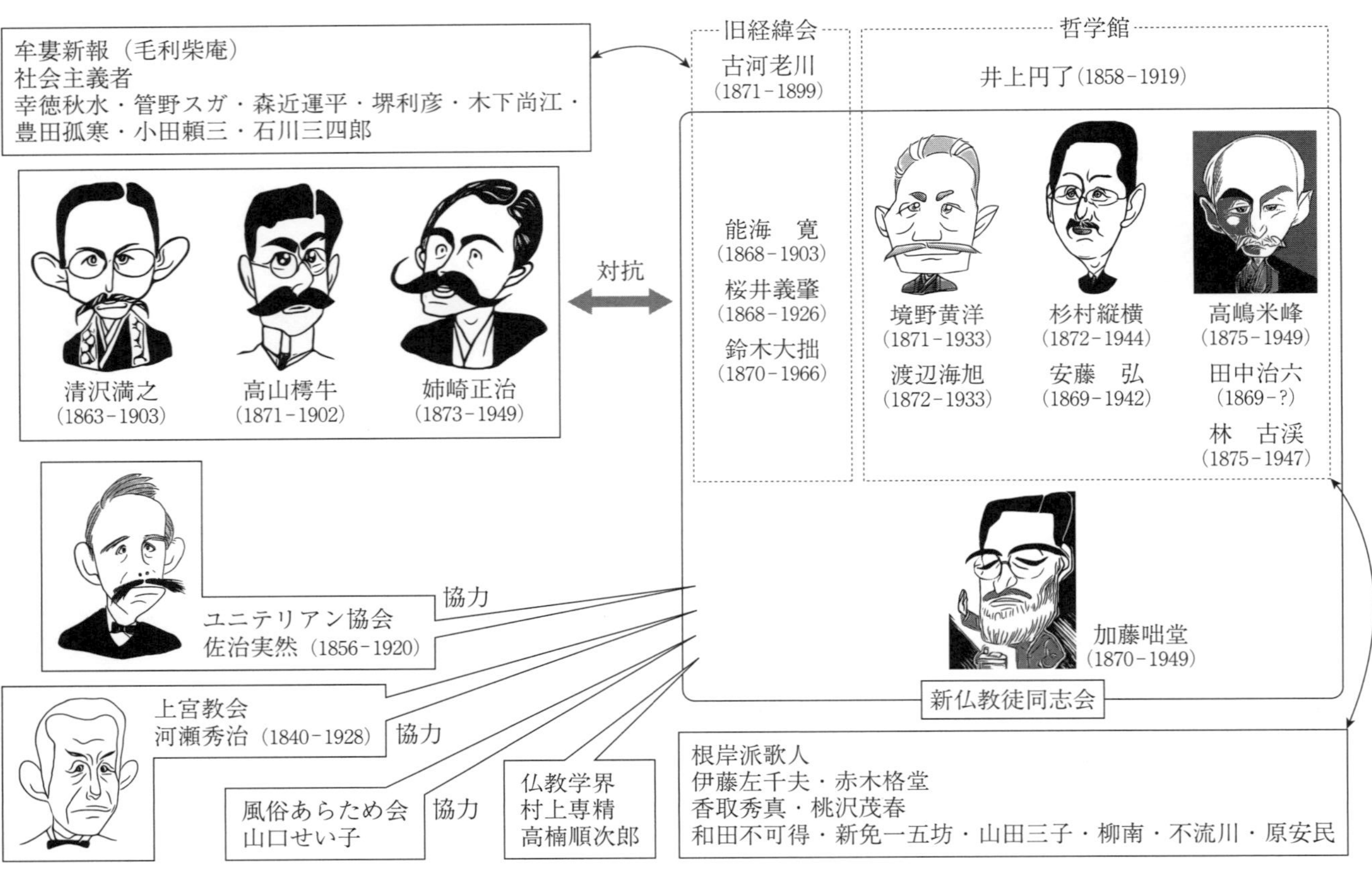

牟婁新報（毛利柴庵）
社会主義者
幸徳秋水・管野スガ・森近運平・堺利彦・木下尚江・
豊田孤寒・小田頼三・石川三四郎
清沢満之
（1863-1903）
高山樗牛
（1871-1902）
姉崎正治
（1873-1949）
対抗
旧経緯会
古河老川
（1871-1899）
能海　寛
（1868-1903）
桜井義肇
（1868-1926）
鈴木大拙
（1870-1966）
哲学館
井上円了（1858-1919）
境野黄洋
（1871-1933）
渡辺海旭
（1872-1933）
杉村縦横
（1872-1944）
安藤　弘
（1869-1942）
高嶋米峰
（1875-1949）
田中治六
（1869-?）
林　古渓
（1875-1947）
加藤咄堂
（1870-1949）
新仏教徒同志会
協力
ユニテリアン協会
佐治実然（1856-1920）
上宮教会
河瀬秀治（1840-1928）
協力
風俗あらため会
山口せい子
協力
仏教学界
村上専精
高楠順次郎
根岸派歌人
伊藤左千夫・赤木格堂
香取秀真・桃沢茂春
和田不可得・新免一五坊・山田三子・柳南・不流川・原安民

国柱会

——一世を風靡した日蓮主義のネットワーク

宮沢賢治や石原莞爾らが熱烈なリスペクトを捧げた仏教界のカリスマ。それが田中智学である。智学が創唱した日蓮主義はどのように当時の人々を魅了し、一世を風靡したのか。その社会的な広がりをたどってみよう。

生きた人を相手にする仏教

明治時代後期から大正時代にかけて、「日蓮主義」という言葉が一世を風靡する。多くの人々が日蓮主義に魅了された。そもそも、「日蓮」と「主義」を組み合わせる発想は、中世や近世にはなかった。なぜならば、「主義」という言葉自体は古代中国にもあったが、それがｉｓｍの訳語として用いられるようになったのは、明治時代以降だからである。

この「日蓮主義」という言葉をつくったのが、田中智学（一八六一～一九三九）である。明治三一（一八九八）年のことである（ただし、本格的に用いるようになるのは、明治三四年以降）。智学は坪内逍遥に相談しながら、この言葉を造語した。日蓮主義とは、智学が伝統的な日蓮の教えを近代的に編みなおしてつくり上げ、独自にネーミングした近代仏教思想のことである。

では、智学はどのような人物なのだろうか。智学は、文久元（一八六一）年、江戸日本橋に生まれた江戸っ子である（幼名は秀丸、のちに巴之助）。幼い頃に両親を亡くし、一〇歳の時に日蓮宗一致派（現在の日蓮宗）で得度した。しかし、宗門の現状に不満を覚えた智学は、一九歳で還俗。以後、日蓮教団の改革運動に取り組むことになる。その時のスローガンが「宗門革命」と「祖道復古」だった。

智学は自分で在家仏教教団を創設している。明治一三年の蓮華会にはじまり、明治一七年に立正安国会、大正三（一九一四）年に国柱会とその名称を変えたが、国柱会は現在も続いている。智学は「仏教夫婦論」や「仏教僧侶肉妻論」を発表し、普段の生活を肯定しながら、在家信者が現在の僧侶であるとの在家主義の立場をとった。仏教は死人を相手にするのを止めて、生きた人を相手にすべし。これが智学のポリシーだった。

日清・日露戦間期、智学の思想は新たな展開をみせる。

明治三四年刊行の『宗門之維新』のなかで、日蓮仏教の国教化、日本による世界統一という帝国主義的なプランを提出した。また、日露戦争前夜から、仏教的な日本国体論（日本国体学）を創唱。日蓮主義と日本国体は先天的に結びついており、「道の国」日本は道義的な世界統一の使命を担っていると主張した。智学は、日蓮主義にもとづく国体観念を日本国民に自覚させるための教化運動を晩年まで繰り広げた。

社会に広まる日蓮主義

こうした智学の宗教的な想像力と現実世界の改革をめざす構想力が多くの人々を魅了することになる。

日蓮主義が社会的に広まる下地をつくったのが、高山樗牛（一八七一～一九〇二）と姉崎正治（一八七三～一九四九）である。人気の評論家だった樗牛は、発行部数一〇万部の雑誌『太陽』に『宗門之維新』の書評を書いてから、しだいに熱心な日蓮信奉者となった。智学の影響のもとで、「日蓮上人とは如何なる人ぞ」「日蓮上人と日本国」などの日蓮論を執筆した。国家と宗教の関係に関する樗牛の見解は、今でも傾聴に値する。

樗牛の親友が姉崎である。東京帝国大学教授を務め、日本の宗教学の創始者である姉崎は、親友の影響から日蓮研究に取り組んだ。樗牛亡き後、智学や山川智応（智学の高弟）と交流し、樗牛の全集や『高山樗牛と日蓮上人』を編んでいる。大正五年には名著の誉れ高い『法華経の行者日蓮』を刊行。この本はベストセラーとなり、多くの読者を獲得した。

こうした樗牛の評論や姉崎の本が呼び水となり、大正時代に「日蓮主義の黄金時代」が到来する。多くの知識人たちが日蓮を研究し、全国各地で日蓮主義研究のサークルが続々と結成された。また、「日蓮主義」がタイトルに含まれた本も次々に刊行された。そうしたなか、多くの人々が智学の本を読み、国柱会の講演会に通った。そのなかには学生や軍人、商工業者やサラリーマンなど、さまざまな階層や職業の人々がいた。そのなかでもとくに有名なのが、石原莞爾（一八八九～一九四九）と宮沢賢治（一八九六～一九三三）である。ふたりとも大正九年に国柱会に入会し、信行員（会員）として、熱心に信仰に励んだ。

満洲事変の主導者として有名な陸軍軍人の石原は、智学の『日蓮聖人乃教義』『宗門之維新』や姉崎の『法華経の行者日蓮』などを買い求め、自らの信念のよりどころとした。国体に関する智学の見方に共鳴したものの、関東大震災後は独自の終末論的な日蓮信仰と戦争史観（世界最終戦争論）をつくり上げていくことになる。

一方、賢治は詩集『春と修羅』や「注文の多い料理店」「銀河鉄道の夜」などの童話で有名な詩人・作家だが、一時期、熱心な国柱会会員だったことはあまり知られていない。大正一〇年一月、花巻から家出をして上京。約七カ月間、東京鶯谷の国柱会館で奉仕作業をしながら、原稿を書きためた。日蓮主義の影響のもと、創作に励んだが、しだいに独自の法華文学の世界をつくり上げた。

昭和期に入り、智学の仏教ナショナリズム（国家主義）思想は、国家主義や超国家主義の動向と結びつき、多くの軍人や右翼活動家の思想や活動を感化した。大東亜共栄圏のイデオロギーである「八紘一宇（はっこういちう）」は、智学の造語だった。日蓮主義の功罪を見極めることが重要である。

（大谷栄一）

文学者

坪内逍遥

坪内逍遥
（1859-1935）
小説家，劇作家，評論家，英文学者

北原白秋
（1885-1942）
詩人，歌人

交流

影響

知識人の日蓮信奉者

高山樗牛

高山樗牛
（1871-1902）
文学者，評論家

姉崎正治
（1873-1949）
東京帝国大学教授，宗教学者

交流

国際交流

海外の宗教家・思想家

アナガリーカ・ダルマパーラ

アナガリーカ・ダルマパーラ
（1864-1933）
スリランカの仏教改革家

ポール・リシャール
（1874-1964）
フランスの詩人，神秘思想家

国柱会関係者

田中智学
（1861-1939）
国柱会創始者

田中智学

山川智応
（1879-1956）
国柱会幹部，仏教学者

石原莞爾
（1889-1940）
陸軍軍人

石原莞爾

宮沢賢治
（1896-1933）
詩人，作家

山本　鼎
（1882-1946）
洋画家，版画家

小菅丹治
（1882-1916）
実業家，伊勢丹創始者

宮沢賢治

ユニテリアン
——近代仏教と深いつながりのキリスト教

ユニテリアンといっても、あまりなじみのある言葉ではない。しかし、近代仏教に与えた影響はとても大きい。では、どのような仏教者たちがユニテリアンに影響を受けたのか？　ユニテリアンがもたらした「自由討究」の行方とは？

ユニテリアン協会と仏教者

日本のユニテリアン協会には仏教者が会員として関わったことが知られている。その背景には、アメリカ・ユニテリアン協会から派遣されたA・ナップ（Authur May Knapp, 1841～1921）やC・マコーレー（Clay MacCauley, 1843～1925）らが、他の宗教伝統に対してある程度開かれた態度を取っていたことがあるが、以下それらの仏教者についてて簡単にみていく。

佐治実然（さじじつねん）（一八五六～一九二一）は真宗大谷派の出。青年期に大内青巒（おおうちせいらん）（一八四五～一九一八）と出会い、その有力な弟子として和敬会・尊皇奉仏大同団に参加。仏教演説の名手として名声を博した。明治二五（一八九二）年頃からユニテリアンに関わり「堕落沙門（だらくしゃもん）」と評されている（『反省雑誌』一八九三年四月）。佐治自身はユニテリアンに加わった理由について、既存の仏教教団としがらみがあると仏教教団の抱える問題を十分に指摘することができないという点を挙げている（*Unitarian movement in Japan*, 1900）。その後協会の幹部となり、明治二七年から明治四二年にかけては会長を務め、新仏教徒同志会との親密な関係を支えた。

中西牛郎（なかにしうしろう）（一八五九～一九三〇）は明治二〇年代に新仏教を訴えて同時代の仏教改良運動に影響を与えたが、既存の仏教教団を巻き込んで運動を推進することはできなかった。ユニテリアンには明治二七年頃に関わるようになるが、キリスト教に転じたというよりもユニテリアンという運動において真の仏教を追求することができると考えており、仏教研究の論説を機関誌『宗教』に寄稿している。しかし翌年、キリスト教色が強すぎるのではないかという公開質問状を出して（『宗教』四一号、一八九五年三月）脱会した。

平井金三（一八五九〜一九一六）は明治二〇年前後に京都の仏教系英学塾を基盤として野口善四郎（一八六一〜？）とともにオルコット招聘のために動き、その後平井・野口は、ともに明治二六年のシカゴ万国宗教会議に参加。帰国後、野口がユニテリアンに加わり、平井は野口の紹介もあって明治二二年頃加入。平井はシカゴにおいて諸宗教の一致した地点にある「総合宗教」について論じ、帰国後もこの方向で議論を展開させたが、これは既存の仏教教団から受け入れられず、これを一因としてリベラルな議論が許されるユニテリアン協会に加わった。しかし平井・野口ともに一九〇〇年代後半には協会内の人間関係の問題などもあってユニテリアンを辞している。

新仏教徒同志会とユニテリアン

次に、新仏教徒同志会のなかでユニテリアンに関わった者についてみていく。新仏教徒同志会の中心的なメンバーの一人である杉村縦横（一八七二〜一九四五）は、明治二六年から二九年までユニテリアンの先進学院に学んだ。ほかにたとえば経緯会の会員であった大久保格（生没年不明）も、普通教校を出て先進学院に進み、のちに高輪仏教大学で教鞭をとった。先進学院は仏教者とユニテリアンが文脈を共有していく一つの回路であったと言うことができるだろう。

広井辰太郎（一八七五〜一九五二）はメソジストから自由キリスト教の普及福音教会に転じて牧師となったが、しかし明治三二年に宣教師と衝突してやめている。広井は日本における動物愛護運動の先駆者として知られているが、明治三五年に設立した動物虐待防止会などを通して、新仏教徒同志会・ユニテリアン協会などをゆるやかに巻き込む形で運動を推進していった。明治三七年にユニテリアン協会に加わり役員になるが、協会の方針がキリスト教的に過ぎるとして明治四三年に役員を辞し、自ら「日本ユニテリアン主義」を唱える。その一方で『新仏教』の刊行中は断続的に投稿し続けていた。

自由討究とその行方

まず佐治らにおいて、その理想の仏教・宗教を目指す動きが既存の仏教教団の改革というかたちでは貫徹できず、ユニテリアンがその受け皿になったという共通点があった。また、広井は正統派のキリスト教や宣教師に対する不満から新仏教徒同志会とユニテリアン協会に関わることになった。いずれの場合も、ある宗教に対する自由討究を貫徹するための場としてユニテリアン協会、あるいは新仏教徒同志会に期待がかけられていたと言うことができるだろう。

しかし、中西の質問状や、広井の「日本ユニテリアン主義」にみられるように、ユニテリアンのアイデンティティについて内部に統一的な見解があったわけではなかった。ひるがえって「近代仏教」に関わった者たちが自由討究の果てにどのような「仏教」を構想していたのか、それぞれ丁寧にみる必要があるだろう。

（星野靖二）

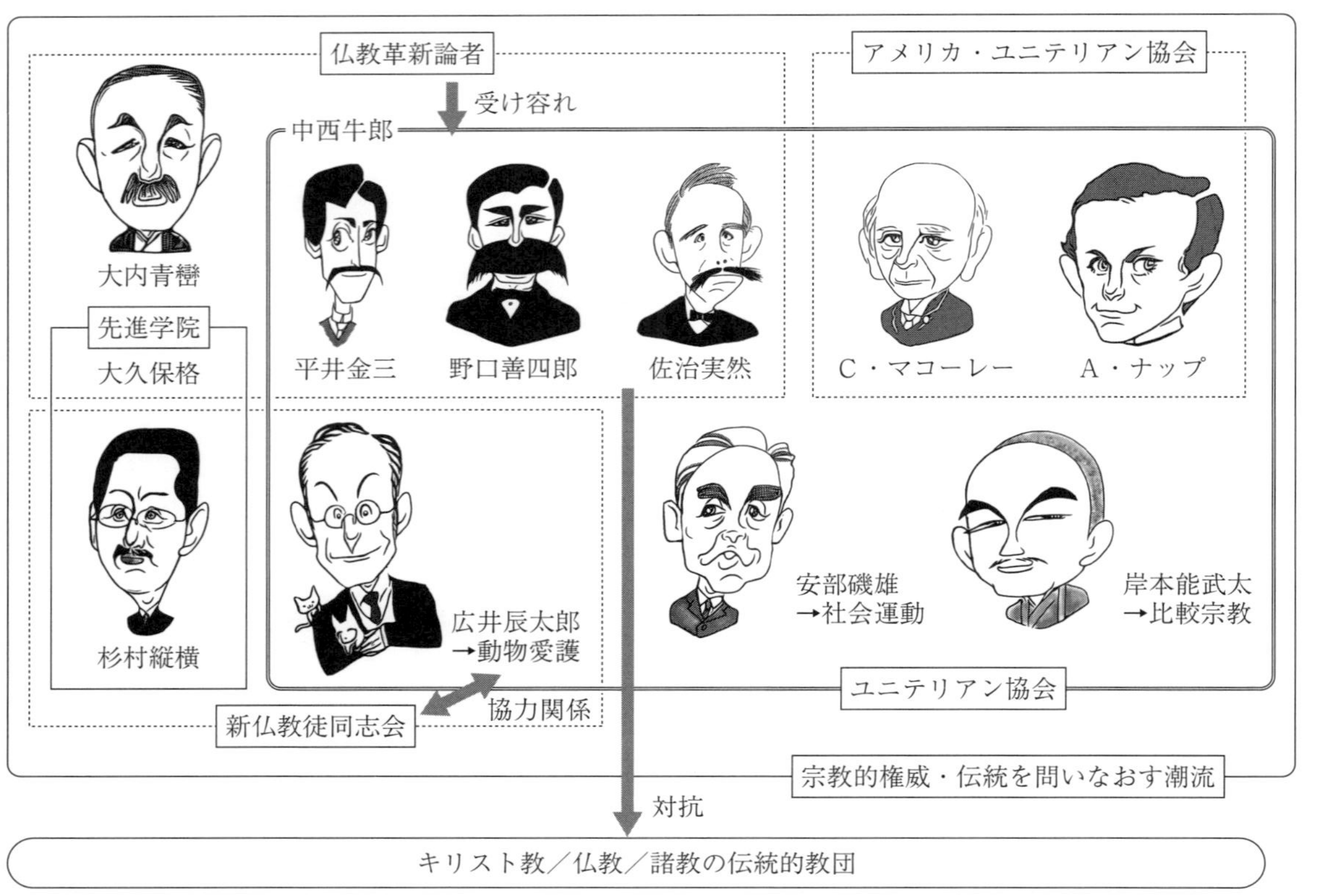

仏教革新論者
受け容れ
アメリカ・ユニテリアン協会
中西牛郎
大内青巒
平井金三
野口善四郎
佐治実然
C・マコーレー
A・ナップ
先進学院
大久保格
杉村縦横
広井辰太郎
→動物愛護
安部磯雄
→社会運動
岸本能武太
→比較宗教
ユニテリアン協会
協力関係
新仏教徒同志会
宗教的権威・伝統を問いなおす潮流
対抗
キリスト教／仏教／諸教の伝統的教団

明治二〇年代の海外仏教者たち

——オカルトワールドと仏教

スリランカなどのアジア仏教の復興、欧米への仏教の伝播という点で大きな役割を果たしたのが、神智学協会である。日本仏教もその影響を受けた。では、神智学と日本の仏教徒との関わりの具体的な姿とは？

神智学協会

神智学(しんちがく)運動が社会的に影響力を持ちはじめるのは、一八八〇年代半ばからで、在印英人の新聞記者A・P・シネット（A.P. Sinnett, 1840~1921）が執筆した、創立者ブラヴァツキーの心霊現象と神智学思想を伝える二冊の神智学書、『隠れた世界(オカルトワールド)』（一八八一年）、『秘密仏教(エソテリックブディズム)』（一八八三年）が欧米で反響を呼んでからである。同時期に、オルコットは『仏教問答』（一八八一年）を編集し、セイロンでの仏教復興運動に活躍した。ダルマパーラは当初は熱心な神智学徒でオルコットのよき協力者であったが、のちに両者は対立離反する。

神智学と渡航僧、仏教改革者

日本の海外渡航僧は早い時期から神智学に出会っている。たとえば明治一五（一八八二）年には真宗大谷派僧侶の笠原研寿(かさはらけんじゅ)が、イギリス留学の帰途、セイロンの神智学協会に立ち寄っている。その後の海外渡航僧は神智学と接触するのが通例である。セイロン留学していた釈興然(しゃくこうぜん)はダルマパーラとともに一八九一年ブダガヤを訪れている。二人は聖地購入のための国際的な募金活動を起こすが、そのためにダルマパーラが組織した団体が、現代まで続く国際的な仏教組織「大菩提会(マハボディソサエティ)」である。シカゴ万国宗教会議の帰途に訪欧した真言宗僧侶の土宜法龍(どきほうりゅう)も、ヨーロッパで神智学やスピリチュアリズムを見聞し好意的に評している。

日本国内に目を転じると、仏教改革者が神智学と接触する例は多い。『反省会雑誌』の初号（明治二〇年八月）から二五号（明治二二年一二月）まで、あるいは明治二一年に創刊された『海外仏教事情』には、世界各地の神智学徒や仏教徒からの書簡や記事が多数掲載されている。これは普通教校教員の松山松太郎(まつやままつたろう)や反省会会員の高楠順次郎(たかくすじゅんじろう)が中心となって、海外の神智学徒や仏教徒と交流していたからであるが、これより前から仏教改革者と神智学の交流はあった。明治一六年、「新仏教」を標榜した天台宗僧侶の水谷仁海は、オルコットから著書『仏教問答』と翻訳の依頼を受けている。これは明治一九年に赤松連城の支援で、今立吐酔（一八五五～一九三一）の翻訳で出版されている。熊本では明治二〇年にロンドンから帰国した政治家、教育者の津田静一（一八五二～一九〇九）が神智学を紹介し、津田の持ち帰った神智学書に刺激されて中西牛郎が仏教改革論を発表している。彼らの背景には九州仏教団という熊本独自の真宗系仏教運動があり、中心人物で中西の盟友だった真宗本願寺派僧侶の八淵蟠龍（一八四七～一九二六）は万国宗教会議に参加、また中西は西本願寺の明如法主より援助を受け、アメリカ神智学協会と連絡をとるために明治二二年渡米している（途中で帰国）。さらに京都では、明治二〇年より平井金三、野口善四郎（復堂）、真宗大谷派の佐野正道らがオルコット招聘の運動を起こし、二二年にオルコットの第一回来日が実現している。この際、清沢満之（当時は徳永満之）もオルコットの講演の翻訳を行っている。明治二〇年代の改革派の若手仏教者は、多くが神智学に好意的な評価を下し、反省会の古河勇（老川）（一八七一～一八九九）、能海寛（一八六八～一九〇三）、大久保格（格道、芳村昌南）（生没年不明）、思想家の田岡嶺雲、浄土宗の『浄土教報』誌の堀内静宇、天台宗の『四明余霞』誌の大原嘉吉（一八七一？～一九〇一）も好意的な立場をとっていた。他方、平井金三の教え子の加藤咄堂（本名・熊一郎）は、明治二六年の『明教新誌』でマックス・ミュラー（Friedrich Max Müller, 1823~1900）の神智学批判論文を紹介し、古河の盟友で『新仏教』の初期イデオローグだった杉村広太郎（縦横、楚人冠）（一八七二～一九四五）も神智学には批判的で、反神智学に転じたダルマパーラと意見を同じくしている。

海外の仏教シンパ

『反省会雑誌』『海外仏教事情』に投稿してきた海外の仏教シンパの多くが神智学徒であり、神智学に準拠して仏教を理解した。しかし、最も盛んに投稿していた二人の海外仏教者は、反神智学を標榜していた。一人はカリフォルニアのフィランジ・ダーサ（Philangi Dasa, 1849~1931）で、彼はスウェーデンボルグ主義と仏教の一致を説いた。彼の著作は大原嘉吉訳で『瑞派仏教学』（博文堂、一八九二年）

として翻訳されているが、釈宗演などの当時の仏教者はこれを仏教の一種と解していた。もう一人はロンドンのチャールズ・フォンデス（Charles James William Pfoundes, 1840〜1907）で、アイルランド人である。海外宣教会のロンドン支部を開き、イギリスで最初の仏教伝道を行った。滞日経験のある彼はブラヴァツキーの神智学的仏教を批判し、神智学協会と対立していたため、スピリチュアリズムのネットワークを通じて伝道活動を行ったが、その仏教理解は倫理的、社会貢献的なものであった。明治二六年に来日して、神戸で亡くなっている。いずれにせよ、明治二〇年代の時点では、日本側と海外の間の仏教観のすれちがいはあまり意識されず、キリスト教に対抗するための南方仏教との連携、反省会の禁酒主義への賛同など、同志的な連帯感が基調にあった。

（吉永進一）

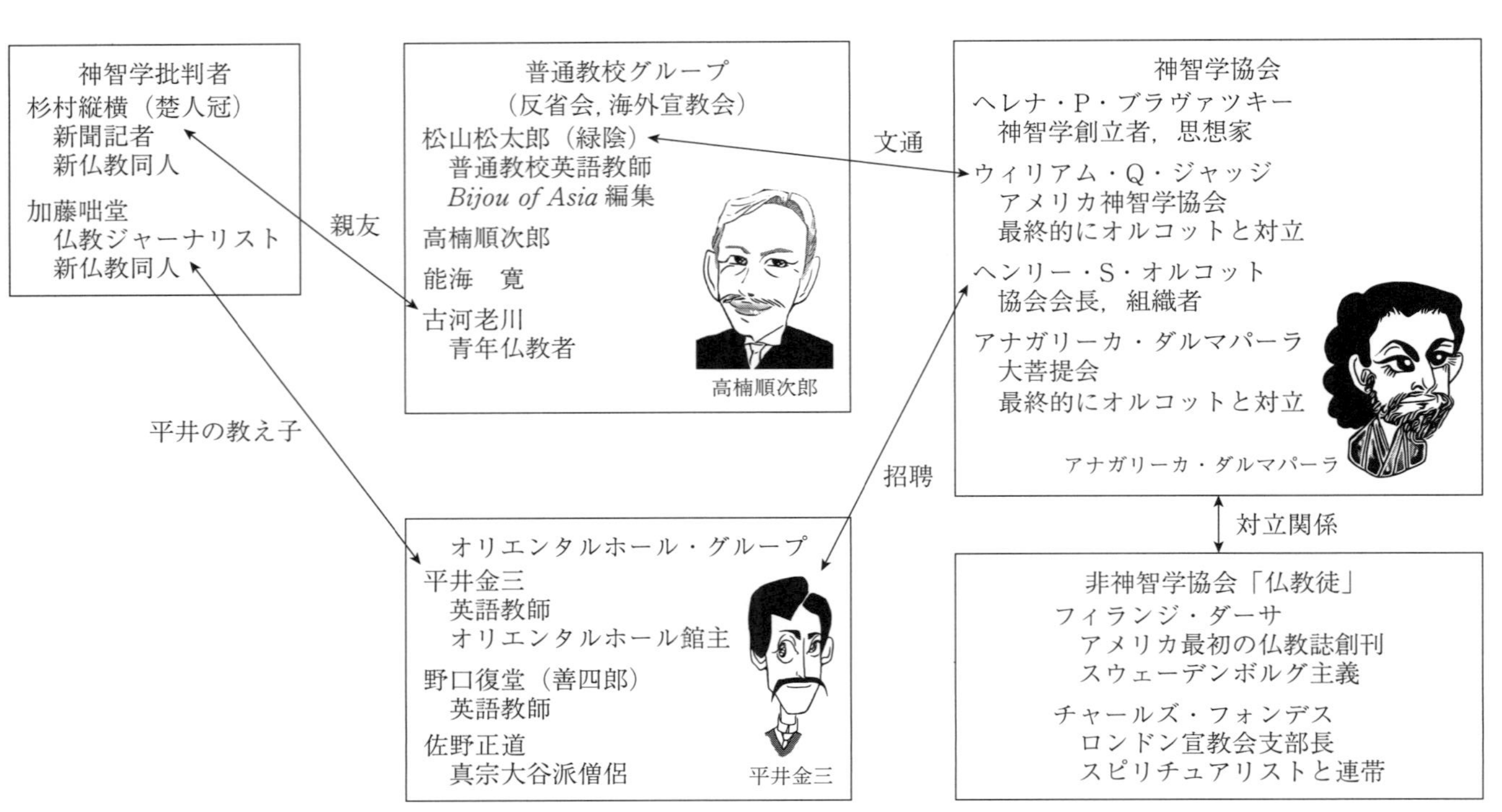

神智学批判者
杉村縦横（楚人冠）
新聞記者
新仏教同人
加藤咄堂
仏教ジャーナリスト
新仏教同人
親友
平井の教え子
普通教校グループ
（反省会，海外宣教会）
松山松太郎（緑陰）
普通教校英語教師
Bijou of Asia 編集
高楠順次郎
能海　寛
古河老川
青年仏教者
高楠順次郎
文通
神智学協会
ヘレナ・P・ブラヴァツキー
神智学創立者，思想家
ウィリアム・Q・ジャッジ
アメリカ神智学協会
最終的にオルコットと対立
ヘンリー・S・オルコット
協会会長，組織者
アナガリーカ・ダルマパーラ
大菩提会
最終的にオルコットと対立
アナガリーカ・ダルマパーラ
招聘
対立関係
オリエンタルホール・グループ
平井金三
英語教師
オリエンタルホール館主
野口復堂（善四郎）
英語教師
佐野正道
真宗大谷派僧侶
平井金三
非神智学協会「仏教徒」
フィランジ・ダーサ
アメリカ最初の仏教誌創刊
スウェーデンボルグ主義
チャールズ・フォンデス
ロンドン宣教会支部長
スピリチュアリストと連帯

大正〜昭和初期の海外仏教者たち

——鈴木大拙夫妻と神智学

大正期、欧米の求道者がどう日本仏教に参入するのかが問題となった。そこでは神智学的な仏教理解に代わる新たな仏教理解の枠組みが模索された。誰も知らない東京インターナショナル・ロッジと神智学ロッジが初めて明らかになる！

大乗協会の三人

大正四（一九一五）年、京都の平安中学校を拠点として、大乗協会（Mahayana Association）という団体が組織されている。仏教に関心を持つ外国人と日本仏教者の交流を目指したもので、同中学校教員のカナダ人M・T・カービー（M.T.Kirby）とアメリカ人ウィリアム・マクガヴァン（William M. McGovern, 1897〜1964）が中心であった。同年、前者は臨済宗の円覚寺で出家（釈宗覚）、後者は真宗本願寺派の僧侶となっている（釈至道）。同協会は一年ほどでその活動を終えたが、会員にはポール・ケーラスや東西本願寺系の学者、海外の神智学団体などを擁し、月刊英語仏教雑誌*Mahayanist*を一年ほど発行していた。ウィリアムの母で雑誌編集にも協力していたジャネット・マクガヴァンは神智学徒であったが、雑誌の基本的な論調は、神智学的な仏教理解ではなく、鈴木大拙の大乗仏教論に準拠したものであった。ウィリアムはのちに学者への道を歩み、大乗仏教の概論を執筆し、大拙的な大乗仏教解釈を欧米に広め、最終的にノースウェスタン大学の政治学の教員となる。カービーは生涯求道者生活を送り、本願寺派の北米開教に協力したのち、テーラワーダ仏教徒になり、セイロンで客死している。この大乗協会の運営に協力した日本人の一人が、当時、仏教大学（現・龍谷大学）の学生であった宇津木二秀である。大正六年、大学卒業後、宇津木二秀は渡米、南カリフォルニアで開教活動に従事しながら高校、大学で学ぶが、その間、ハリウッドにあったクロトナ神智学学院で神智学に触れている。宇津木は帰国後、龍谷大学の教員となっているが、宇津木の開教での先輩でやはり龍谷大学の教員となった二十二鉄鎧も、同じく神智学に触れている。

アディヤール派とポイントロマ派

二〇世紀初頭、ブラヴァツキーの死後、神智学協会はいくつかに分裂していた。主要な組織は、オルコットの後継者アニー・ベサント（Annie Wood Besant）を会長としてインド、アディヤールに本拠をおくもの（アディヤール派）と、ウィリアム・ジャッジ（William Judge）の後継者キャサリン・ティングレイ（Katherine Tingley）を会長としてアメリカ、サンディエゴのポイントロマに本拠をおくもの（ポイントロマ派）で、前出のクロトナ神智学学院とは前者のアメリカにおける拠点であった。一九二〇年代、アディヤール派はさらにインドの哲学者ジッドゥ・クリシュナムルティ（Jiddu Krishnamurti）を「世界教師」と仰ぐ一種のメシア運動も展開しており、その運動の盛り上がりもあって、当時は世界的にも神智学が流行していた。日本にはすでにエドワード・スティーブンソン（Edward Stanley Stephenson, 1871～1926）によるポイントロマ派のロッジ（支部）が明治末から活動していたが、大正期になると世界的な流行をうけて、以下のようにアディヤール派のロッジも日本に出現している。

東京インターナショナル・ロッジ

大正九年、東京で慶應義塾大学教員のアイルランド人ジェイムズ・カズンズ（James Cozzens, 1873～1956）が中心となって東京インターナショナル・ロッジという、アディヤール派の神智学団体が結成されている。今武平（東光の父親）、鈴木大拙夫妻とビアトリスの母エマ・ハーンも会員であった。大半の会員が在留外国人で、チェコ人建築家のアントニン・レーモンド（Antonin Raymond, 1885～1976）、夢野久作や谷崎潤一郎と親交のあったインド人革命家K・R・サバルワル（Kesho Ram Sabarwal, 1894～?）、のちに日本仏教の国際交流で活躍するジャック・ブリンクリー（Jack Brinkley, 1887～1964）、インド人陶芸家グルチャラン・シン（Gurcharan Singh）がいた。このロッジは会員の多くが東京を離れたために数年で実質的な活動停止にいたっている。カズンズの日本滞在は一〇カ月で終わる。彼は黒龍会とも人脈があり、英字機関誌 *Asian Review* の編集にも参画しており、カズンズをめぐるアイルランド、インド、日本を結ぶ汎アジア主義とオカルティズムと芸術のネットワークについてはまだ不明の点も多く、今後の検証が待たれる。

大乗ロッジ

大正一三年、大谷大学に招かれて京都へ移った大拙夫妻は、神智学ロッジを再結成している。おそらく神智学の知識を持ち英語に堪能な宇津木二秀と出会ったことが契機であったと思われる。同年五月、ビアトリス鈴木が事務長、宇津木が会計係という体制で、アディヤール派の認可を受けて大乗ロッジが発足している。ほかの会員は、二十二鉄鎧、宇野円空、赤松智城、羽渓了諦、山辺習学などの龍谷大学、大谷大学、京都大学の教員たちで、大乗協会の旧会員が大半であった。大乗ロッジは五年間ほど続いたが、神智学思想の拠点というよりは、学者たちの知的な懇談会という性格が強く、会員数は二〇名以上に拡大することはなかった。真宗系の学者が中心の大乗ロッジが自然消滅するのと入れ替わるように、大拙の周辺には、神智学系の作家アダムズ・ベック（L.Adams Beck, 1862～1931）、『仏教の聖書』を編集したドワイト・ゴダード（Dwight Goddard, 1861～1939）、ルース・エヴァレット（Ruth Everett,1862～1967）（のちのルース佐々木、大徳寺龍泉庵を再興）などの禅者が集まり、神月徹宗や緒方宗博とともに外国人の禅堂開設に動いている。第二次大戦後の禅ブームの素地はこの時点でできつつあった。

（吉永進一）

大乗協会（1915－1916）
ウィリアム・マクガヴァン
　真宗で得度，のちに人類学，政治学者
M・T・カービー
　臨済宗で得度，のちに真宗本願寺派，ハワイ開教に協力
ジャネット・マクガヴァン
　ウィリアムの母，ジャーナリスト，神智学徒，人類学研究者

ウィリアム・マクガヴァン

神智学協会　東京インターナショナル・ロッジ（1920－1923）
ジェイムズ・カズンズ
　アイルランド人詩人，慶應義塾大学教員，大アジア主義者と交流
アントニン・レーモンド夫妻
　建築家
ジャック・ブリンクリー
　海外仏教者との窓口
今　武平
　船長，今　東光，今日出海の父親

指導

会の運営

鈴木大拙

ビアトリス鈴木

人脈を引き継ぐ

会の運営

指導

神智学協会大乗ロッジ（1924－1929）
（真宗本願寺派）宇津木二秀
森川智徳　のちに龍谷大学学長
羽渓了諦　京都帝国大学教授，のちに龍谷大学学長
宇野円空　のちに東京帝大教授
赤松智城　のちに京城大学教授
（真宗大谷派）
山辺習学　のちに大谷大学学長
泉　芳璟　サンスクリット学者

宇津木二秀

来日外国人仏教者
L・アダムズ・ベック
　女流作家
ドワイト・ゴダード
　アメリカでの禅の先駆者
ルース・フラー・エヴァレット
　アメリカでの禅の先駆者，のちに佐々木指月と結婚

哲学館系

——明治の新仏教運動の一大拠点

東洋大学の校歌を作詞した林古渓は、「浜辺の歌」の作詞者として有名だ。彼のもう一つの顔が、新仏教徒同志会の幹部である。井上円了が創立した哲学館（現在の東洋大学）は明治の新仏教運動の一大拠点だった。その歴史をひもといてみよう！

創立者井上円了と新仏教

「哲学館の目的とするところは……就中教育家、宗教家の二者を養成するにありて、其方針とする所は、教育の方は日本主義を取り宗教の方は仏教主義を取ることとなせり」（井上円了『教育宗教関係論』一八九三年）。

哲学館の創立者井上円了はこう述べて、仏教をよりどころとして新時代の日本を導いていく人材を育てようとしていた。仏教清徒同志会（のち新仏教徒同志会）は、そのような理念に呼応した哲学館の卒業生たちのなかから生まれた。円了は同会の機関誌『新仏教』の発刊に際して、「新仏教」ではなく「真仏教」と名乗る勇気はないのかと叱咤激励の言葉を寄せた（「祝『新仏教』発刊」）。また、一、ユニテリアンとの提携からキリスト教化したと誤解を与えないこと、二、旧仏教の理論的攻撃ばかりでなく、宗派に偏しない平易な仏教大意を編集すること、三、宗教に儀式は必須であるのでその改良に努めること、などを要望している（「新仏教に望む」）。

円了の新仏教徒たちに対する批判は、約二十歳年齢の離れた教え子たちを温かく見守る庇護者のそれであり、あくまで自分は老婆心から言っているのだから君たちは自由にやりなさいという姿勢に貫かれている。円了が直接運動に加わることはなかったが、自ら経営していた哲学館や京北中学、日清高等学校など関連学校の教壇を彼らのために用意した。新仏教徒たちも恩師の期待に応えて母校のために尽くした。

円了以降に学長となった前田慧雲（第二代）、大内青巒（第三代）はいずれも『新仏教』に寄稿があり、同志会に同情的な人物であったし、円了没後に学長になった高楠順次郎（第八代）も、同志会の母体となった経緯会の会員であった。同志会のなかからも、結成時の会員である境野黄洋、高嶋米峰が学長となった。新仏教の精神的指導者として位置づけられている村上専精も、哲学館創立以来教壇に立つとともに顧問や商議員となり、東洋大学と縁が深かった。このように、哲学館（東洋大学）の指導者には総じて新仏教運動に友好的な人物が揃っていたと言える。

新仏教徒同志会メンバーと哲学館

「哲学館は哲学館、新仏教は新仏教、この間関係の因縁のといふ程のこと少しもこれなく候。ただ帝国大学、高等学校、各宗の大学林などの出身者や学生の中に新仏教徒のあるが如く、哲学館の出身者や学生の中にもまた新仏教徒があるといふまでに候」（『新仏教』三巻八号）。

このような弁明がことさらに書かれなければならないほど、世間の目には哲学館と新仏教の関係が密接なものと映っていたことがうかがわれる。『東洋大学百年史』も、新仏教運動を東洋大学の同窓生を中心とした運動として記述している。同志会結成時の会員は、田中治六、安藤弘、境野黄洋、高嶋米峰、杉村縦横、渡辺海旭の六人であったが、このうち杉村と渡辺を除く全員が哲学館の卒業生であった。また哲学館（東洋大学）で教授とならなかったのは安藤だけである。安藤も、教壇にこそ立たなかったものの、明治三九（一九〇六）年の財団法人東洋大学発足時の理事となるなど、つねに東洋大学の経営の中心となって活動した。

『新仏教』の誌面と『東洋大学卒業生名簿』を照らし合わせると、『新仏教』の同人たちの多くが哲学館の卒業生であり、関係諸学校の教壇に立っていたことがわかる。卒業生以外でも、小野玄妙、加藤咄堂などの同志会幹部や、大住舜、辰巳小次郎、廣井辰太郎などが、大学の教壇に招かれている。いわば物心両面で井上円了と哲学館に支えられることで新仏教運動は成り立っていたのである。

高嶋米峰が経営していた鶏聲堂書店と『新仏教』の発行所でもある丙午出版社の住所が哲学館に接していたということも重要である。哲学館関係諸学校で使われた教科書の販売で高嶋がなんとか暮らしをつないだこともさることながら、同志会幹部の会合や新仏教談話会は、当初、高嶋の自宅ではじめられた。会場はのちに哲学館大学集会所（同大学および京北中学職員の休憩所）に移ることになったが、これらは格好の哲学館学生勧誘の場となり、これをきっかけに新仏教運動に加わる学生も少なくなかった。

ほかにも、同志会の談話部主任を務めた三輪政一（みわまさいち）は円了の葬儀の際に弔辞を読み、『井上円了先生』（東洋大学校友会、一九一九年）の編者ともなっている。『新仏教』の「編輯部主任」を務めた林古渓は哲学館の卒業生であり、東洋大学の商議員などの役職につき、校歌の作詞を担当したことは冒頭に記したとおりである。アナーキストとなった石川三四郎、根岸派の歌人でもあり高野山大学学長となった和田性海（わだしょうかい）（不可得（ふかとく））、真言宗豊山（ぶざん）派管長となった富田（とみた）斅純（こうじゅん）も、哲学館を卒業した『新仏教』の同人であった。

哲学館には、井上円了の理念に共鳴し、教育や仏教を通じて社会を改良していくという志を持った青年たち、とりわけ地方の僧侶たちが集まった。彼らが生み出した新仏教運動は、東京帝国大学を拠点とするエリートたちによる官製のアカデミズムや国家権力からは距離をとり、それに対抗する気風とともに、名もなき仏教徒たちの声を日本社会に運んだのである。

（高橋原）

哲学館歴代学長（1904-）

初代　井上円了
（1858-1919）
仏教哲学者，教育家

二代　前田慧雲
（1855-1930）
真宗本願寺派僧侶，仏教学者

《1907年から東洋大学に改称》

三代　大内青巒
（1845-1918）
仏教思想家，還俗居士

四代　境野哲（黄洋）
（1871-1933）
仏教史学者，仏教思想家

六代，七代　中島徳蔵
（1864-1940）

《1902 哲学館事件》

八代　高楠順次郎
（1866-1945）
仏教学者

十二代　高嶋米峰
（1875-1949）
評論家，教育家

新仏教徒同志会と哲学館（東洋大学）の関係

	卒業年	教授	役職等
田中治六	明治24	○	商議員，維持員，校友会評議員
安藤　弘	明治26		幹事，理事(主事)，商議員，維持員，校友会評議員，京北実業校長
境野黄洋	明治27	○	学長，理事，維持員，校友会評議員
高嶋米峰	明治29	○	学長，顧問，校友会評議員
渡辺海旭		○	浄土宗僧侶，社会事業家，芝中学校長
杉村縦横		○	東京朝日新聞記者
加藤玄智		○	宗教学者，東京帝国大学助教授
新免一五坊	明治30		正岡子規門下の歌人
林　古渓	明治32	○	商議員，校友会評議員，維持員，東洋大学校歌作詞
和田不可得	明治35		高野山真言宗管長，高野山大学学長
石川三四郎	明治36		社会運動家
三輪政一	大正９		幹事，校友会評議員
大住　舜		○	哲学者，万朝報記者，大谷大学教授
小野玄妙		○	仏教学者，高野山大学教授
加藤咄堂			講師，仏教思想家
広井辰太郎		○	理事，牧師，動物愛護運動家
村上専精			校友会評議員，商議員，仏教史学者
山脇貞夫			講師，商議員，東京地裁判事

林　古渓

村上専精

東京帝国大学系

――仏教学の誕生

東京（帝国）大学は、最初のUniversityとして明治一〇（一八七七）年に設立された。知識人の養成機関として、さまざまな仏教研究が生まれた。また、仏教研究の国際ネットワークの一拠点にもなり、日本の仏教研究は大きく進展していく！

近代的な大学知識としての仏教

江戸時代の枠組みで機能した多くの教育機関は、明治期においてさまざまなかたちで再構築されていく。明治一〇（一八七七）年四月に、加藤弘之（一八三六～一九一六）を「綜理」として、それまでのさまざまな機関を総合する「東京大学」が設置された。大学は、西洋のそれをモデルにして成立したが、加藤は欧米から導入されつつあった新たな知識をめぐる科目のみならず、東洋の伝統に関する講義を想定し、「和漢文学科」も設けた。

その枠組みで、仏教を講じるべく曹洞宗出身の原坦山（一八一九～一八九二）を招聘した。坦山は当時、真宗本願寺派の島地黙雷（一八三八～一九一一）とも交流があり、そのコネクションによって東京大学に呼ばれたとも言われている。西洋医学をも踏まえた独特な仏教観を有した坦山のもとで、井上円了（一八五八～一九一九）や清沢満之（一八六三～一九〇三）など、東京大学哲学科の第一世代が学び、『大乗起信論』などの仏典を修めた。また、『明教新誌』を発刊し、曹洞宗の『修証義』も起草した大内青巒（一八四五～一九一八）も坦山に大きな影響を受けた。

東京（帝国）大学と日本仏教史研究

井上円了は、卒業後の明治二〇年に、哲学の専修学校である「哲学館」を開き、それはのちに現在の東洋大学へと展開する。そこには地方からの多くの青年仏教徒が入学し、西洋哲学を修めた。その一人であった真宗大谷派出身の僧侶・村上専精（一八五一～一九二九）は原坦山の後継者となり、明治二三年から東京大学における仏教の講義を行うようになった。

専精は、西洋から導入されつつあった比較宗教学の方法に影響され、日本仏教の歴史的研究に取り組んだ。彼は、同じく哲学館系の研究者である鷲尾順敬（一八六八～一九四一）および境野黄洋（一八七一～一九三三）との共同研究を進め、その結果として明治二七年に、日本初の仏教史学をめぐる学術雑誌『仏教史林』を発刊し、明治三〇年には『大日本仏教史』も溯源窟から刊行した。

大学における村上専精の講義には、国史学科の辻善之助（一八七七～一九五五）も院生時代まで継続して出席し、のちに、専精との共同作業を行うこととなった。当時、大学の史料編纂掛に勤務していた鷲尾も加わり、大正一五（一九二六）年より三年かけて『明治維新神仏分離史料』の五冊を東方書院から刊行した。ちなみに、史料編纂掛には辻も勤務しており、昭和四年に「史料編纂所」と改称したこの機関を中心に圭室諦成（一九〇二～一九六六）など、社会経済史の視点から日本仏教の研究に取り組もうとした多くの若手研究者が集まった。

仏教研究の国際ネットワーク

開設された当時の東京大学には、多くの外国人講師が招聘された。文系では、たとえばアーネスト・フェノロサ（Ernest Francisco Fenollosa, 1853～1908）が有名で、先述の井上円了や清沢満之などの第一世代の卒業生はそのもとで西洋哲学の知識を身につけている。

ある時期からは、日本の学生も海外に赴くようになり、自らのネットワークを構築した。仏教研究面では、オックスフォード大学教授のマックス・ミュラー（Friedrich Max Müller, 1823～1900）に師事した真宗大谷派の南条文雄（一八四九～一九二七）が一八八〇年代中葉に帰国し、嘱託講師として「梵語学」（サンスクリット語）を教えている。南条はおよそ二年でこのポストを離れるが、彼の推薦により高楠順次郎（一八六六～一九四五）も同じオックスフォード大学で研究することになる。高楠の場合はフランスやドイツでも遊学し、そこではシルヴァン・レヴィ（Sylvain Lévi, 1863～1935）や、ヘルマン・オルデンベルク（Hermann Oldenberg, 1854～1920）などの研究者に教わっている。明治三〇年の帰国後、「梵語学」講座の創設に尽力しつつ、インド宗教に関して多くの講義を担当した。そして欧州における仏教研究の学風は、のちの「宗教学」という分野にもみられる。二〇世紀初頭に、『仏教聖典史論』（一八九九年）などをすでに発表していた姉崎正治（一八七三～一九四九）がドイツへ留学し、ニーチェやヴ

東京帝国大学系

原坦山（1819-1892）
「印度哲学」初代講師

影響・交流

原坦山

村上専精（1851-1929）
「印度哲学」講座・初代教授

村上専精

影響・交流

辻善之助（1877-1955）
「国史学」講座教授
（日本仏教史専攻）

辻善之助

姉崎正治（1873-1949）
「宗教学」講座・初代教授

姉崎正治

国際交流

高楠順次郎（1866-1945）
「梵語学」講座・創設者

高楠順次郎

仏教活動家

島地黙雷

島地黙雷（1838-1911）
真宗本願寺派僧，大教院から真宗諸派の分離を図った。

大内青巒（1845-1918）
『明教新誌』を発刊し，曹洞宗の『修証義』を起草。

井上円了（1858-1919）
哲学・教育思想家，哲学館（東洋大学の前身）創立者。

仏教研究者

鷲尾順敬

鷲尾順敬（1868-1941）
哲学館出身,『明治維新神仏分離史料』などを編集。

境野黄洋（1871-1933）
新仏教徒同志会メンバー，中国仏教の研究に尽力。

圭室諦成（1902-1966）
社会経済史の視点から日本仏教を研究。主著『葬式仏教』。

欧州の研究者

マックス・ミュラー

マックス・ミュラー（1823-1900）
オックスフォード大学教授。東洋学者，言語学者。

シルヴァン・レヴィ（1863-1935）
コレージュ・ド・フランス教授。洋学者，インド学者。

パウル・ドイセン（1845-1919）
キール大学教授。東洋学者，仏教学者。

ヘルマン・オルデンベルク（1854-1920）
キール大学，のちにゲッティンゲン大学教授。主著『仏陀』。

イヴェーカーナンダと親交のあったパウル・ドイセン（Paul Jakob Deussen, 1845～1919）に師事している。

こうした人々の影響下で、この列島におけるそれまでの研究方法が変化し、欧米人の学者との共通問題が次々と見い出されるようになり、日本が「仏教学」の中心国のひとつとなるうえで極めて重要な段階であった。

（オリオン・クラウタウ）

京都帝国大学系
——歴史学・民俗学での展開

京都大学は、東京大学とは異なる独立した「学問の府」を目指した。京都大学での仏教研究は宗教学や京都学派の専売特許ではない。国史学をはじめとする多分野で仏教や寺院の研究が進められたのである！

国史学、やがて「文化史学」

京都帝国大学と仏教と言えば、西田幾多郎（一八七〇～一九四五）らの「京都学派」がまずイメージされよう。だが京都大学の仏教研究は、歴史学や民俗学、中国雲崗石窟寺院の考古学調査など、さらなる広がりをもつ。ここではとくに寺院・仏教史研究に多大な影響を遺した国史学（日本史学）の系譜を紹介する。

明治四〇（一九〇七）年、文科大学（現文学部）史学科開設の際置かれた国史学（第一）講座に内田銀蔵（一八七二～一九一九）が、明治四二年にできた同第二講座には三浦周行（一八七一～一九三一）が、それぞれ教授として着任した。内田は近世史・経済史、三浦は中世史・法制史を主に講じたが、古代から近代まで広く研究を進めた。とくに三浦は、東京帝国大学史料編纂官時代より寺社史料調査を行い、畿内を中心に古文書・古記録の集積・整理に注力した。史料実証を軸とする堅実な学風、そして寺院史料の継続的調査と広い意味での仏教への関心という基礎が形成されたのである。その史料集積の努力は、中世仏教中心史観と相関するようにも思われ、学界の潮流形成という観点からも興味深い。

そのなかから、寺院や僧侶を主題に据えながら、教義や教団の問題よりも、荘園領主としての寺院権力や、仏教の土着と民俗に注目する研究者を多く輩出していく。前者の代表格である中村直勝（一八九〇～一九七六）は、『荘園の研究』（星野書店、一九三九年）において、中世東大寺の政治・経済的権力者としての姿を追究した。膨大な原本・影写本を駆使する彼の研究には、三浦の継承者との自負もうかがえる。そして後者は、喜田貞吉（一八七一～一九三九）・西田直二郎（一八八六～一九六四）と、その後続への流れになる。喜田は文献とフィールド調査をあわせた社会史・歴史地理研究で知られ、奈良時代の寺院研究でもその本領を発揮した。とくに法隆寺再建論争において、建築様式論から唱えられた非再建論に対し、文献をベースに、古瓦などの出土資料にも着目し再建論を強く主張した（後年、再建論で決着）。他方、西田は京大国史学の一期生。ドイツの文化史研究に影響を受けた、新たな歴史主体とその精神の形成を主軸に据える方法・史観は「文化史学」と呼ばれ、主著『日本文化史序説』（改造社、一九三二年）に結実する。同書では古代から近代にいたる文化の発達史を論じ、仏教についてはとくに古代のそれに紙幅を割いた。学問発展に果たした僧侶の重要性を強調したり、平安期の仏教に現れた社会的共同意識に、日本古来のあるべき精神的態度を看取したりもしたのである。もっともこうした精神史的叙述が、文部省直轄の国民精神文化研究所（一九三二年開設）で活動したこととあいまって、戦後歴史学における西田への低評価につながる面があったことも否定できない。

西田直二郎の蒔いた種？——民俗学者と赤松俊秀

主任教授たる西田の影響のもと、民俗学に意を注ぐ研究者も育った。なかでも仏教を主対象に据えたのが、「仏教民俗学」を提唱した五来重（一九〇八～一九九三）、大著『民俗仏教と祖先信仰』（東京大学出版会、一九七一年）を上梓した竹田聴洲（一九一六～一九八〇）らである。ともに、仏教史を思想・教学でなく地域の庶民信仰・民俗から再構築することを志した。彼らは主観的にはともかく、西田が後年京大民俗学会へ発展する会合を発足させ、集中講義に柳田国男（一八七五～一九六二）や折口信夫（一八八七～一九五三）を招聘するといった、一九三〇年代の京大国史の学問環境下で育った。ただし戦後には五来は大谷大学、竹田は同志社大学・佛教大学で教鞭をとり、京大の外で活躍した。昭和二一（一九四六）年に公職追放によって京大を去る西田とその影響は、表立っては鳴りを潜めたとも言える。

一方で、学生には寺院出身者も多かった。竹田や『平安仏教の研究』（法藏館、一九八一年）を著す古代史の薗田香融（一九二九～二〇一六）もそうである。そして北海道の真宗大谷派寺院出身の中世史家・赤松俊秀（一九〇七～一九七九）も、実証的学風と仏教への慣れ親しみとの間にあって研究を深めていった一人である。戦後、第二講座の助教授・教授となる赤松は、中世京都を中心とする社会経済史研究を本領とした。それを支えたのが、寺院所蔵古文書の発見・保存である。京大卒業後の昭和六年より、京都府史蹟勝地調査を統括した西田のもと、府の嘱託・主事として文化財調査を担当、とくに「教王護国寺文書」を再発見・整理し、京大着任後に公刊した（平楽寺書店、一九六〇～一九七一年）。同時に『鎌倉仏教の研究』（平楽寺書店、一九五七年）などで、親鸞や一遍を中心とする鎌倉仏教史にも深く取り組んだ。実証史家たる赤松が真宗出身者として、そのバランスにいかに腐心したのか、「寺院出身者と歴史学」という視点からも一考に値する。

戦後歴史学において重要な位置を占める「権門体制論」「顕密体制論」を提唱した中世史家・黒田俊雄（一九二六～一九九三）や、「通俗道徳」への着目によって近代思想史像を一新した安丸良夫（一九三四～二〇一六）は、真宗篤信地帯・富山の出身であることと、自らの学問体系との関係浅からぬ者たちであると言える。黒田は、公家や寺家も武家と並立する支配階級とみる構造把握、鎌倉新仏教でなく南都寺院や天台・真言を中心に正統・異端を捉える中世思想・宗教史理解によって、研究史を大きく書きかえた。その研究の基礎には、三浦から赤松へいたる寺院史料集積の伝統も疑いなく存在していよう。

ただし、赤松在任中の学生であった安丸もそうであるように、戦後の京大国史出身者の多数は「公的な学統」なるものの下には収まらなかった。蒔かれた種の先の先は、今後の探究から思わぬ形で明らかになるのかもしれない。

（谷川穣）

《文科大学草創期》

松本文三郎（1869-1944）
哲学・哲学史（印哲史）教授。
『日本大蔵経』編纂

内藤湖南（1866-1934）
東洋史学教授。元『明教新誌』
記者，「支那学」の泰斗

榊亮三郎（1872-1946）
梵語学梵文学教授。
インド・ネパール仏典研究

国史学

内田銀蔵（1872-1919）
第一講座教授〈1907-19〉。
日本経済史

三浦周行（1871-1931）
第二講座教授〈1909-31〉。
法制史，古文書学
寺社史料集積に尽力

《中国仏教研究》
羽渓了諦（1883-1974）
仏教学教授。
西域仏教・中国仏教遺跡調査

塚本善隆（1898-1980）
人文科学研究所教授。
『支那仏教史研究北魏篇』

《中国仏教考古学》
梅原末治（1893-1983）
考古学教授。
中国考古学研究

水野清一（1905-1971）
東方文化研究所・人文科学研
究所教授。『雲崗石窟』

喜田貞吉（1871-1939）
第一講座講師～教授〈1913-24〉。
歴史地理研究，「法隆寺再建論」

西田直二郎（1886-1964）
第一講座教授〈1924-46〉。
「文化史学」，国民精神文
化研究所所員

中村直勝（1890-1976）
第二講座助教授〈1927-48〉。
古文書学，東大寺領荘園
等の研究

影響・門下

《寺院古文書・文化財》

赤松俊秀（1907-1979）
第二講座教授〈1953-71〉。
中世社会経済史，
中世仏教史

《文化史・民俗学》
柴田　實（1906-1997）
副手～助教授。文化史

五来　重（1908-1993）
仏教民俗学，庶民信仰

竹田聴洲（1916-1980）
『民俗仏教と祖先信仰』

女性仏教者
――信仰に生きた姿

社会事業、女子教育、芸術活動、社会運動ｅｔｃ。近代の女性仏教者たちの活動は多方面に及ぶ。人生の懊悩から仏教に救いを求めた女性たち、仏教をよりどころとして才能を開花させ、活躍した女性たちの活動をたどってみよう！

信仰に生きた女性仏教者

近代以前の女性仏教者には、幼時に養女として尼寺へ入り一生を尼僧として生きた女性や、先立った家族の菩提を弔うために出家した女性、また病や老いのために出家する女性などが多かった。近代の尼僧に必ずしもこのような事情があったとは限らないが、近代の男性僧侶に在家・妻帯者が多いこととは対照的に、近代でも尼僧には出家・独身者が多い。

廃仏毀釈は多くの尼寺をも破壊した。仏門にあった皇族への還俗の強制も激しかったが、日蓮宗村雲瑞龍寺門跡・村雲日栄尼（一八五五～一九二〇）ら伏見宮邦家親王の娘である三人の尼僧は還俗を拒否した。このような尼僧らの強い信仰心は尊敬された。日栄尼は村雲婦人会を創設し社会事業に尽くした。このように社会事業に尽力した尼僧は多い。浄土宗の輪島聞声尼（一八五二～一九二〇）は東京の淑徳女学校を創設した。

真宗本願寺派第二一代法主大谷光尊の次女である歌人・九条武子（一八八七～一九二八）も社会事業に心血を注いだ。武子は兄光瑞の妻籌子とともに女子大学設立運動に奔走し、関東大震災被災者への救援活動も行った。また昭和二（一九二七）年に出版されベストセラーとなった詩文集『無憂華』の印税は、すべて慈善病院設立費用に回した。真言宗の大石順教尼（一八八八～一九六八）は若き日の不幸な事件で両手を失い、浄土真宗の中村久子（一八九七～一九六八）は幼い日に突発性脱疽がもとで両手両足を失った。二人とも若き日に見世物小屋へ売られ、苦難の日々が続いたが、信仰心あつく、後年は講演や障害者福祉に尽くした。

日蓮宗系の新宗教を開いた女性たちとして、災害救援・児童養護・ハンセン病患者の救援など社会事業に尽力した仏教感化救済会、のちの日蓮宗法音寺を創始した杉山辰子（一八六八～一九三二）、また霊友会開祖の一人である小谷喜美（一九〇一～一九七一）、霊友会からわかれて設立された立正佼成会脇祖・長沼妙佼（一八八九～一九五七）が知られる。ほかに国柱会会員であった土光登美（一八七一～一九四五）は七〇歳を超えてから女子教育を志し、昭和一七年、横浜に橘女学校を創設した。息子は実業家の土光敏夫。

個性豊かに生きる女性仏教者

　仏教を心のよりどころとして個性豊かに生きた女性たちが近代には多く現れた。大田垣蓮月尼（一七九一～一八七五）は清廉な人柄の歌人・陶芸家。夫と子どもを亡くし、京都・知恩院で出家。自詠の和歌を彫りつけた陶芸品は「蓮月焼」として人気を博した。しかし陶芸で得た収入は惜しみなく布施して、質素に暮らした。文人画家・儒者の富岡鉄斎は少年のころ蓮月尼に預けられ薫陶を受けた。岡本かの子（一八八九～一九三九）は歌人・小説家・仏教研究者。家庭の不幸や異性関係での懊悩から精神的危機に陥ったが、大正九（一九二〇）年頃から仏教に救いを求めて『歎異抄』を読み、禅宗の高僧や高楠順次郎から教えを受けた。蓮月尼や九条武子を慕った。仏教論集『散華抄』『仏教読本』などを著し、『生々流転』など小説にも仏教思想が影響している。夫は人気漫画家であった岡本一平、息子は芸術家の岡本太郎。

　女性文芸雑誌『青鞜』創刊者であり社会運動家の平塚らいてう（一八八六～一九七一）は、若き日に人生への懊悩から神秘思想を渉猟、『青鞜』創刊前の日本女子大学校（現・日本女子大学）在学中から坐禅に熱中し、明治三九（一九〇六）年夏には見性にいたった。当時は坐禅に熱中する女子大生らが存在し、らいてうもその一人であった。詩人・評論家であり、らいてうと女性運動で共闘、女性史研究の基礎を築いた高群逸枝（一八九四～一九六四）は、観音の申し子であるという自覚を持っていた。二四歳の時、恋愛の悩みを契機に四国巡礼へ旅立ち『娘巡礼記』を発表した。

　戦後日本画を代表する画家の一人である小倉遊亀（一八九五～二〇〇〇）は仏教徒であったが、友人の紹介でミッションスクールの捜真女学校で教え、その校長ミス・カンバルスを尊敬した。その後、母親の病をきっかけに法華経行者で修養道場報恩会を主宰した小林法運のもとへ通う。小林との出会いののち、昭和一三年に小倉鉄樹（一八六五～一九四四）と結婚した。鉄樹は剣・禅・書の達人として知られる山岡鉄舟（一八三六～一八八八）最後の弟子であり、遊亀も熱心に参禅した。山岡が創設者の一人であった、僧籍を持たない一般の人々のための禅会「両忘会」は、臨済宗の僧侶釈宗活が再興し、そこへ通った一人が平塚らいてうであった。瀬戸内寂聴（一九二二～二〇二一）は小説家・天台宗の尼僧。岡本かの子や『青鞜』に関わった女性たちをはじめ、戦前の女性作家や女性運動家の伝記小説が人気を博し、彼女らの再評価に貢献した。自伝小説『いずこより』には出家にいたる精神遍歴が語られている。昭和四八（一九七三）年、尼僧となり京都奥嵯峨「寂庵」に居す。以後、宗教活動とともに旺盛な執筆活動を展開した。

（石原深予）

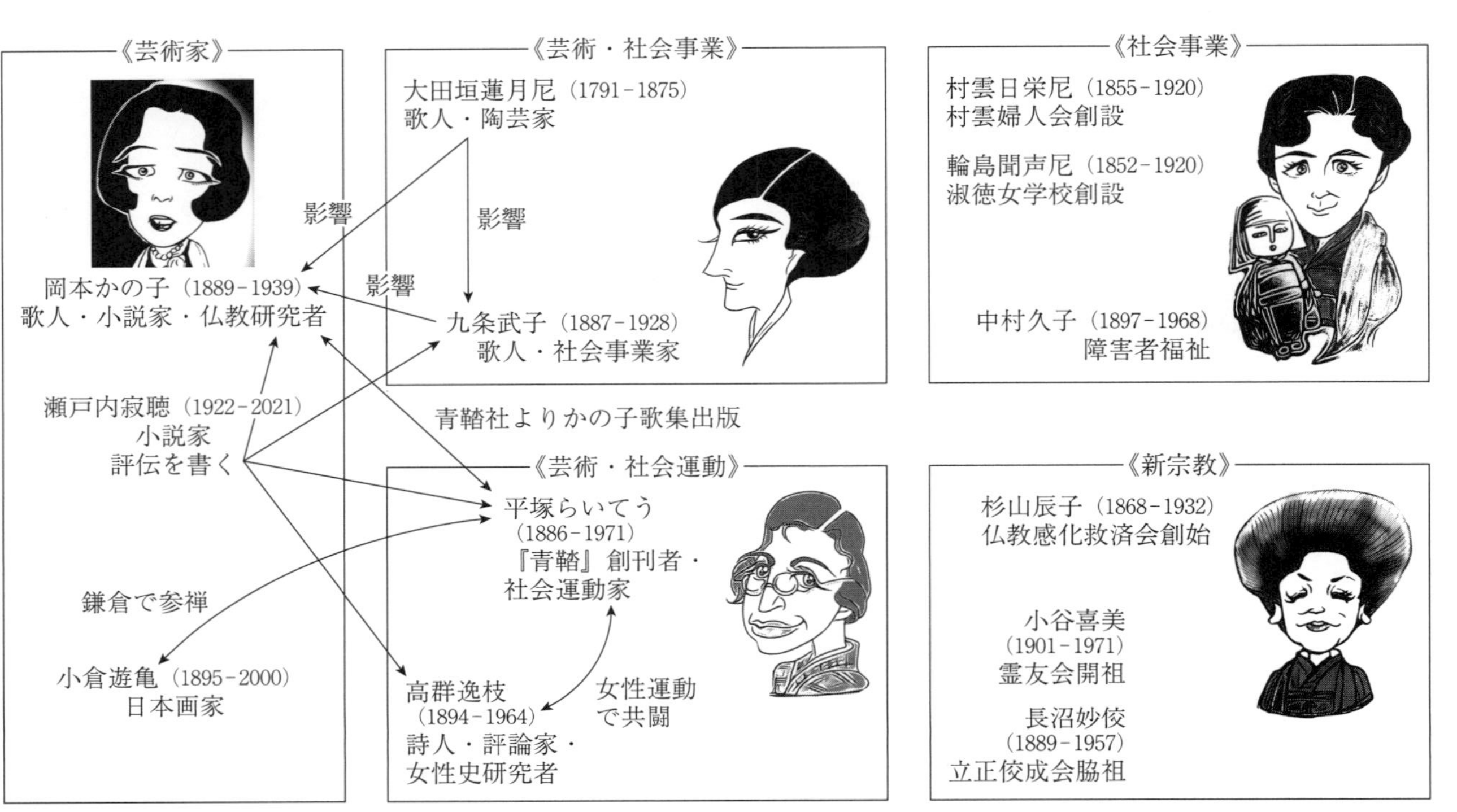
《芸術家》
岡本かの子（1889-1939）
歌人・小説家・仏教研究者
影響
瀬戸内寂聴（1922-2021）
小説家
評伝を書く
鎌倉で参禅
小倉遊亀（1895-2000）
日本画家
《芸術・社会事業》
大田垣蓮月尼（1791-1875）
歌人・陶芸家
影響
影響
九条武子（1887-1928）
歌人・社会事業家
青鞜社よりかの子歌集出版
《芸術・社会運動》
平塚らいてう
（1886-1971）
『青鞜』創刊者・
社会運動家
高群逸枝
（1894-1964）
詩人・評論家・
女性史研究者
女性運動
で共闘
《社会事業》
村雲日栄尼（1855-1920）
村雲婦人会創設
輪島聞声尼（1852-1920）
淑徳女学校創設
中村久子（1897-1968）
障害者福祉
《新宗教》
杉山辰子（1868-1932）
仏教感化救済会創始
小谷喜美
（1901-1971）
霊友会開祖
長沼妙佼
（1889-1957）
立正佼成会脇祖

大正大学系

――戦間期に生まれた仏教連合のシンボル

その名の通り、大正時代に設立された仏教宗派の連合大学。東京にある私立大学だが、その起源をたどると、各々の僧侶養成の道場から始まった。今なお、仏教界を中心に人材を送り続け、吉田久一のように在家出身者もいた！

設立の経緯と組織

大正大学は、天台宗・真言宗豊山派・真言宗智山派・浄土宗を設立宗派とする大学である。その始まりは、財団法人仏教教育財団（現・学校法人大正大学）が設置する大学として、大正一五（一九二六）年四月五日に文部省から大学令にもとづき認可を受けた。いわゆる旧制大学の一つで、同年一一月六日に創立記念式典が行われた。

大学の名称は、元号に由来する。式典後の一二月に大正天皇が崩御して、昭和元年はわずか一週間で終わり、慌ただしく昭和二（一九二七）年を迎えた時期に、大学が誕生した。

そもそもは、大正八（一九一九）年、高楠順次郎・姉崎正治・前田慧雲・村上専精・沢柳政太郎が、各宗派の管長に仏教連合大学の創設を提唱したが、機が熟さなかった。改めて、大正一一年に宗派幹部の有志が、その設立を提唱して、最終的に天台宗・真言宗豊山派・浄土宗が参加することになった。近世以前の僧侶養成道場を近代に専門学校へ改組した天台宗大学・豊山大学・宗教大学の学生を編入して開校に至った。その際、東京西巣鴨の宗教大学の学舎が、大正大学となった。のちに、戦争の影響から、昭和一八（一九四三）年に真言宗智山派の智山専門学校が合併となる。昭和二四年に学校教育法にもとづく新制大学となり、平成三〇（二〇一八）年から時宗が運営に参画して、今日に至る。

大学令にもとづく大正大学は、予科と学部、研究科が置かれ、学問と研究を重視した。専門学校令にもとづいた大正大学専門部は、高等師範科と仏教科が置かれ、中等学校の教員、布教伝道や社会事業の人材養成など、実践を重視した。

学部は文学部のみの五学科で、その中に研究室が開設された。詳しくみると、仏教学科（仏教学・梵文学・天台学・真言学・浄土学の各研究室）、哲学科（哲学研究室）、宗教学科（宗教学研究室）、史学科（史学研究室）、文学科（国文学・漢文学・英文学の各研究室）の体制であった。その後、研究室に若干の再編があった。

学長と教員の群像

旧制大学期の学長をみてみよう。初代の沢柳政太郎（大正一五年〜昭和三年）は、仏教連合ゆえ各宗派の要望を調整するに適任といえた元文部官僚であった。その後、第二代の権田雷斧（同三〜五年・豊山）は、中国で真言密教の再興を図った人物で知られる。第三代の望月信亨（同五〜七年・浄土）は、『望月仏教大辞典』の功績がある。第四代の福田尭頴（同七〜九年・天台）は、天台密教と円頓戒の権威であった。第五代の加藤精神（同九〜一一年・豊山）は、元豊山大学学長で、第八代（同一五〜一七年）の学長にも再任された。第六代の椎尾弁匡（同一一〜一三年・浄土）は、共生運動を提唱し、衆議院議員を三期務めた学僧で、第九代（同一七〜一九年）と第一四代（同二七〜三二年）の学長も務めた。第七代の大森亮順（同一三〜一五年・天台）は、天台宗宗務総長や浅草寺住職を歴任した。第一〇代の石原恵忍（同一九〜二二年・豊山）は敗戦後の混乱を乗り越え、第一一代の大村桂巌（浄土）は学校教育法にもとづく新制大学の移行に尽力した。

近代仏教の初学者は知っておきたい、主な教授の名前を挙げておく。サンスクリット語担当の荻原雲来（浄土）は、『漢訳対照梵和大辞典』の編纂で知られる。チベット語の河口慧海（黄檗宗から還俗）は、仏典を求めて旅をした日本初のチベット入国者であった。インド哲学の渡辺海旭（浄土）は、高楠順次郎とともに『大正新脩大蔵経』を監修した。宗教学の矢吹慶輝（浄土）は、東京市社会局長の経歴があり、宗教学や社会事業の実践的な研究に取り組んだ。真言学の田嶋隆純（豊山）は、敗戦後にB・C級戦犯とされた死刑囚の教誨師を務めた。

関係者が関わった実践と運動

前身の宗教大学に開設された社会事業研究室は、大正大学になってからさらに盛んとなった。長谷川良信（浄土）は、大学近くのスラム街でセツルメント活動を行った。史学科に学んだ吉田久一は寺院生まれではないが、その影響を受けて、のちに社会事業史、さらに近代仏教史を研究する。

教員の中には、学問という閉じた空間から広く社会へ跳び出した人物が少なくない。仏教経済を講じた友松円諦（浄土）は、ラジオ放送『法句経講義』が人気を集め、在家仏教の真理運動を展開した。運動の同志である仏教学の高神覚昇（智山）は、智山専門学校教授であったが合併で大正大学へ移った。哲学の真野正順（浄土）は僧侶有志と浄土宗の行く末を考え、宗門から独立した法然上人鑽仰会を組織して、法然の教えを社会に伝える活動を進め、その活動は今も継続する。

学生は、帝都東京にある大学として、政治や世相に敏感であった。日蓮主義者の妹尾義郎が主宰した新興仏教青年同盟には、研究生の林霊法（浄土）や学生の壬生照順（天台）が参加して、権威化した仏教界と資本主義社会の変革を訴えた。

このように大正大学は、設立宗派の人脈、それに学科・研究室のディシプリンが交差した、仏教の知と実践の連合体であった。

（大澤広嗣）

大正大学(旧制)歴代学長

初代　沢柳政太郎
(1865-1927)

第2代　権田雷斧
(1846-1934)

第3代　望月信亨
(1869-1948)

第7代　大森亮順
(1878-1950)

第6・9・14代
椎尾弁匡
(1876-1971)

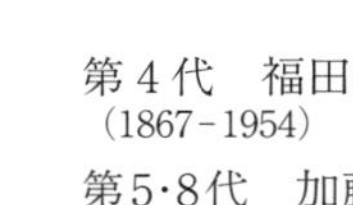

第4代　福田堯頴
(1867-1954)

第5・8代　加藤精神
(1872-1956)

第10代　石原恵忍
(1882-1949)

第11代　大村桂巌
(1880-1954)

大学令(1918年)による設置

研究科

文学部

仏教学科
哲学科
宗教学科
史学科
文学科

大学予科

専門学校令(1903年)による設置

専門部

高等師範科
仏教科
第一部(仏教専攻)
第二部(倫理専攻)
第三部(社会事業専攻)

在職した主な教授

荻原雲来
(1869-1937)

河口慧海
(1866-1945)

田嶋隆純
(1892-1957)

友松円諦
(1895-1973)

長谷川良信
(1890-1966)

真野正順
(1892-1962)

矢吹慶輝
(1879-1939)

渡辺海旭
(1872-1933)

初心者のためのブックガイド

近代宗教史研究の必読文献
——入り口はどこにある？

近代宗教史、とくに日本のそれを考える際、何が中心になるのだろうか？　ほかならぬ「近代日本」を意識すれば、天皇主権の立憲国家体制、工業化と世界市場への参入、対外戦争と大量死、植民地帝国、西洋科学の多面的受容……。誤解をおそれず言えば、そうした側面はいつも意識されつつ、どこかしら宗教の「背景」にとどまり、密接不可分なものとして主題化されることは必ずしも多くなかったようにも思われる。それだけ、「宗教史」が安定した学問ジャンルとしてあるということかもしれない。

だから、本来「必読文献」として期待されるのは宗教学者による名著、**村上重良『国家神道』（岩波新書、一九七〇年）**や**島薗進『現代救済宗教論』（青弓社、一九九二年）**、**磯前順一『近代日本の宗教言説とその系譜——宗教・国家・神道』（岩波書店、二〇〇三年）**などの紹介だろうが（もちろん重要性は認める）、ここではあえて、明治日本に関する歴史書三冊を挙げてみたい。**安丸良夫『出口なお』（朝日新聞社、一九七七年。二〇一三年に岩波現代文庫として岩波書店より再刊）**は、信者数などの面で戦前期最大級の新宗教とも言うべき大本教の教祖・出口なおの評伝。なおは、明治前半期までの貧窮と苦難の半生から「神がかり」にいたり、「艮の金神」の言葉を膨大に書き綴ることで、資本主義社会の浸潤、天皇中心の国家体制への根源的な批判を展開した。単なる伝記でない、なおの人生に強く絡みつく近代日本の様相が浮かび上がる。つぎに**羽賀祥二『明治維新と宗教』（筑摩書房、一九九四年。二〇二二年に法蔵館文庫として法藏館より再刊）**。維新期の宮中祭

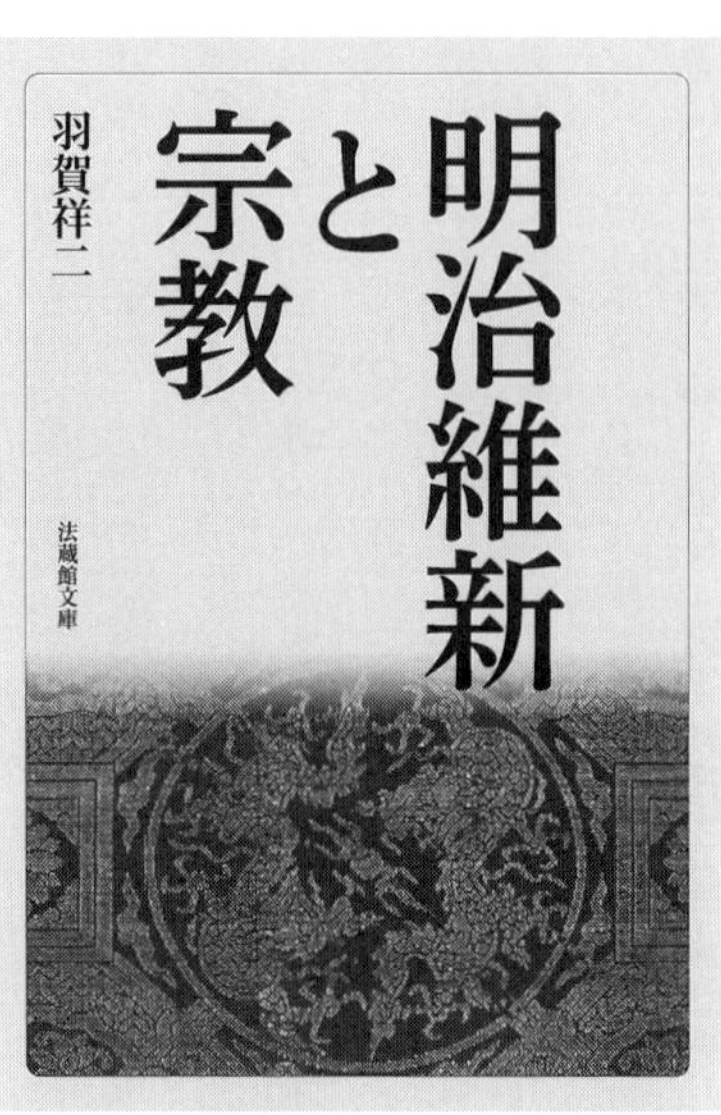

羽賀祥二『明治維新と宗教』（法蔵館文庫）

祀や神道国教化政策、明治一〇年代までの教導職制度による宗教者への監督と民衆教化政策の様相、そして古物崇敬・「以心伝心」システムとしての神道の社会的定着、仏教各宗派の「自治」と内紛・政府介入の過程も史料の博捜により描き、明治維新という大変動のなかに神道・仏教を包括的に位置づける。そして**山口輝臣**（やまぐちてるおみ）**『明治国家と宗教』（東京大学出版会、一九九九年）**は、神道・仏教がいかに認識し自らを「宗教」として語ろうとしたか（しなかったか）という縦糸と、明治政府は「宗教」をどう扱おうとしたかという横糸とで織りなす、神道を中心に仏教・キリスト教も視野におさめた綿密な政治史的研究。「神社＝非宗教」論が政策的な支えを失うこと、宗教法が策定できず保護政策にとどまったことなど、一九世紀終盤から二〇世紀初頭にかけての政府の苦心を論じ、「国家神道」の語によりかかった研究の有効性にも強い疑問を呈する。

むろん、これらを読まなければ正しい理解ができないとか、関心の方向はこうあるべきとか言うつもりはない。「近代仏教」の「入門」に際しては、皆さんが個々の関心に即して、次項以降で紹介される文献に踏み出されることをおすすめしたい。ただし個人的に重要だと思うのは、いつも「〇〇と宗教の関係は」「××のなかの宗教の位置づけは」という、いささか「居心地の悪い」外野の視点をもつこと。宗教・仏教を無前提に主役としてとらえず、これら三冊のように近代史全体からとらえ返しつつ読んでいくことが有用だろう。

（谷川穣）

近代仏教研究の必読文献1

——定番といえばまずこれだ！

「近代仏教研究の必読文献」として、取り上げるべき文献は膨大であり、限られた紙幅で網羅するのは難しい。私の読書遍歴に近い、かなり偏った文献紹介になるのは覚悟のうえで、必ず目を通すべきスタンダードな単著だけを紹介しよう。貴重な史料集や全集、論文集や講座、事典類などもたくさん刊行されているが、ここでは割愛する。

まず、はじめて近代仏教研究に取り組む人は、**池田英俊**（いけだえいしゅん）**『明治の新仏教運動』（吉川弘文館、一九七六年）**を手に取ってもらいたい。明治期の仏教思想の展開を近世仏教の課題を継承した宗教運動として総括し、教派神道や法華系の新宗教運動のほかにも、仏教系の新しい宗教運動や豊かな宗教思想の展開が存在したことを筆致豊かに伝えている。本書を通して、近代仏教に関心を持ちはじめた研究者は少なくないはずだ。

また、**吉田久一**（よしだきゅういち）**『日本近代仏教史研究』（吉川弘文館、一九五九年）**も必読の研究書である。本書は日本近代仏教史研究が、近代日本の文化史・社会史研究と直接にリンクする研究課題であることを教えてくれる。三河菊間藩の護法一揆や大教院分離運動にはじまり、教育と宗教の衝突事件や幸徳事件を扱う本書の問題関心の広さと扱っている史料の豊富さを知ると、この後の近代仏教研究は、すべて吉田氏の掌の上で踊っているかのような錯覚さえ覚える。本書に目を通さずに近代仏教史に取り組むのは、地図を見ないで市中を歩き回るようなものだ。

少し傾向は違うが、**安丸良夫**（やすまるよしお）**『神々の明治維新——神仏分離と廃仏毀釈』（岩波新書、一九七九年）**も必読書の一

池田英俊『明治の新仏教運動』（吉川弘文館）

つだ。主要なテーマとしては、神仏分離・廃仏毀釈から、大教院体制の成立と解体、日本型政教分離の成立過程を論じており、近代仏教研究とは直結しないと感じる人もいるだろう。しかし、本書で扱われているような、広範な近代日本の宗教史・文化史・社会史的課題を踏まえなくては、近代仏教について何ら説得力のある議論はできない。本書を読む前と読んだ後では、近代仏教関係の文献の理解がまったく違ってくるはずである。

最後はかなり自分の趣味に近いが、**脇本平也『評伝 清沢満之』（法蔵館、一九八二年）**も欠かせない。清沢満之という人物も近代仏教研究にとっては重要だが、「近代の仏教者」としての清沢の信仰を論じることによって、本書は日本の近代仏教思想研究をより広い文明論や近代化論に結びつける視座を提供してくれる。本書も読了後には、近代仏教思想に対する意識が変わったと感じる人が多いはずである。

このほか、はじめてこの分野に関心を持った人には、**圭室諦成監修『日本仏教史Ⅲ 近世・近代篇』（法蔵館、一九六七年）**をおすすめしたい。通史のなかに近代仏教史を位置づけるばかりでなく、近世と近代の断続性と連続性について、多くのことを学べるはずだ。

（岡田正彦）

近代仏教研究の必読文献2
——これからどこへ向かうのか？

前項では近代仏教研究の定番と言うべき文献が取り上げられたので、ここでは近年の近代仏教研究の成果を紹介したい。

二〇〇〇年代以降、日本の近代仏教研究は一種のブームとなり、社会的にも注目を集めている。そうした流れをつくり出すきっかけとなったのが、**末木文美士『明治思想家論——近代日本の思想・再考Ⅰ』『近代日本と仏教——近代日本の思想・再考Ⅱ』（トランスビュー、二〇〇四年）**である。仏教は日本の近代思想の周辺ではなく、中心に位置するものではないかと筆者は言う。前者は、仏教を軸として近代思想史を再構築することを意図した問題提起の書。島地黙雷、井上円了、村上専精、清沢満之、鈴木大拙、田中智学、内山愚童・高木顕明、岡倉天心、西田幾多郎らの仏教者、仏教学者の思想が論じられている。後者では京都学派と仏教、丸山眞男の仏教論、アカデミズム仏教学の問題点、日本の近代仏教とアジアとの関わりなど、幅広い刺激的なテーマが取り扱われている。

その後、末木は**『思想としての近代仏教』（中公選書、二〇一七年、講談社学術文庫、二〇二二年再刊）**を著し、「浄土思想の近代」「日蓮思想の展開」「鈴木大拙と霊性論」「大乗という問題圏」という諸問題を論じている。序章で提起された「近代仏教」の定義や特徴は、今なお検討すべき課題である。

日本の近代仏教をグローバルな観点からとらえなおし、海外との関係や国際的な影響について論じたのが、**ジェームス・ケテラー（岡田正彦訳）『邪教／殉教の明治——廃**

末木文美士『明治思想家論——近代日本の思想・再考Ⅰ』（トランスビュー）

仏毀釈と近代仏教』（ぺりかん社、二〇〇六年、原著一九九〇年）である。本書では、明治時代に廃仏毀釈でダメージを受けた日本仏教が、近代的・コスモポリタニズム的・社会的に有用な「近代仏教」として定義しなおされる歴史が鋭利に分析されている。とくに第四章で一八九三年にアメリカのシカゴで開催された万国宗教会議を取り上げ、日本人僧侶たちの言動を考察している。

その後、こうしたグローバルな視点から日本の近代仏教を再検討する研究は、小川原正道編『近代日本の仏教者――アジア体験と思想の変容』（慶應義塾大学出版会、二〇一〇年）や末木文美士・林淳・吉永進一・大谷栄一編『ブッダの変貌――交錯する近代仏教』（法藏館、二〇一四年）、嵩満也・吉永進一・碧海寿広編『日本仏教と西洋世界』（法藏館、二〇二〇年）、吉永進一『神智学と仏教』（法藏館、二〇二一年）に引き継がれ、現在では近代仏教研究の重要な柱の一つになっている。

なお、日本の近代仏教の通史としては、前項の『日本仏教史Ⅲ　近世・近代篇』以外に、柏原祐泉『日本仏教史　近代』（吉川弘文館、一九九〇年）と吉田久一『近現代仏教の歴史』（筑摩書房、一九九八年、ちくま学芸文庫、二〇一七年再刊）があるが、最も新しい通史としては、末木文美士編『新アジア仏教史14　日本Ⅳ　近代国家と仏教』（佼成出版社、二〇一一年）がある。しかしこれも、研究が発展した現在、その更新が求められていよう。

（大谷栄一）

トランスナショナルな近代仏教史1
——国境を越える！

トランスナショナルという語で括られる近代仏教研究は、定まった定義があるわけではないが、ある前提を共有している。それは、近代仏教の生成は、一国内で閉じているのではなく開かれた過程であること、そして、西洋とアジアの両者の双方向作用で形成されたということである。従来、そのような国際的な影響関係は軽視されがちであった。しかし、近世以前の日本仏教史を語るにはアジアとの関係を無視できないように、近代以降の日本仏教史もアジアや西洋との関係を無視して研究できないという認識が広まりつつある。ただし、新しいアプローチだけに定番となる研究書があるわけではなく、ここではいくつかの論文と論集を紹介するにとどまる。

日本でこの分野への突破口を開いたものは『**思想**』**九四三号**（**二〇〇二年一一月**）**の特集「仏教／近代／アジア」**であろう。収録論文の**リチャード・ジャフィ「釈尊を探して——近代日本仏教誕生と世界旅行」**は新局面を開いた斬新な論文であり、これ以降、海外渡航僧研究は、**奥山直司「日本仏教とセイロン仏教との出会い——釈興然の留学を中心に」**（『**コンタクトゾーン**』**二号、二〇〇八年**）、**石井公成「明治期における海外渡航僧の諸相——北畠道龍、小泉了諦、織田得能、井上秀天、A・ダルマパーラ」**（『**近代仏教**』**一五号、二〇〇八年**）、そして**小川原正道編『近代日本の仏教者——アジア体験と思想の変容』**（**慶應義塾大学出版会、二〇一〇年**）へと展開している。

近代仏教の国際カンファレンスも、ここ数年盛んに開催されるようになり、トランスナショナルがテーマになるこ

末木ほか編『ブッダの変貌——交錯する近代仏教』（法藏館）

とが多い。日本では二〇一一年に国際日本文化研究センターで開催された**国際研究集会「近代と仏教」**がそれであろう。充実した報告書が同センターのサイトからダウンロードできるが、この成果を発展させた論集、**末木文美士ほか編『ブッダの変貌――交錯する近代仏教』（法藏館、二〇一四年）**とともに重要である。とくにロペスやツイードによる初期欧米仏教史研究と、それを発展させたマクマハンの仏教モダニズム論は必須文献である。ツイードについては論文**「米国オカルティズムと日本仏教」（『年報日本思想史』一一号、二〇一二年）**もおもしろい。**吉永進一「大拙とスウェーデンボルグ その歴史的背景」（『宗教哲学研究』二二号、二〇〇五年）**と併読されたい。また、英語ではあるがアイルランド人僧侶ダンマローカ研究のサイト**Dhammaloka Project（https://dhammalokaproject.wordpress.com/）**は視点、研究方法ともに新しい方向を示していて重要である。最後に、入門用読み物として、**佐藤哲朗『大アジア思想活劇――仏教が結んだ、もうひとつの近代史』（サンガ、二〇〇八年）**をおすすめしておく。

（吉永進一）

トランスナショナルな近代仏教史2

——国境を越えた双方向的な影響関係

近代仏教は、アジアと西洋の間の国境を越えた双方向的な影響関係の中で形成されたハイブリッド（異種混淆的）なものである。そうしたアジアや西洋との関係から、近代の日本仏教史を捉え直す研究成果が日本国内でも続々と刊行されている。ここでは、前項を踏まえて、二〇一〇年代半ば以降の最新（二〇二二年時点）の成果を紹介しよう。

日本の近代仏教とアジアとの関係については、中国・南アジア・東南アジアの諸地域との関連が検討されている。

日本と中国の仏教者、仏教界の交流やその影響関係を取り上げたのが、**陳継東『小栗栖香頂の清末中国体験——近代日中仏教交流の開端』（山喜房佛書林、二〇一六年）**、**エリック・シッケタンツ『堕落と復興の近代中国仏教——日本仏教との邂逅とその歴史像の構築』（法藏館、二〇一六年）**である。とくにシッケタンツは、日本人仏教者と中国人仏教者の交流が近代中国仏教の形成に及ぼした影響を明らかにしている。

また、**リチャード・ジャフィ（Richard M. Jaffe）の*Seeking Śākyamuni: South Asia in the Formation of Modern Japanese Buddhism*,University of Chicago Press, 2019** では、日本仏教者の南インド体験、仏像や仏教建築等に見られるインド趣味などが分析され、南アジアが近代日本仏教の形成に重要なつながりをもっていたと結論づけられている。

日本仏教と東南アジアの関係については、**大澤広嗣編『仏教をめぐる日本と東南アジア地域』（勉誠出版、二〇一六年）**と**林行夫編『日本と東南アジアの仏教交流——その史実と展望』（三人社、二〇二二年）**があり、仏教をめぐる相互交渉の歴史を知ることができる。

なお、アジア各地でさまざまな活動を行った真宗本願寺派第二二代法主の大谷光瑞の研究も二〇〇〇年前後から進展しており、**柴田幹夫『大谷光瑞の研究——アジア広域における諸活動』（勉誠出版、二〇一四年）**等の成果がある。

日本仏教と西洋の関係を、「西洋化」をキーワードとして多角的に分析しているのが、**嵩満也・吉永進一・碧海寿広編『日本仏教と西洋世界』（法藏館、二〇二〇年）**である。一二名の人物が取り上げられ、近代日本仏教における西洋化の実態が解明されている。

本『近代仏教スタディーズ』の随所で指摘されている神智学という近代オカルティズム思想と神智学協会の活動は、アジアと西洋をつなぐネットワークをもち、日本仏教が国際的なネットワークを築くうえで重要な役割を果たした。そうした近代日本仏教史における神智学の役割を初めて実証的に明らかにした労作が、**吉永進一『神智学と仏教』（法藏館、二〇二一年）**である（ただし、吉永はそうした問題をすでに一九八〇年には発見しており、同書は長年にわたる成果をまとめた一冊）。また、吉永の研究を踏まえて公刊されたのが、**末木文美士『死者と霊性の哲学――ポスト近代を生き抜く仏教と神智学の智慧』（朝日新書、二〇二二年）**である。吉永の「混淆こそ標準」というメッセージは、今後の近代仏教研究の指標のひとつであろう。

（大谷栄一）

吉永進一『神智学と仏教』（法藏館）

精神主義の研究

——浩々洞同人たちの信仰

「精神主義」とは、真宗大谷派僧清沢満之を中心とした浩々洞同人たちが、雑誌『精神界』を論壇にして標榜した、彼らの思想信条のことである。それゆえ「精神主義」の研究は、その主唱者清沢満之やその思想への関心が出発点にあったと言ってよい。

本格的な満之研究は、**西村見暁**『**清沢満之先生**』(**法藏館、一九五一年**)にはじまり、その生涯と信念獲得の階梯がたどられる。他方、**田村円澄**「**「精神主義」の限界**」(『**仏教文化研究**』**六・七号、浄土宗教学院、一九五八年**)は、「精神主義」の没社会性を指摘した。

その後、約一〇年おきに代表的な清沢満之論が登場する。**吉田久一**『**人物叢書　清沢満之**』(**吉川弘文館、一九六一年**)、**寺川俊昭**『**清沢満之論**』(**文栄堂書店、一九七三年**)、**脇本平也**『**評伝　清沢満之**』(**法藏館、一九八二年**)である。吉田は、歴史学の立場から論じており、入門書として必読書である。寺川は真宗学、脇本は宗教学の立場から論じている。いずれも満之を、仏教近代化や近代教学の樹立者とみなしている。

一九七〇年代後半以降、天皇制研究の隆盛のなか、「精神主義」の批判的検討が行われた。代表例に**福嶋寛隆**「**「精神主義」の歴史的性格**」(『**日本仏教**』**五〇・五一号、日本仏教研究会、一九八〇年**)がある。一九八〇年代は、

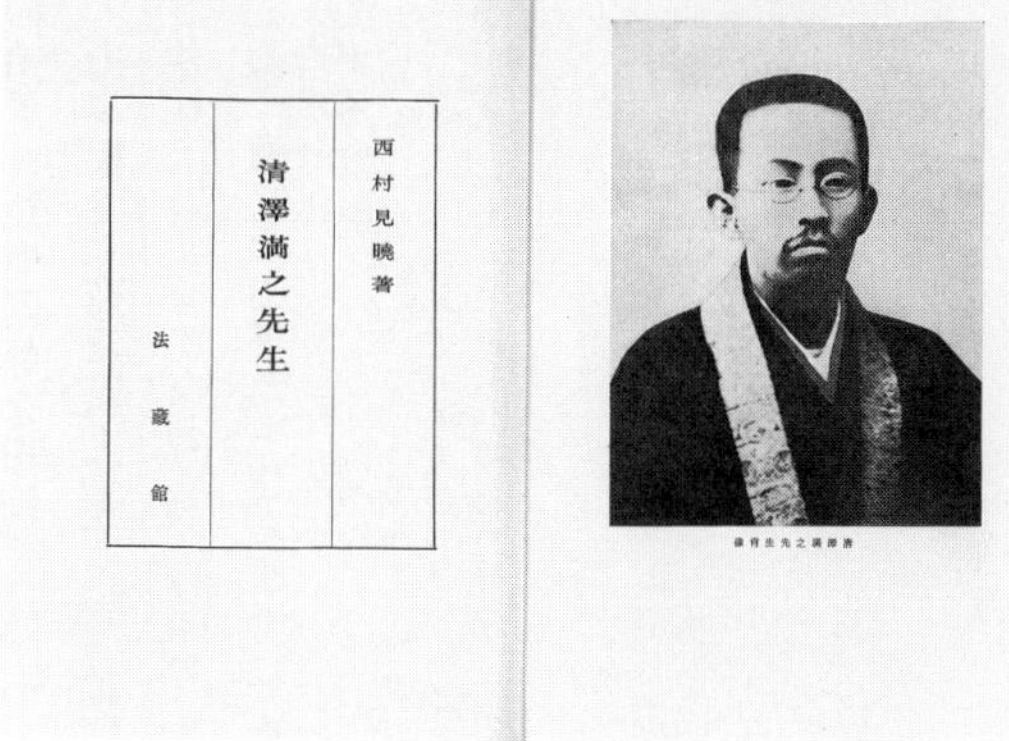

西村見暁『清沢満之先生』(法藏館)本扉

おおむね「精神主義」の評価をめぐって天皇制補完と批判する立場と信念確立重視の立場があり、両者は平行状態であった。**福嶋寛隆・赤松徹真編『資料　清沢満之〈論文篇〉』（同朋舎出版、一九九一年）**は、「精神主義」関連の論文などをまとめてあり、便利である。

　一九九〇年代後半以降、「言語論的転回」が歴史学界でも意識され、テクスト解釈の方法への反省がなされ、**福島栄寿『思想史としての「精神主義」』（法藏館、二〇〇三年）**は、満之の言説を同時代のなかで理解することを提唱した。また岩波書店から**大谷大学編『清沢満之全集』（全九巻、二〇〇二〜二〇〇三年）**が刊行され、満之は、宗門内外からさらに関心を寄せられることになった。**藤田正勝・安冨信哉編『清沢満之——その人と思想』（法藏館、二〇〇二年）**は、宗門内外一三名による論文集で、満之を多面的に理解できる。

　二〇一〇年代以降、福嶋の流れを汲む**近藤俊太郎『天皇制国家と「精神主義」——清沢満之とその門下』（法藏館、二〇一三年）**が出る一方で、**山本伸裕『「精神主義」は誰の思想か』（法藏館、二〇一一年）**はテクストの成文段階に着目し、『精神界』に掲載された「清沢満之」名の文章への弟子たちの関与を指摘した。その成果は、**安冨信哉編・山本校注『清沢満之集』（岩波文庫、二〇一二年）**に活かされている。すなわち、今後の「精神主義」研究においては、満之の弟子たちをも視野に入れた研究が求められるであろう。

（福島栄寿）

新仏教運動の研究
――社会主義者から芸術家まで

明治三三（一九〇〇）年に結成された仏教清徒同志会（のち新仏教徒同志会）とその機関誌である『新仏教』（一九〇〇年七月〜一九一五年八月）の全容についての研究としては、**吉田久一**（よしだきゅういち）**『日本近代仏教史研究』（吉川弘文館、一九五九年）**の**第五章「新仏教運動と二十世紀初頭社会の諸問題」**が最も詳しく、これ以後、質、量ともにこれを超える著作は現れていない。社会改良運動としての性格に焦点を当てた構成になっているが、『新仏教』に掲載された諸論文を縦横に引用し、運動の社会的背景や前史を踏まえ、社会主義やキリスト教との関係も含めてバランスのとれた記述がなされている。

ほかには、**池田英俊**（いけだえいしゅん）**『明治の新仏教運動』（吉川弘文館、一九七六年）**があるが、この本では明治期に現れた仏教運動全体を「新仏教」と呼んでおり、新仏教徒同志会についての記述は少ない。**中西直樹『新仏教とは何であったか――近代仏教改革のゆくえ』（法藏館、二〇一八年）**は、明治二、三〇年代に現われ、大正期以降に衰退していく通仏教的な結社活動一般を「新仏教運動」として論じ、仏教清徒同志会の活動もその一部に位置づけている。新仏教運動のまとまった研究が比較的少なかったことの原因には、吉田の研究によって大方の論点が出尽くしてしまったということや、社会を動かすような新しい立場を確立できなかった運動自体に魅力が乏しかったことがある。また、『新仏教』収録の主要な論文を集めた**二葉憲香**（ふたばけんこう）**監修、赤松徹真・福嶋寛隆**（ふくしまひろたか）**編『『新仏教』論説集』（上・中・下・補遺、永田文昌堂、一九七八年）**が存在したものの、研究の主要

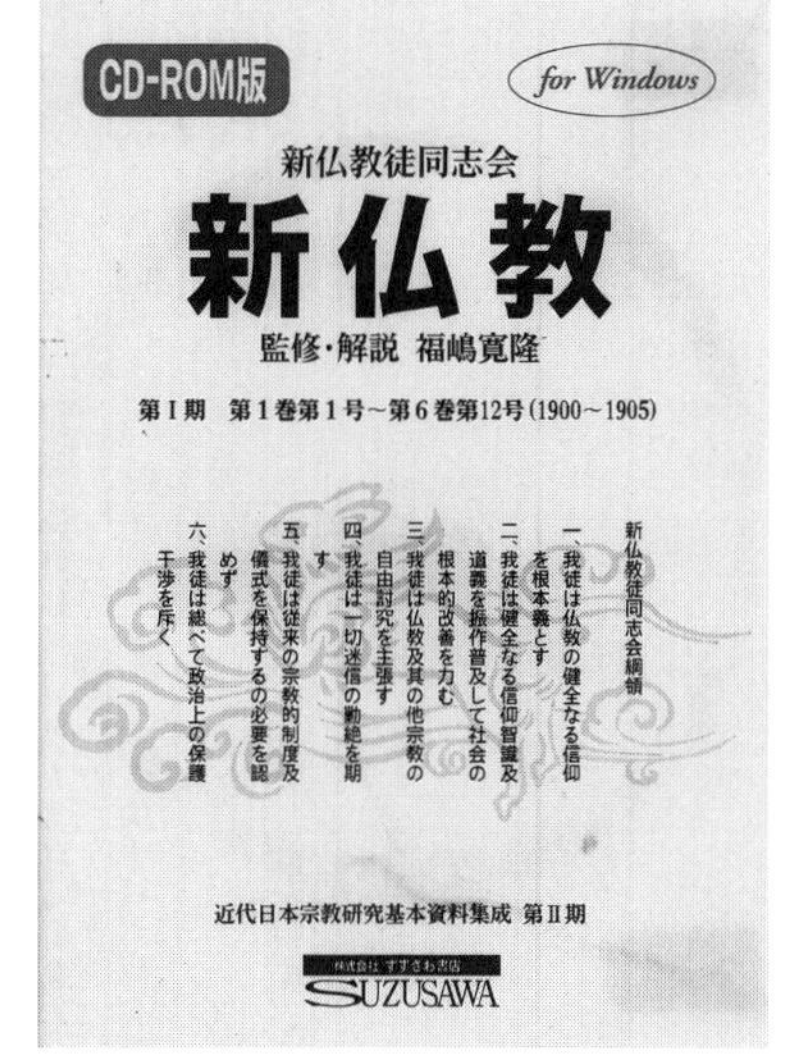

CD-ROM 版『新仏教』（すずさわ書店）目次頁

資料となるべき『新仏教』全巻の閲覧が困難であったという事情も影響していた。しかし、**福嶋寛隆の監修・解説**による『**新仏教』CD—ROM版（第一期～第三期、すずさわ書店、二〇〇九年）**の刊行によって、ディスク六枚におさめられた『新仏教』の全巻全頁の閲覧が可能となり、この状況は一変した。

従来の新仏教研究の多くが、『新仏教』一号に掲げられた「吾徒の綱領」を起点とする、いわば「論客達の新仏教」の解釈というスタイルをとってきたのに対して、吉永進一を代表者とする**科学研究費補助金・基盤研究（B）『近代日本における知識人宗教運動の言説空間——『新仏教』の思想史・文化史的研究』（研究課題番号二〇三二〇〇一六、二〇〇九～二〇一一年度）**の報告書（二〇一二年）は、演説と出版という回路を通じて幅広いネットワークを形成したメディアとしての『新仏教』の役割に光を当て、研究の新たな可能性を提示した。詳細な総目次のほか、私信欄や演説会の報告といった情報が『新仏教』の誌面から集められ、検索可能な資料として利用できるようになっている。また匿名・筆名が多く、きわめて多岐にわたる寄稿者、関係者の略歴、年譜などをまとめた「『新仏教』関係人物データ集」は利用価値が高い。さらに、従来知られてこなかった昭和期の新仏教会報『吾が徒』、会員向けに配布された『新仏教の栞』など付録も充実しており、今後のこの分野の研究において必ず参照されるべき成果となっている。

（高橋原）

近代真宗史の研究
——近代仏教研究の中心軸

日本の近代仏教の歴史は、真宗を中心とした視点から描かれてきた。近代真宗史に関する研究は、東西本願寺（大谷派・本願寺派）に関するものを中心に多くの蓄積がある。

近代における真宗教団の動向を知るには、**本願寺史料研究所編『増補改訂 本願寺史』三巻**（本願寺出版社、二〇一九年）、**柏原祐泉『近代大谷派の教団——明治以降宗政史』**（真宗大谷派宗務所出版部、一九八六年）、**教学研究所編『近代大谷派年表』**（第二版、真宗大谷派宗務所出版部、二〇〇四年）が便利である。また近代真宗の教育制度や教学の動向については、**龍谷大学三百五十年史編集委員会編『龍谷大学三百五十年史』通史編・上巻**（龍谷大学、二〇〇〇年）、**大谷大学百年史編集委員会編『大谷大学百年史』通史編**（大谷大学、二〇〇一年）に詳しい。

明治維新からアジア・太平洋戦争終結までの真宗史の展開（思想、運動、教団）を概観するには、次のような著作もある。**柏原祐泉『真宗史仏教史の研究Ⅲ〈近代篇〉』**（平楽寺書店、二〇〇〇年）は、「近代真宗の進展」「近代仏教の形成」「真宗と部落問題」という三編からなり、真宗の「近代化」への過程を検討している。**安冨信哉『シリーズ親鸞・九巻 近代日本と親鸞——信の再生』**（筑摩書房、二〇一〇年、二〇一八年に真宗文庫として東本願寺出版より再刊）では、大谷派を中心とした近代真宗教学の展開がコンパクトにまとめられている。また**福嶋寛隆『歴史のなかの真宗——自律から従属へ』**（永田文昌堂、二〇〇九年）、**寺川俊昭『新装版 念仏の僧伽を求めて——近代における真宗大谷派の教団と教学の歩み』**（法藏館、二〇〇一年）、**池田行信『増補新版 真宗教団の思想と行動』**（法藏館、二〇〇二年）、**水島見一『近・現代真宗教学史研究序説——真宗大谷派における改革運動の軌跡』**（法藏館、二〇一〇年）などもある。論集としては、**『親鸞大系』歴史篇・一〇巻「近代の真宗」**（法藏館、一九八九年）、**『親鸞大系』歴史篇・一一巻「教団の課題」**（法藏館、一九八九年）、**日野賢隆編『近代真宗史の研究』**（永田文昌堂、一九八七年）、**信楽峻麿編『近代真宗教団史研究』**（法藏館、一九八七年）、**同編『近代真宗思想史研究』**（法藏館、一九八八年）などがある。

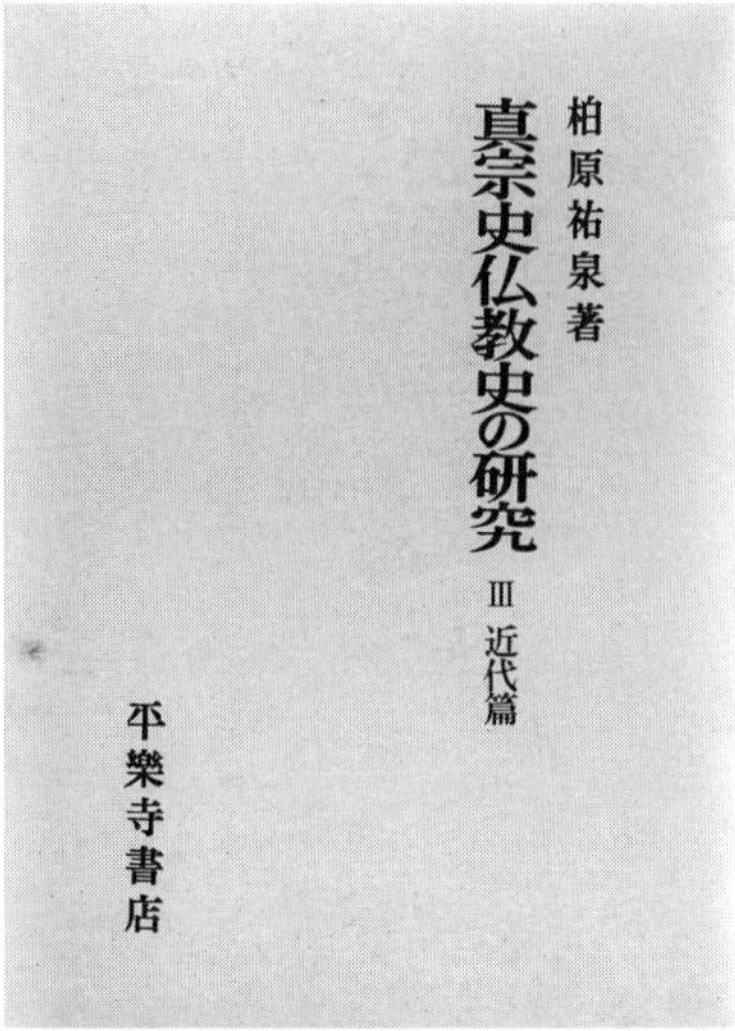

柏原祐泉『真宗史仏教史の研究Ⅲ〈近代篇〉』(平楽寺書店)

また資料集成として、**森龍吉**(もりりゅうきち)**編『真宗史料集成』一二巻「真宗教団の近代化」**(同朋舎、一九七五年)、**同編『真宗史料集成』一三巻「真宗思想の近代化」**(同朋舎、一九七七年)があり、前者は教団改革に関する資料を中心に収録し、近代の東西本願寺教団の足跡を解説している。後者は、真宗思想の「近代化」に関する主要な資料として、清沢満之(きよざわまんし)と「精神主義」、境野黄洋(さかいのこうよう)や高嶋米峰(たかしまべいほう)らの新仏教運動に関する資料、在俗の知識人らによる親鸞論も取り上げられている。

近代真宗史研究は、明治三〇年代の「精神主義」や新仏教運動といった改革運動を「近代仏教の形成」として捉え、「真宗の近代化」＝「仏教の近代化」として高く評価する傾向があった。近年、こうした真宗中心の近代仏教史像の描き直しを提言しているのが、**碧海寿広**(おおみとしひろ)の**『近代仏教のなかの真宗――近角常観と求道者たち』**(法藏館、二〇一四年)や**「真宗中心史観」**(**大谷栄一ほか編『日本宗教史のキーワード――近代主義を超えて』慶應義塾大学出版会、二〇一八年**)である。近代真宗史研究に埋め込まれていた近代主義的な態度に注意を払いながら、多様な研究領域と接続させ、より広い文脈のなかで語り直していく作業も必要であろう。**近藤俊太郎『親鸞とマルクス主義――闘争・イデオロギー・普遍性』**(**法藏館、二〇二一年**)は、マルクス主義との関連で構築された親鸞理解に注目した労作であり、そこにはまだ語られざる近代真宗史の複数の姿があることにも気づかされる。こうした試みのなかで、今後も新たな地平が切り開かれるのではないだろうか。

(岩田真美)

近代法華・日蓮系の研究
——その幅広い影響をつかむ

近代日本における法華・日蓮系の動向（思想、運動、教団）の概要を知るには、**田村芳朗・宮崎英修編『講座日蓮4 日本近代と日蓮主義』（春秋社、一九七二年）**と**戸頃重基『近代社会と日蓮主義』（評論社、一九七二年）**、**西山茂責任編集『シリーズ日蓮4 近現代の法華運動と在家教団』（春秋社、二〇一四年）**が便利である。とくに三冊目は最も新しい成果であり、「総論」「近代との出会い」「戦時下での受難と対応」「在家教団の勃興と法華仏教の再歴史化」「現在の海外布教」からなる。

近代の日蓮教団は一致派と勝劣派に大別される。そのうちの一致派が「日蓮宗」と公称し、現在にいたるまで日蓮教団の最大勢力である。この日蓮宗の動向を中心に、国家神道と日蓮宗の関係、日蓮教団各派の動向、新宗教と日蓮宗の関係について論じているのが、**日蓮宗現代宗教研究所編『日蓮宗の近現代——他教団対応のあゆみ』（日蓮宗宗務院、一九九六年）**である。また、**中濃教篤編『近代日蓮教団の思想家——近代日蓮教団・教学史試論』（国書刊行会、一九七七年）**は、日蓮宗の僧侶と在家者八名を論じた近代日蓮教団史・思想史と言うべき作品。

日蓮宗の宗祖である日蓮は、日蓮教団の外側でも知識人や文学者、他宗教・他宗派の宗教家たちにも盛んに論じられた。**丸山照雄編『近代日蓮論』（朝日選書、一九八一年）**は、内村鑑三・曽我量深・宮沢賢治・田中智学・木下尚江・高山樗牛らの日蓮論が収録されている。日蓮を取り上げた文学作品を数多く紹介しているのが、**石川教張『文学作品に表われた日蓮聖人』（国書刊行会、一九八〇年）**である。

日蓮から影響を受けた思想家・宗教家たち（田中智学・北一輝・石原莞爾・妹尾義郎・牧口常三郎・宮沢賢治）が生み出した仏教的社会思想を論じたのが、**松岡幹夫『日蓮仏教の社会思想的展開——近代日本の宗教的イデオロギー』（東京大学出版会、二〇〇五年）**。また、在家仏教教団・国柱会の田中智学と伝統教団・顕本法華宗の本多日生の日蓮主義（日蓮の伝統的な教えを再解釈・再構成した近代仏教思想）の全体像を明らかにしたのが、**大谷栄一『近代日本の日蓮主義運動』（法藏館、二〇〇一年）**であ

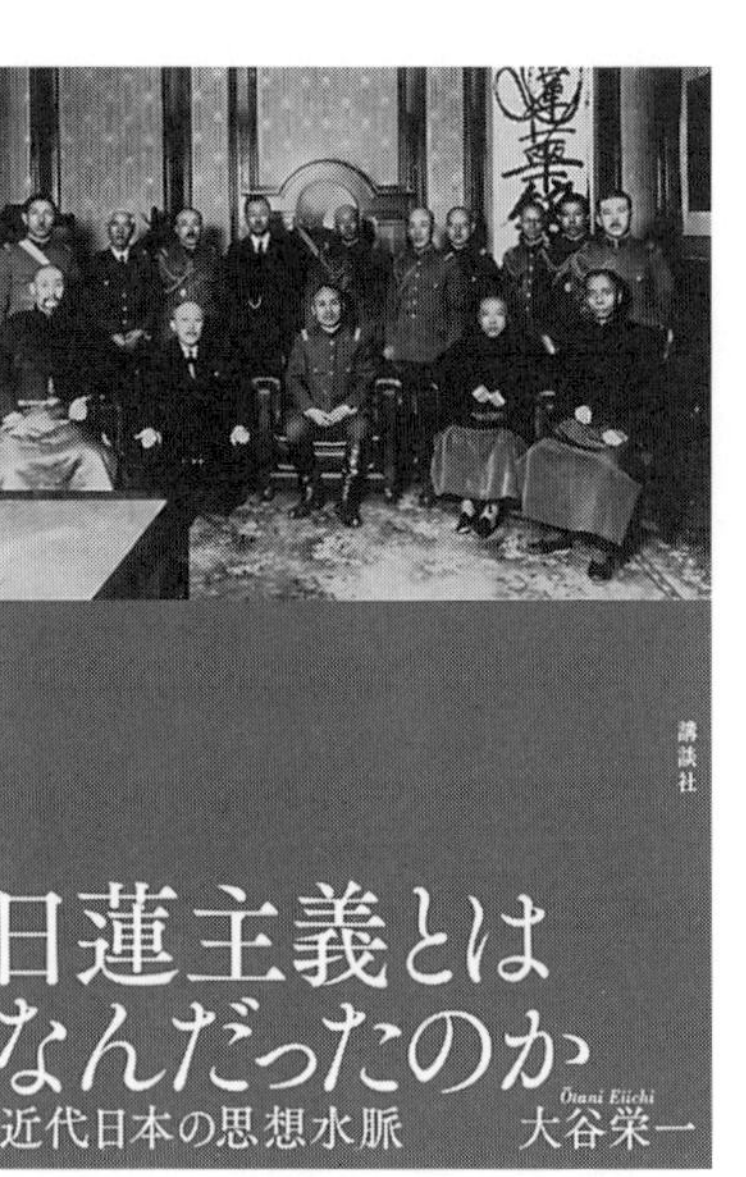

大谷栄一『日蓮主義とはなんだったのか』（講談社）

る。さらに、専門的に学びたい人には、**望月歓厚編『近代日本の法華仏教』（平楽寺書店、一九六八年）**をおすすめしたい。近代日蓮教団、在家教団（国柱会）、新宗教教団（創価学会）、民間信仰（七面信仰、妙見信仰）のほか、近代の日蓮教学、日蓮論、法華経研究が専門家によって執筆されている。

なお、日蓮主義に関する最新の成果として、田中智学と本多日生から、高山樗牛、姉崎正治、石原莞爾、宮沢賢治、井上日召、妹尾義郎まで、その影響関係を跡づけ、近代日本の日蓮主義の通史を描いた**大谷栄一『日蓮主義とはなんだったのか——近代日本の思想水脈』（講談社、二〇一九年）**がある。また、**ユリア・ブレニナ「日蓮主義と日本主義——田中智学における「日本による世界統一」というビジョンをめぐって」とクリントン・ゴダール「日蓮主義と日本主義との衝突——日中戦争期における東亜連盟運動」（ともに石井公成監修／近藤俊太郎・名和達宣編『近代の仏教思想と日本主義』法藏館、二〇二〇年）**にも目を通してほしい。

西山茂『近現代日本の法華運動』（春秋社、二〇一六年）は、日蓮主義と法華系在家教団（本門佛立講、仏教感化救済会、法音寺、立正佼成会、創価学会、冨士大石寺顕正会）の研究を牽引してきた著者の四〇年にわたる成果がまとめられた論集である。

（大谷栄一）

禅のグローバル化

——禅がZENになるとは?

禅は、インド僧の菩提達磨が中国に伝えてから唐代に発達し、朝鮮半島には七世紀、ベトナムには六世紀末ごろ、日本へは、一二~一三世紀に入宋した栄西が臨済宗を、道元が曹洞宗を伝えた。

「禅」を漢語、朝鮮語、ベトナム語ではなく日本風に「Zen」と表記するのが広まった歴史は、**石井公成「近代における Zen の登場と心の探究(1)」(『駒澤大学仏教学部論集』四九号、二〇一八年)**が詳しい。近代になると、日本の禅は欧米に伝播する。その嚆矢は、明治二六(一八九三)年、シカゴで開催された万国宗教会議にあり、**ジェームス・E・ケテラー『邪教/殉教の明治——廃仏毀釈と近代仏教』(岡田正彦訳、ぺりかん社、二〇〇六年)**、**ジュディス・スノドグラス「シカゴ宗教会議のストラテジー——仏教と条約改正」(末木文美士ほか編『ブッダの変貌——交錯する近代仏教』法藏館、二〇一四年)**でふれられている。この会議には臨済宗の釈宗演が参加したが、その講演原稿を英訳した**鈴木大拙**がこの後渡米し、**『大乗仏教概論』(佐々木閑訳、岩波書店、二〇〇四年)**をはじめ禅の典籍を英訳し、禅に関する啓発書を英文で数多く執筆する。**下田正弘「近代仏教学の展開とアジア認識」(岸本美緒責任編集『「帝国」日本の学知 三 東洋学の磁場』岩波書店、二〇〇六年)**が述べるように、当時のヨーロッパ仏教学においては「原始仏教」こそが仏教だとする傾向があった。これに対し、大拙の仕事は「大乗仏教」こそが仏教の本流であると示す役割も担っていた。

一九五〇年代以降、アメリカで禅ブームが巻き起こるが、これについては**ケネス・タナカ『アメリカ仏教——仏教も変わる、アメリカも変わる』(武蔵野大学出版会、二〇一〇年)**が参考になる。アメリカでは曹洞宗の**鈴木俊隆**が、日系移民向けの禅寺とは異質な、ヨーロッパ系アメリカ人向けで坐禅中心の禅センターを創設した。彼の著書には**『禅マインド ビギナーズ・マインド』(松永太郎訳、サンガ新書、二〇一二年)**、伝記としてデイヴィッド・チャドウィック**『まがったキュウリ——鈴木俊隆の生涯と禅の教え』(浅岡定義訳、サンガ、二〇一九年)**は俊隆を取り巻く人々との関係を明らかにする。また、俊隆に関する研究

デイヴィッド・チャドウィック〔浅岡定義訳〕『まがったキュウリ――鈴木俊隆の生涯と禅の教え』（サンガ）

史として**糸川定伸「鈴木俊隆の研究史序説」**（**『文研会紀要』三三号、二〇二二年**）がある。一方、第二次世界大戦後のフランスにおける、曹洞宗の弟子丸泰仙らの布教活動については**弟子丸泰仙『禅僧ひとりヨーロッパを行く』**（**春秋社、一九七一年**）があり、フランスのほか世界各地への禅の伝播については、**輝元泰文「現代の禅のグローバル化に関する研究動向」**（**『東京大学宗教学年報』三八号、二〇二一年**）がある。このほか、道元の著作や臨済録、碧巌録などの禅籍が欧州各国語に翻訳されている。

大平浩史「中国仏教の近代化を探る――太虚の初期仏教改革活動」（**『立命館東洋史学』二三号、立命館東洋史学会、二〇〇〇年**）によれば、中国の禅僧・太虚は、西洋科学を導入して中国仏教の近代化を目指した。太虚は欧米に渡航して、人道主義的な「人間仏教」の布教に努めてもいる。一方、日本の支配下に置かれた朝鮮半島では、僧侶の肉食妻帯が広められ、出家主義の曹渓宗を筆頭とする朝鮮仏教界の議論となった。これについては**石川力山「内山愚童と武田範之――近代仏教者の思想と行動・対戦争観・朝鮮開教問題等をめぐって」**（**『宗学研究』三六号、曹洞宗総合研究センター、一九九四年**）を参照。

また、ベトナム戦争のさなか、禅僧のティク・ナット・ハンが「エンゲイジド・ブッディズム」を提唱し、仏教にもとづく平和運動をはじめているが、これについては**阿満利麿『社会をつくる仏教――エンゲイジド・ブッディズム』**（**人文書院、二〇〇三年**）を参照のこと。

（守屋友江）

仏教学の形成と展開
——大学と仏教の結びつき

近代日本における学術的な仏教研究の歴史的展開および思想的意味を考えるには、**末木文美士**（すえきふみひこ）**「アカデミズム仏教学の展開と問題点——東京（帝国）大学の場合を中心に」（『近代日本と仏教——近代日本の思想・再考Ⅱ』トランスビュー、二〇〇四年）**および**末木「特論・仏教研究方法論と研究史」（末木文美士編『新アジア仏教史14 日本Ⅳ 近代国家と仏教』佼成出版社、二〇一一年）**をまず参照されたい。前者は、東京大学の印度哲学講座を中心としつつ仏教学の形成と定着を考察するもので、後者はその分野に限らず、明治以降の国史学や哲学をも含むような、より広義での仏教研究について検討する論考である。

なお、同じく概要的なものとして、**林淳「普通教育と日本仏教の近代化」（末木文美士編『近代と仏教』国際日本文化研究センター、二〇一二年）**もある。林は一九世紀末・二〇世紀初頭における日本の政治的・社会的な事情や、海外仏教研究の影響にも触れており、仏教（史）学が成立する背景をわかりやすく描いている。上記三点は、いずれもコンパクトにまとめられて、基本的な情報を得るうえで便利な成果である。

近代日本における研究分野としての仏教学は、官立大学以外の教育機関でも設けられ、かつ、宗教を扱うその他の学問分野との関係において展開していったことも事実であり、こういった問題については**林淳「近代日本における仏教学と宗教学——大学制度の問題として」（『宗教研究』三三三号、日本宗教学会、二〇〇二年）**が示唆的である。林は他の大学のモデルとして働いた東京（帝国）大学を中心に据えながら、京都大学や東北大学など、明治末期に設置された大学における仏教学を、宗教学との関係から検討している。仏教学のみならず、近現代的な学問制度における宗教研究の位置づけについては、**江島尚俊・三浦周・松野智章編**による**シリーズ「大学と宗教」**がある。**法藏館**から刊行されている本シリーズは、**『近代日本の大学と宗教』（二〇一四年）**をはじめとして、**『戦時日本の大学と宗教』（二〇一七年）**、そして戦後への展開も扱う**『現代日本の大学と宗教』（二〇二〇年）**からなっており、幅広く、かつ複数の事例を通して学びたい人には特におすすめしたい。

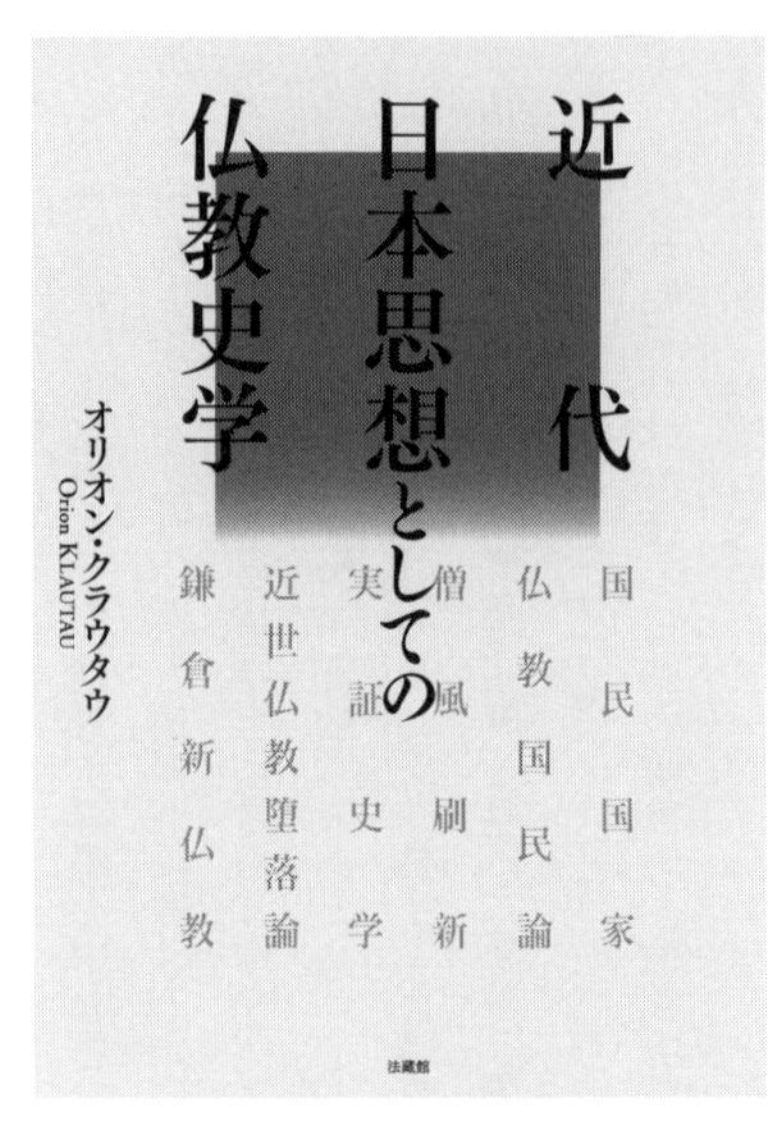

オリオン・クラウタウ『近代日本思想としての仏教史学』(法藏館)

なお、より特論的なものとして、思想史の視点から、仏教学・仏教史学を担った主要人物の政治性および後世への影響力を検討したものとして、**オリオン・クラウタウ『近代日本思想としての仏教史学』（法藏館、二〇一二年）**がある。そして同じく特論的な人物研究レベルのもので、一〇名の執筆者による論考からなる**オリオン・クラウタウ編『村上専精と日本近代仏教』（法藏館、二〇二一年）**も参照されたい。本書は東京帝国大学における印度哲学講座初代教授の村上専精（むらかみせんしょう）の思想を広く扱うものであり、学問分野としての「仏教学」の成立について、示唆的である。

さらには、**末木文美士・林淳・吉永進一・大谷栄一編『ブッダの変貌——交錯する近代仏教』（法藏館、二〇一四年）**の第一部「近代仏教の語り方」に所収の諸論考にもヨーロッパ・日本・中国における仏教をめぐる近代的な学知の成立が検討されており、参照に値する。

（オリオン・クラウタウ）

近代仏教と戦争
──仏教は戦争を肯定したのか?

「近代仏教と戦争」の歴史と言えば、ふつう日清・日露戦争以降が主題となることが多い。**小川原正道『近代日本の戦争と宗教』(講談社選書メチエ、二〇一〇年)**は、それに先立つ戊辰戦争や(初めての海外派兵であった)台湾出兵にまでさかのぼりながら、その時点ですでに宗教界は、国家とその戦争に協調していた事実を指摘する。神道・キリスト教にも目配りしながら、明治期全体を見渡した一冊。

日露戦争以降、仏教は帝国日本の歩みとともに戦争への協力を強めていき、それが極点に達したのが、アジア・太平洋戦争下であった。**中濃教篤編『講座日本近代と仏教六 戦時下の仏教』(国書刊行会、一九七七年)**は、宗教団体法(一九四〇年)をはじめ、挙国一致のかけ声のもと構築されていった総動員体制と仏教の関係を、教団・僧侶・門信徒それぞれの側から描き出す。**新野和暢『皇道仏教と大陸布教──十五年戦争期の宗教と国家』(社会評論社、二〇一四年)**は、日中戦争以降に登場した「皇道仏教」の思想と、満洲・中国における「大陸布教」の実態を、多数の史料を渉猟して描く。本書は、真俗二諦の教説などを根拠とする国策への同調と、「皇道仏教」の実践を明確に区別してこなかった従来の研究史を批判し、仏法を放棄して天皇への無条件の帰依に帰結していった「皇道仏教」の歴史的性格を明らかにしようと試みる。そして**小川原正道『日本の戦争と宗教 1899-1945』(講談社選書メチエ、二〇一四年)**は、前著でその始点が示された宗教と国家の「相互依存」関係が、二〇世紀以降、敗戦までの間にどのように国家(軍)主導の関係に重点を移していったか、が

小川原正道『日本の戦争と宗教 1899-1945』(講談社選書メチエ)

描かれる。多数の個別研究を総合し、豊富な事例を挙げて描かれた本書は、仏教のみならず、広く「宗教と戦争」の近代史を俯瞰するのにふさわしい一冊である。

仏教者による反戦活動は、敗戦以前にあっては数少ない例外だった。その源流を二〇世紀初頭の高木顕明や井上秀天たちの非戦論に求め、キリスト教や社会主義の影響に注目したものに、**大谷栄一「戦争は罪悪か？」（『近代仏教という視座――戦争・アジア・社会主義』ぺりかん社、二〇一二年）**がある。そして**大東仁『戦争は罪悪である――反戦僧侶・竹中彰元の叛骨』（風媒社、二〇〇八年）**は、日中戦争を「最大な罪悪」「侵略」と繰り返し批判し、逮捕・有罪となった真宗大谷派・竹中彰元についての伝記的研究。

平和のための戦争や、一殺多生。一部の例外を除いて、それが戦争に対する近代仏教一般の向き合い方であった。そうした仏教の戦争責任を、自身の経験も踏まえて最初に真摯に問うたのが、**市川白弦『仏教者の戦争責任』（春秋社、一九七〇年）**であった。そして**ブライアン・ヴィクトリア（エイミー・ルイーズ・ツジモト訳）『禅と戦争――禅仏教は戦争に協力したか』（光人社、二〇〇一年、二〇一五年に新装版として、えにし書房より再刊）**は、「剣禅一如」や「活人剣」、そして皇国・軍人禅を標榜して戦争に加担していった、禅宗の戦争責任を厳しく問う。本書は、禅者として世界的に有名な鈴木大拙も、「一度たりとも、日本のアジアでの軍事的行動を正面から批判した文章は見当たらない」と厳しく批判する。大拙については現在も評価がわかれるが、仏教者の戦争責任を考えるとき、なお避けては通れない一冊だろう。

一方、戦争責任論からあえて距離をとり、「抵抗と従属の二分法」では解明が難しい主題に光をあてたのが、**石井公成監修／近藤俊太郎・名和達宣編『近代の仏教思想と日本主義』（法藏館、二〇二〇年）**。多様な仏教思想が戦時下にいかなる変容を経験したかつぶさに検証した重厚な論集。**鵜飼秀徳『仏教の大東亜戦争』（文春新書、二〇二二年）**は、廃仏毀釈から占領期の農地改革まで、仏教が国家の戦争をどのように支え、その結果自身もいかに変容してきたか、わかりやすく概説した一冊。梵鐘などの金属供出や教団による戦闘機の献納競争など、興味深い事実が多数紹介される。著者による現地取材とインタビューも貴重。

（繁田真爾）

日本仏教と植民地主義
――仏教は植民地で何をしたのか？

近年、日本仏教と植民地主義に関する書籍の刊行が相次いでいる。明治期から昭和戦時期にいたるまで、日本仏教は、台湾、朝鮮、樺太、関東州、南洋群島などの各地に寺院を建設した。各地域における拠点の概要については、**仏教タイムス社編『仏教大年鑑　昭和四四年版』（仏教タイムス社、一九六九年）**にある「開教一覧」が参考となる。ここから主な宗派の布教状況がわかるが、その後に研究は大きく進展したので内容の更新が求められる。以下、地域別に主な著作をみてみよう。

台湾については、**蔡錦堂『日本帝国主義下台湾の宗教政策』（同成社、一九九四年）**、**中西直樹『植民地台湾と日本仏教』（三人社、二〇一六年）**、**柴田幹夫編『台湾の日本仏教――布教・交流・近代化』（アジア遊学二二二、勉誠出版、二〇一八年）**がある。現地台湾では、日本植民地下の仏教研究と資料の電子化が積極的に行われている。

朝鮮については、**中西直樹『植民地朝鮮と日本仏教』（三人社、二〇一三年）**や**諸点淑『植民地近代という経験――植民地朝鮮と日本近代仏教』（法藏館、二〇一八年）**に詳しい。**韓晳曦『日本の朝鮮支配と宗教政策』（未来社、一九八八年）**にも、日本仏教の朝鮮布教に関する記述があり、**川瀬貴也『植民地朝鮮の宗教と学知――帝国日本の眼差しの構築』（青弓社、二〇〇九年）**、**磯前順一・尹海東編『植民地朝鮮と宗教――帝国史・国家神道・固有信仰』（三元社、二〇一三年）**も参考になる。

中国については、**陳継東『清末仏教の研究――楊文会を中心として』（山喜房佛書林、二〇〇三年）**、**川邉雄大『東**

木場ほか編『植民地期満洲の宗教――日中両国の視点から語る』（柏書房）

本願寺中国布教の研究』（研文出版、二〇一三年）、陳継東『小栗栖香頂の清末中国体験——近代日中仏教交流の開端』（山喜房佛書林、二〇一六年）がある。

満洲国については、木場明志・程舒偉編『植民地期満洲の宗教——日中両国の視点から語る』（柏書房、二〇〇七年）に詳しい。

戦時期の東南アジアについては、大澤広嗣『戦時下の日本仏教と南方地域』（法藏館、二〇一五年）がある。

日本仏教は、各地に進出して多くの記録を残すが、初学者には研究の糸口を見つけるのが難しい。まずは復刻文献に当たることを勧める。中西直樹ほか編『仏教植民地布教史資料集成』（三人社、二〇一三～二〇一七年）は、「朝鮮編」（全七巻）、「台湾編」（全六巻）、「満洲・諸地域編」（全八巻）からなる。龍谷大学アジア仏教文化研究センター編『資料集・戦時下「日本仏教」の国際交流』（全一〇巻、不二出版、二〇一六～二〇一九年）では、日本側が作成した中国仏教・チベット仏教・南方仏教に関する文献を収めた。槻木瑞生・大東仁編集解題『アジアにおける日本の軍・学校・宗教関係資料』（全一六巻、龍溪書舎、二〇一一～二〇一八年）も見ておきたい。

各宗派で作成したものに、「浄土宗海外開教のあゆみ」編集委員会編『浄土宗海外開教のあゆみ』（浄土宗開教振興協会、一九九〇年）、浄土真宗本願寺派国際部ほか編『浄土真宗本願寺派アジア開教史』（本願寺出版社、二〇〇八年）、真宗大谷派宗務所組織部編『宗門開教年表』（真宗大谷派宗務所組織部、一九六九年）がある。飯塚俊夫・山中竜淵編『台湾開教の歩み——旧台湾日本寺院等調査（考査）委員会報告書』（日華仏教文化交流協会、一九八九年）にも、各宗派の動きが詳しく記載されている。

当時の布教は、日本の植民地統治とは無縁ではなく、戦後の教団に重い課題を突きつけた。曹洞宗海外開教伝道史編纂委員会編『曹洞宗海外開教伝道史』（曹洞宗宗務庁、一九八〇年）は、植民地での布教の記述について、アジア諸国に対する「過去の過ち」の反省が欠如していたとして、宗派として対応を行い、曹洞宗編『『曹洞宗海外開教伝道史』回収について』（曹洞宗宗務庁、一九九二年）にその経緯が記録された。

（大澤広嗣）

近代仏教と社会活動
——医療・福祉・差別

仏教社会事業史に関する研究は、すでに戦前から辻善之助（つじぜんのすけ）、橋川正（はしかわただす）、浅野研真（あさのけんしん）らによって進められてきた。戦後の成果としては、やはり**吉田久一**（よしだきゅういち）**『日本近代仏教社会史研究』（吉川弘文館、一九六四年、増補改訂版一九九一年）**が必読文献であろう。吉田は資本主義の生み出す社会問題に対して、仏教がいかに対応したのかを、目配りよく紹介している。

近年の成果では、**日本仏教社会福祉学会編『仏教社会福祉辞典』（法藏館、二〇〇六年）**が研究推進のうえで不可欠の一書となろう。また、**中西直樹ほか編『戦前期仏教社会事業資料集成』（全一三巻、不二出版、二〇一一～二〇一三年）**は、戦前期の仏教各宗派の社会事業への取り組みに関わる主要な資料を収載している。この資料集の解題・収録資料一覧が、**中西直樹ほか『戦前期仏教社会事業の研究』（不二出版、二〇一三年）**として刊行されているが、本書は近代仏教の社会事業への取り組みの概略をとらえるのに便利である。

ほかにまとまった成果としては、**池田英俊**（いけだえいしゅん）**ほか『日本仏教福祉概論——近代仏教を中心に』（雄山閣出版、一九九九年）**と**池田英俊ほか『福祉と仏教——救いと共生のために』（平凡社、二〇〇〇年）**、**吉田久一ほか『日本仏教福祉思想史』（法藏館、二〇〇一年）**があり、これから研究に着手する人々にとっての有益なガイドになるはずである。

仏教社会事業の研究は、渡辺海旭（わたなべかいぎょく）、矢吹慶輝、椎尾弁匡（しいおべんきょう）、長谷川良信といった浄土宗僧侶に注目し、その思想と行動を追跡した成果が多い。一冊だけ挙げると、**長谷川**（はせがわ）

中西ほか『戦前期仏教社会事業の研究』（不二出版）

匡俊（まさとし）編著『近代浄土宗の社会事業――人とその実践』（相川書房、一九九四年）。

中西直樹『仏教と医療・福祉の近代史』（法藏館、二〇〇四年）は、こうした特定の仏教者に注目するというアプローチではなく、具体的な状況との関わりのなかで仏教の担った社会事業をとらえようとしている。また、**高石史人（たかいしふみと）『仏教福祉への視座』（永田文昌堂、二〇〇五年）**は、仏教福祉を仏教の福祉として把握する方法的立場から、近代仏教の慈善や赤松連城（あかまつれんじょう）、渡辺海旭などを論じた作品である。仏教的な社会倫理という観点を重視した成果として、**井川裕覚『近代日本の仏教と福祉――公共性と社会倫理の視点から』（法藏館、二〇二三年）**も挙げておきたい。同書は、瓜生イワ・渡辺海旭・長谷川良信らを取り上げ、近代日本の仏教社会事業が公共空間のなかで担った役割を検討している。

二〇二一年には、**大谷栄一・大友昌子・永岡正己・長谷川国俊・林淳編『吉田久一とその時代――仏教史と社会事業史の探求』（法藏館、二〇二一年）**が刊行された。この分野の先駆的研究者である吉田久一をテーマに、近代仏教史、社会事業史、仏教社会事業史の各分野の専門家が寄稿している。吉田の立場を踏まえ直すことで、これらの分野を跨いだ研究の一層の深化が期待される。

部落問題関係では、**浄土真宗本願寺派同朋運動変遷史編纂委員会編『同朋運動史資料』（全四巻、浄土真宗本願寺派出版部、一九八〇～一九九〇年）**が、部落問題関係の記事を収載した資料集として有益である。個別研究としては、やはり水平運動研究が突出している。とくに**「（仮称）水平社歴史館」建設推進委員会編『図説水平社運動』（解放出版社、一九九六年）**は、貴重な史料・写真を数多く掲載しており、大変参考になる。

二〇二二年には、全国水平社創立一〇〇年の節目を迎え、関係する書籍が多く刊行された。部落史研究と近代仏教研究との架橋については、まだ多くの課題を残しているが、やはり浄土真宗と初期水平運動との関係が重要となる。**同和教育振興会編『講座同朋運動――西本願寺教団と部落差別問題』（全五巻、明石書店、二〇一一～二〇一九年）**は、水平社との関係をはじめ、本願寺派における部落差別の歴史の全体像を様々な視点から論じている。

（近藤俊太郎）

近代仏教と民俗
——生活のなかの仏教

近代仏教の歴史や学問において、日本の土着的な風習としての民俗は「迷信」として切り捨てられることが少なくなかった。だが、戦後社会における民俗学の発達に呼応するかたちで、近代仏教学における民俗研究の不在を批判し、仏教と民俗の関係について考察する研究が次第に増えた。

そうした研究の頂点を極めたのが、**五来重**（ごらいしげる）であった。その成果は全一二巻+別冊一巻の**『五来重著作集』**（**法藏館、二〇〇七～二〇〇九年**）にまとめられている。彼が構築した「仏教民俗学」の視座や方法に加え、踊念仏をはじめとする民間芸能、高野聖（こうやひじり）などの民間宗教者、寺社縁起、葬儀と供養など、五来が豊富な文献資料と民俗調査から明らかにした日本の民俗的仏教の歴史が、各巻に記されている。なお近年、五来の代表的な著作のうちいくつかが文庫化されており、**『仏教と民俗——仏教民俗学入門』**（**角川ソフィア文庫、二〇一〇年**）や**『先祖供養と墓』**（**同、二〇二二年**）、**『熊野詣——三山信仰と文化』**（**講談社学術文庫、二〇〇四年**）、**『修験道入門』**（**ちくま学芸文庫、二〇二一年**）など、初学者には最適である。

こうした仏教と民俗に関する研究は、現代を対象にしても行われている。その筆頭に挙げられるのが**佐々木宏幹**の「生活仏教」論であり、**『生活仏教の民俗誌——誰が死者を鎮め、生者を安心させるのか』**（**春秋社、二〇一二年**）などがある。佐々木は仏教の教理的な次元と民俗的な次元とがどのように融合しているのかを、とくに現代日本の死者観念の考察を通して検討している。この種の研究のいわば浄土真宗バージョンと言えるのが、**大村英昭・金児暁嗣**（かねこさとる）**・**

五来重『仏教と民俗——仏教民俗学入門』（角川ソフィア文庫）

佐々木正典『ポスト・モダンの親鸞――真宗信仰と民俗信仰のあいだ』（同朋舎出版、一九九〇年）であり、現代の真宗信徒における民俗的な信仰の意義を論じている。

民俗的な仏教文化の近代的展開に関しては、四国遍路を対象とした研究の進展が著しい。**森正人『四国遍路の近現代――「モダン遍路」から「癒しの旅」まで』（創元社、二〇〇五年）**は、四国遍路がメディアの影響や国家的イデオロギーとの交渉のもと近現代においていかに再構築されてきたのかを多角的に考察している。**星野英紀・浅川泰宏『四国遍路――さまざまな祈りの世界』（吉川弘文館、二〇一一年）**は、同じく四国遍路の近現代の変容を焦点化しつつ、とくにその当事者たちの心意に迫っている。また、**新堀歓乃**（しんぼりかんの）**『近代仏教教団とご詠歌』（勉誠出版、二〇一三年）**は、弘法大師信仰と結びついた民俗的なご詠歌が、近代の真言宗教団の教化手段としていかに再編成されていったのかを精密に明らかにしている。

ほかにも、**村上紀夫『京都地蔵盆の歴史』（法藏館、二〇一七年）**は、関西における子ども主体の仏教民俗である地蔵盆の歴史を、近世から近現代の社会構造や権力の変化を踏まえながら解明し、また、**大道晴香『「イタコ」の誕生――マスメディアと宗教文化』（弘文堂、二〇一七年）**は、青森の仏教寺院の周辺で活躍する盲目の巫女をめぐる想像力の変遷を、戦後のオカルト・ブームやツーリズムの影響などを考慮しつつ分析している。

（碧海寿広）

近代仏教とキリスト教
——排斥と対話

近代日本における仏教とキリスト教の関係について、もちろん仏教史やキリスト教史の通史的研究においても取り上げられてきているが、ここではそれらについては触れない。それらは基本的に仏教やキリスト教の歴史を述べるためのものであり、もし相互交渉に焦点を合わせるならば、別の視点から論じる必要があるだろう。

一例として宗教間対話や協力という視点を挙げることができる。東京大学で姉崎正治(あねさきまさはる)に学んだ**桜井匡**(さくらいまさし)には戦前から研究があるが、集大成的な**『明治宗教史研究』(春秋社、一九七一年)**は個別の宗教伝統の歴史を俯瞰するかたちで宗教史の叙述を試みており、仏教とキリスト教の関係に目配りしながら多くの事例に触れ、最後は「諸宗教の親和活動」について述べている。また**Thelle, Notto R.** ***Buddhism and Christianity in Japan : from conflict to dialogue, 1854–1899*** **Honolulu : University of Hawaii Press, 1987**は仏教とキリスト教の相互交渉にとくに焦点を合わせた貴重な研究であり、対立から対話へという筋書きにおいて通史的な叙述を行っている。

次に、これと関連して相互交渉が比較宗教・宗教学的な考え方につながっていくという視点がある。たとえば**鈴木範久『明治宗教思潮の研究——宗教学事始』(東京大学出版会、一九七九年)**は、自由キリスト教から宗教学へとつながる流れに焦点を合わせながら、仏基交渉に関連する出来事についても取り上げている。また**星野靖二『近代日本の宗教概念——宗教者の言葉と近代』(有志舎、二〇一二年)**は、宗教者の相互交渉が宗教概念を組み上げていくと

星野靖二『近代日本の宗教概念——宗教者の言葉と近代』(有志舎)

いう視点から構成されており、仏基交渉の事例についての検討も行われている。これに関連して、**島薗進・高橋原・星野靖二編『宗教学の形成過程』（シリーズ日本の宗教学④、全九巻、クレス出版、二〇〇六年）**には当時のキリスト教徒による仏教論や、仏教徒によるキリスト教論が収録されており、資料として有用である。

なお、これらでは融和的な動きや対話・交流を推進した人々が積極的に取り上げられているが、近代におけるキリスト教排斥運動において仏教は大きな役割を果たしていた。これについて、たとえば**同志社大学人文科学研究所編『排耶論の研究』（教文館、一九八九年）**がこの問題に関する論考を収録している。

他方で、相互変容に開かれた宗教間対話という現在進行形の課題については南山宗教文化研究所が積極的に取り組んできており、仏基交渉については**南山宗教文化研究所編『キリスト教は仏教から何を学べるか』（法藏館、一九九九年）**などにまとめられている。

ここまで、主に近代仏教とキリスト教の二者関係に焦点を合わせた研究を紹介してきたが、以下では別の論点を設定して、そこで近代仏教とキリスト教を俯瞰的に検討している近年の研究をいくつか挙げる。

例えば**岩田真美・桐原健真編『カミとホトケの幕末維新——交錯する宗教世界』（法藏館、二〇一八年）**は、幕末維新期に焦点を合わせ、同時代の仏教徒やキリスト教徒たちがどのように生き、またそれを現在からどのように論じることができるのかについて考察を加えている。

また**クリントン・ゴダール『ダーウィン、仏教、神——近代日本の進化論と宗教』（碧海寿広訳、人文書院、二〇二〇年）**は、日本における進化論の受容を再検討するものだが、仏教もキリスト教も、その錯綜した解釈の過程に参与していたことが論じられている。

こうした議論の射程には神道など他の宗教伝統も含まれており、近代仏教とキリスト教の関係を、他の問題系につなげて論じていく方向性が示唆されているといえよう。

（星野靖二）

近代仏教とジェンダー
——女性と家庭

文化や社会によって異なる男女観や性差別の問題について考えるジェンダーの視点は、近代の日本仏教を論じるうえでも欠かせない。僧侶が妻帯し家族を形成する風習が、明治政府による「肉食妻帯」の公許（明治五年）の後に一般的になり、そこから日本仏教の特異な男女観や性差別が生まれたからである。

近代仏教と肉食妻帯というテーマについては、**中村生雄**(なかむらいくお)**『肉食妻帯考——日本仏教の発生』（青土社、二〇一一年）**の第Ⅱ部が明解かつ鋭く議論している。近代以降、それ以前から妻帯を許されていた浄土真宗のみならず、他の「出家」を理念とする宗派の僧侶もほとんどが妻帯するにいたった。中村は、これを日本仏教の「真宗化」と評し、そこから派生する諸問題を検討している。また、近代日本における僧侶妻帯をめぐる葛藤や妥協の展開について詳細に研究したのが、**リチャード・ジャフィ**の著書（*Neither Monk Nor Layman: Clerical Marriage in Modern Japanese Buddhism*）であり、その結論的な章が**「限りなく在家に近い出家」（末木文美士**(すえきふみひこ)**・林淳・吉永進一・大谷栄一編『ブッダの変貌——交錯する近代仏教』法藏館、二〇一四年）**として邦訳されている。

近代において定着した妻帯仏教の文化は、現代なお熟考すべき課題を抱えている。**川橋範子**(かわはしのりこ)**『妻帯仏教の民族誌——ジェンダー宗教学からのアプローチ』（人文書院、二〇一二年）**は、理念（出家）と現実（妻帯）が乖離した「虚偽の出家主義」にもとづく教団・寺院で生きる、寺族女性（僧侶の妻）や尼僧たちに対する差別の現場に切り込みつつ、これを超克するジェンダー平等的な日本仏教の将来を模索する。

一方、現代日本の女性僧侶に関する研究も注目される。**丹羽宣子『〈僧侶らしさ〉と〈女性らしさ〉の宗教社会学——日蓮宗女性僧侶の事例から』（晃洋書房、二〇一九年）**は、日蓮宗の女性僧侶へのインタビュー調査等を基に、現代の仏教界にはびこる「男社会」のあり様や、女性僧侶の生活実践を鮮明に論述する。**那須英勝・本多彩・碧海寿広**(おおみとしひろ)**編『現代日本の仏教と女性——文化の越境とジェンダー』（法藏館、二〇一九年）**もまた、真宗その他の各宗派の女

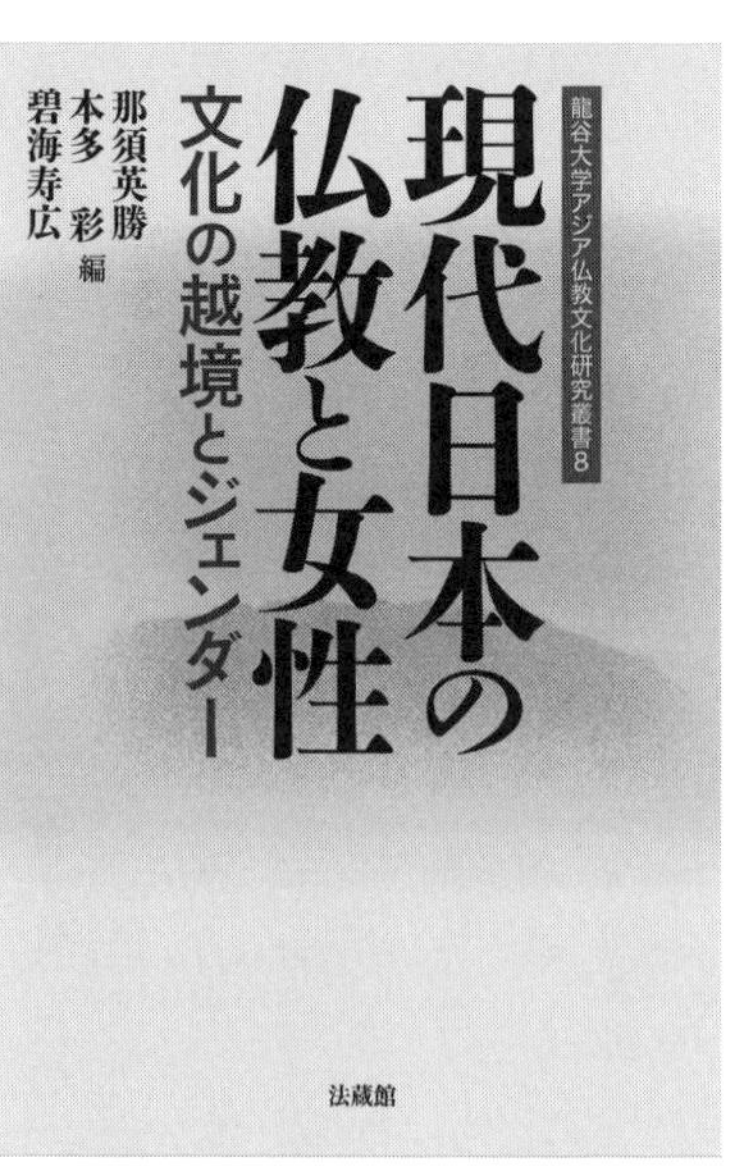

那須英勝ほか編『現代日本の仏教と女性——文化の越境とジェンダー』（法藏館）

性僧侶たちの生き方について、当事者の声を記録しながら多角的に検討している。

近代仏教とジェンダーをめぐる論点は、こうした妻帯仏教や女性僧侶をめぐる問題のみに限られない。たとえば、**福島栄寿「仏教婦人雑誌『家庭』にみる「家庭」と「女性」——「精神主義」のジェンダー」（『思想史としての「精神主義」』法藏館、二〇〇三年）**は、近代真宗の革新的な思想家たちにもみられる、男性優位の発想や狭隘な女性観を摘出している。また、**碧海寿広「近代仏教とジェンダー——女性信徒の内面を読む」（『近代仏教のなかの真宗——近角常観と求道者たち』法藏館、二〇一四年）**では、近代的な教育と宗教（仏教）を受容した女性たちが表現した、同時代の通常的なジェンダー観を乗り超える想像力の内実について検討している。

さらに、「女人禁制」もまた、近代仏教とジェンダーの交錯する重要なテーマだ。**鈴木正崇『女人禁制の人類学——相撲・穢れ・ジェンダー』（法藏館、二〇二一年）**は、仏教の戒律や日本人の「穢れ」意識などにより形成された日本宗教のジェンダー秩序について、その近現代の展開を綿密に考察している。同著者の**『女人禁制』（講談社学術文庫、二〇二二年）**と併読すれば、このテーマに関わる問題の全様が把握できるだろう。

（碧海寿広）

法華系新宗教の研究
——法華信仰の伝統と革新

法華系新宗教の概要を知る場合、それが、法華信仰の「伝統」と、新宗教としての「革新」を同時に含んだ近現代の宗教運動であるとの視点が重要だ。つまり、伝統的な法華経理解に加え、独創性をもった思想と教化システムで、大衆を組織化した運動として研究しなければならない。

まず最初に、法華系新宗教の数の多さと規模の大きさに驚くであろう。どのような教団があるのかを知るためには、**井上順孝**（いのうえのぶたか）**ほか編『新宗教事典（本文編）』（弘文堂、一九九四年）、同編『新宗教教団・人物事典』（弘文堂、一九九六年）**が便利である。新宗教全般のなかから法華系新宗教の箇所をみてみると、仏教系でも、なぜ法華系に新宗教が多いかがわかる。同時に、佛立講（ぶつりゅうこう）系や霊友会（れいゆうかい）系といった分派関係も理解できる。

個別教団について学ぶきっかけとしては、**縄田早苗ほか『新宗教の世界（Ⅱ）』（大蔵出版、一九七八年）**、**梅原正紀ほか『新宗教の世界（Ⅲ）』（大蔵出版、一九七八年）**が便利である。前者では、霊友会、立正佼成会（りっしょうこうせいかい）、創価学会について、後者では日本敬神崇祖自修団と妙智會教団が触れられている。あわせて、**田村芳朗・宮崎英修編『講座日蓮4 日本近代と日蓮主義』（春秋社、一九七二年）**の第四章「日蓮系の新宗教運動」、**孝本貢編『論集日本仏教史 第九巻 大正・昭和時代』（雄山閣出版、一九八八年）**で、歴史的背景を踏まえて概略を理解するとよい。

教えの特徴を知るには、教団刊行物は貴重である。教理や体験談は、生きた資料として研究に活用できる。そのためにも、**対馬路人ほか「新宗教における生命主義的救済観」（『思想』六六五号、岩波書店、一九七九年）**を読破したい。他の新宗教と通底する法華系新宗教の教えの特質が生命主義的救済観としてとらえられている。

法華系新宗教を実証的なスタイルで研究するならば、**森岡清美編『変動期の人間と宗教』（未来社、一九七八年）**、**森岡清美『新宗教運動の展開過程——教団ライフサイクル論の視点から』（創文社、一九八九年）**、**磯岡哲也『宗教的信念体系の伝播と変容』（学文社、一九九九年）**、**渡辺雅子『ブラジル日系新宗教の展開——異文化布教の課題と実践』（東信堂、二〇〇一年）**、**渡辺雅子『現代日本新宗教論——**

入信過程と自己形成の視点から』（御茶の水書房、二〇〇七年）、猪瀬優理『信仰はどのように継承されるか――創価学会にみる次世代育成』（北海道大学出版会、二〇一一年）に挑戦したい。教団の運動展開、分派の仕組み、教祖、入信過程、地域伝播、海外布教、信仰継承などが、法華系新宗教を題材として論じられている。

法華系新宗教の「伝統と革新」を探究したものとして、西山茂「新宗教の特徴と類型」（東洋大学白山社会学会編『日本社会論の再検討――到達点と課題』未来社、一九九五年）がある。創価学会がなぜ、伝統宗派内の講組織として展開したのか、また、なぜ独立したのかについての考察が含まれている。また、一部の日蓮系に特徴的な純一性が、法華系新宗教でなぜ強く主張されるのかを、現世利益との関連から分析したものとして、大西克明『本門佛立講と創価学会の社会学的研究――宗教的排他性と現世主義』（論創社、二〇〇九年）がある。

また、西山茂責任編集『シリーズ日蓮4 近現代の法華運動と在家教団』（春秋社、二〇一四年）は、近現代における法華仏教運動について、最新の研究水準で探究された論集である。法華系新宗教の研究論点を把握するのに資する好著だ。

さらに、同シリーズの編集委員の一人である西山茂は『近現代日本の法華運動』（春秋社、二〇一六年）を上梓した。日蓮主義運動の全体像が活写されるとともに、主要な法華系在家教団が「内棲宗教」という独自の概念で分析されている。既存の伝統教団と在家教団の間に潜在する構造的な力学を視野に入れた宗教運動論として優れており、法華系新宗教の研究には必読の書といえる。

（大西克明）

西山茂『近現代日本の法華運動』（春秋社）

近代仏教の写真集
――撮された民間の信仰世界

「写真」が「近代」の産物である以上、仏教的テーマを扱った写真はすべて「近代仏教の写真集」ということになりそうだが、ここではそのなかから、寺院建築や仏教美術といったジャンルを割愛し、人々の営みを扱ったものを中心に紹介したい。

最初に、フォト・ジャーナリスト**藤田庄市**（一九四七〜）を取り上げよう。吉野、熊野、四国八十八カ所といった伝統的な霊場から、オウム真理教のようなセンセーショナルな事件まで、現代日本の祈りの現場を精力的にフィールドワークする藤田は、処女作**『拝み屋さん――霊能祈禱師の世界』（弘文堂、一九九〇年）**以来、多くの問題作を世に送り出してきた。現代を生きる人々の苦悩とそれに向き合う宗教者の真摯さに「共感」しつつ、にもかかわらず、そうした営みがときに信者を宗教的「脅迫」へと駆り立てる構造に「賛成できない」という藤田のスタンスは、信仰をめぐる温かさと危うさを絶妙な距離感で描き出す。加持祈禱やチャネリングといった神秘体験の瞬間をえぐり取った妖気あふれるカットは、藤田作品の真骨頂と言えよう。

次に、山々をめぐる修行者、村々をまわる芸能者に迫った作品にも多くの秀作があるが、ここでは**宮川光義『肥後琵琶夫婦賛歌――山鹿良之夫妻の生活記録』（私家版、一九八三年）**を取り上げたい。平家物語の弾き語りでよく知られる琵琶法師は、盲僧琵琶とも呼ばれ、古くより西日本を中心に活躍、日本の民間文芸に大きな足跡を残してきた。戦後、わずか数名となった伝承者の一人・山鹿良之（やましかよしゆき）（一九〇一〜一九九六、熊本県玉名郡生まれ）は「最後の琵琶法師」と呼ばれ、その山鹿を七年間にわたって撮影した成果が本書である。追善供養やお祓いを営む宗教者としての姿とともに、失明した妻とのつつましい生活の様子がおさめられ、琵琶法師という芸と芸能者、それを迎える村人のあり方がモノクロームの画面に生き生きと描き出されている。こうした芸能者を目にする機会は一九七〇年代を最後になくなった。本書の記録的価値は今後ますます高まっていくだろう。

地域で営まれる仏事をおさめた作品にも興味深いものが少なくない。ここでは**池田弥三郎・牧田茂・三村幸一『化**

粧地蔵――こどもの神さま』（淡交社、一九七三年）をみてみたい。日本で一番多い仏像は、おそらく地蔵だろう。全国津々浦々の路傍や境内や墓地に、お地蔵さんはひっそりとたたずんでいる。なかでも鮮烈なのは、若狭・丹後を中心に日本海沿岸に分布するらしい「化粧地蔵」で、地蔵盆などの縁日に、地元の人々、おもに子どもたちが地蔵をチョークなどで彩色するという慣習が伝えられているのだ。その姿に戦慄を覚えた民俗写真家・三村幸一（一九〇三～一九九八）が、一八年にわたり各地を撮り歩いた作品が本書である（民俗学者の池田と牧田の文章も収録）。本書に登場する地蔵たちの姿は、原色満開、ポップでシュールで、途方もなく個性的だ（手前味噌な紹介になるが、**大谷栄一・菊地暁・永岡崇編『日本宗教史のキーワード――近代主義を超えて』〈慶應義塾大学出版会、二〇一八年〉**の表紙にもサイケデリックな化粧地蔵にご登場いただいた）。地蔵が今なお人々の祈りに息づいていることを、本書はまざまざと見せつけてくれる。

新宗教、新々宗教との関係は近代仏教研究において避けて通ることのできないテーマだが、そうした観点から注目すべき作品に**三木淳『写真　創価学会』（河出書房、一九六八年）**がある。葉巻をくわえた吉田茂首相のスナップで有名な報道写真家・三木淳（一九一九～一九九二）が、昭和三六（一九六一）年から昭和四二年の七年間、日蓮正宗の流れをくむ創価学会の姿に迫ったのが本書である。奇しくもこの時期、学会は第三代会長・池田大作（一九二八～）のもと、急速に会員数を拡大しており（七年間で約四倍）、急成長する教団の躍動を三木は克明に描き出している。会長の日常から、会員の勤勉な姿、大会風景、香港や南米に広がる学会活動を、てらいのない画面でシンプルに押さえているあたり、さすがは報道写真の達人だ。圧巻は

三木淳『写真 創価学会』（河出書房）

国立競技場で開催される「文化祭」の場面であり、膨大な学会員により繰り広げられるマスゲームの壮観は、見る者の度肝を抜いて余りある。一級の写真家が、巨大教団に密着し、写真集をつくるという例はその後ほとんどなく（大本教を長期取材した**芳賀日出男『神の子神の民』〈天声社、一九六四年〉**ぐらいだろうか）、その意味でも歴史的な作品である。

最後に事典としても便利な**萩原秀三郎・須藤功『日本宗教民俗図典』（法藏館、一九八五年）**を挙げておこう。萩原（一九三三〜）と須藤（一九三八〜）、日本を代表する二人の民俗写真家の永年撮りためた膨大な作品が「祈りと救い」「葬送と供養」「四季の行事」の三巻にまとめられている。仏教と関わりの深いのはもちろん「葬送と供養」だが、日本の民間信仰が神仏習合を基調とするため、神も仏も渾然として全巻に登場する。本書を通覧すると、日本の民間信仰がいかに多様であるかがあらためて感得されるとともに、それらがまぎれもなく「近代」の宗教的実践であることに驚かされる（なにしろ「近代」の「写真」に撮られているのだから）。こうした多様な民間信仰をも射程におさめた、立体的・重層的な宗教史像を描き出すことが、近代仏教研究のネクスト・ステージに求められている。

（菊地暁）

萩原ほか『日本宗教民俗図典』（法藏館）

初心者のためのリサーチマップ

図書館とアーカイブ
——学びと調査のスタートライン

近代仏教に関して本格的に学問・研究する場合、まずは一般の書店や大学の図書館などで購入・参照できる書物や専門誌を読むことからスタートするのが基本である。そこから、さらに進めて通常では手に入りにくい本や雑誌を閲覧したくなった際には、以下のようなやや特殊な図書館やアーカイブを利用することがすすめられる。

近代デジタルライブラリーは、国立国会図書館が運営しているインターネット上の電子図書館であり、明治・大正・昭和前期の著作権が切れた図書類をデジタル化して一般公開している。平成二八（二〇一六）年一月時点で約三五万点の図書が収録されており、このなかには明治以降の仏教関連図書もたくさん含まれている。収録図書は、図書館外から検索・閲覧が可能である。近代仏教研究がカバーする時代の関連図書を参照する際には、現在、最も気軽に利用でき、しかも重要な文献も少なくない、至極有用な図書館である。なお、近代デジタルライブラリーは平成二八

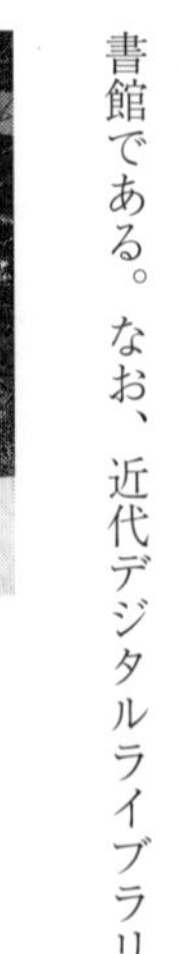

成田山仏教図書館（千葉県成田市）

年五月にサービスを終了し、**国立国会図書館デジタルコレクション**に統合された。

成田山仏教図書館（千葉県成田市）は、成田山文化財団が運営する公共図書館であり、数多くの仏教書や仏教関連の研究論文、仏教教団の機関誌などを収蔵している。こちらは真言宗の成田山新勝寺の第一五世貫首・石川照勤（いしかわしょうきん）僧正により、明治三四（一九〇一）年に千葉県下で初の図書館として設立され、翌年、一般に開館公開された。平成一七年四月より、七三万件を超える蔵書データベースをインターネットで公開しており、図書館外からでも検索可能である。

斯道文庫（東京都港区）

斯道（しどう）文庫（東京都港区）は、慶應義塾大学附属研究所として、日本と東アジアの古典に関する資料の集収・保管・調査研究を行っている。同文庫には、明治仏教史編纂所蔵書が収蔵されているが、こちらはもともと、宗教家で仏教学者でもあった友松円諦（ともまつえんたい）が建立した宗教法人神田寺の所蔵で、昭和五八（一九八三）年に同文庫に寄託された。仏教関係資料が中心で、宗派や寺院関係の雑誌や新聞七二七種と、和漢書約二五三〇冊からなる。国立国会図書館にも所蔵されていない珍しい資料も多い。なお、同文庫は公共図書館ではなく大学の研究所のため、資料の利用にあたっては事前の申請が必要である。

佼成（こうせい）図書館（東京都杉並区）は、約六万冊の宗教書のほか、仏教系教団をはじめとする宗教教団が刊行する機関誌を広範に収集し、一般公開している。法華系の新宗教教団である立正佼成会によって、昭和二八年に開設された。教団刊行の機関誌は、近現代の宗教史について研究する際には欠かすことのできない一次資料の一種であり、そうした機関誌を各教団に直接アクセスしなくても参照できる図書館として、こちらはとても便利である。

この佼成図書館とも近い場所にある**国際宗教研究所・宗教情報リサーチセンター（東京都杉並区）**では、佼成図書館と同じく教団刊行の機関誌を収集・公開し、また宗教記事データベースという、現在発行されている新聞・雑誌に掲載された宗教関連の記事をデジタル化し、全文検索が可能な状態で閲覧できるシステムを提供している。おおよそ昭和六〇年頃からのデータベースであり、それ以前の記事は扱っていないが、仏教（宗教）に関する現代史について調べる際には、大いに役立つだろう。なお、こちらは会員制だが、一日会員制度での利用も可能である。

そのほか、東京大学大学院法学政治学研究科附属近代日本法政史料センターの**明治新聞雑誌文庫（東京都文京区）**は、明治時代に刊行された新聞・雑誌を国内で最も多く収蔵し、さらに戦前期にかけての新聞・雑誌も幅広く収集・整理し公開している。明治以降の仏教をとりまく歴史を一般の新聞・雑誌から読み取っていく際には、きわめて有用である。

（碧海寿広）

博物館

——近代の仏教者の足跡をたずねて

近代仏教の当事者らの足跡を展示した博物館が、各地に建てられている。博物館では、どの施設も共通して、郷土が生んだ先人またはゆかりのある著名人を顕彰している。これらの博物館を実際に訪れることで、その人物の経歴や思想について、さらに理解が深まるであろう。ここでは、近代の仏教者や仏教学者、仏教に影響を受けた作家などを扱った博物館や関連施設を紹介する。

宮沢賢治記念館（岩手県花巻市）

北海道開拓の村（北海道札幌市）に、移築した浄土宗龍雲寺の本堂をはじめ、長野県出身者による神社やキリスト教徒の会堂があり、近代日本の移住は、宗教と密接であったことが理解できる。**盛岡市先人記念館（岩手県盛岡市）**には、同地にある浄土真宗本願寺派願教寺の住職を務めた島地黙雷と大等の親子の遺品が展示されている。**宮沢賢治記念館（岩手県花巻市）**には、宮沢賢治の詩人・童話作家としての創作に関わる遺品のなかに、国柱会会員として法華信仰に関わるものが展示されている。**花巻市博物館（同）**には、チベット学者多田等観の遺品が収蔵されているが、これは、戦時中に同地の本願寺派光徳寺へ多田が疎開したことにちなむ。

東洋大学井上円了記念博物館（東京都文京区）、**中野区立哲学堂公園（同中野区）**は、東洋大学を創設して哲学を万人に普及させた、真宗大谷派僧侶である井上円了にちなむ施設である。**東洋文庫ミュージアム（同文京区）**には、近代日本における東洋学としての仏教研究の文物が展示されている。**立正佼成会開祖記念館（同杉並区）**には、立正佼成会の開祖である庭野日敬（にわのにっきょう）についての資料が展示されている。**駒澤大学禅文化歴史博物館（同世田谷区）**の大学史展示室には、近代曹洞宗の高等教育の足跡がわかる資料が展示されている。また**川崎市岡本太郎美術館（神奈川県川崎市）**には、画家・岡本太郎の母で仏教篤信家であった岡本かの子の資料がある。

新潟市曽我・平澤記念館（新潟県新潟市）には、真宗大谷派の学僧である曽我量深にちなむ遺品が保管され、同地出身の解剖学者で真宗の信仰を持った平澤興とともに顕彰されている。また、禅を世界に広めた鈴木大拙の生誕地のそばにある**鈴木大拙館（石川県金沢市）**と、大拙の友人であった哲学者西田幾多郎の記念館、**石川県西田幾多郎記念哲学館（同かほく市）**もぜひ訪れたい。

柏崎ふるさと人物館（新潟県柏崎市）には、創価教育学会を設立した牧口常三郎に関する展示がある。日蓮宗龍華寺にある**樗牛館（静岡県静岡市）**では、評論家の高山樗牛と宗教学者の姉崎正治の交流が紹介されている。**清沢満之記念館（愛知県碧南市）**は、清沢満之が副住職を務めた真宗大谷派西方寺に隣接する。**哲学たいけん村無我苑（同碧南市）**では、真宗大谷派を離脱して無我愛運動を行った伊藤証信が紹介されている。**博物館明治村（同犬山市）**には、大正大学の前身である宗教大学の校舎玄関車寄のほか、当時のキリスト教会などもあり、明治という時代を肌で感じることができる施設である。

清沢満之記念館（愛知県碧南市）
（胸像の作者は楢原北悠氏〈平成16年6月6日作〉）

鈴木大拙館の思索空間と水鏡の庭
（石川県金沢市）（写真提供：鈴木大拙館）

文化の里古田紹欽記念館（岐阜県山県市）には、禅学者である古田紹欽の蔵書が寄贈され、自ら手掛けた書画も展示されている。

龍谷大学龍谷ミュージアム（京都府京都市下京区）では、大谷探検隊が収集した貴重な文物が展示され、仏教に関する特別展も随時行われている。**大谷大学博物館（同市北区）**では、大谷大学にゆかりがある真宗大谷派の関係者に関する特別展が行われることがある。

中村元記念館（島根県松江市）では、戦後のインド学仏教学を牽引した中村元の足跡をたどることができる。本願寺別府別院には**大谷記念館（大分県別府市）**があり、同地で没した大谷光瑞の足跡が展示されている。

龍谷大学龍谷ミュージアム（京都市下京区）

最後に、仏教者としては歩まなかったが、寺院出身者の施設も紹介しよう。**石川啄木記念館（岩手県盛岡市）**は、歌人・詩人としての石川啄木の足跡が展示され、父一禎が住職を務めた曹洞宗宝徳寺の付近にある。**白瀬南極探検隊記念館（秋田県にかほ市）**にその足跡が展示される白瀬矗は、同地の真宗大谷派浄蓮寺の生まれである。**清浦記念館（熊本県山鹿市）**は、同地の浄土真宗本願寺派明照寺の出身で内閣総理大臣も務めた清浦奎吾にちなむ。

このほかに、全国各地の諸寺院には、宝物館を併設するところがある。随時、その寺院の歴史に関する特別展を行っているが、そこでは、近代に関する展示物が陳列される場合がある。

（大澤広嗣）

建築物
——モダンな仏教のモダンな建物

近代に建てられた仏教建築の多くは近世以来の伝統的な形を受け継いだ木造建築であった。伝統的な形式と言っても、近世建築の延長上にあるものから古代・中世の形式を復古的に引用した新しい伝統木造建築まで多様な展開をみせていくが、なかには日本の伝統様式に固執せず、諸外国の様式を積極的に取り入れて際立った個性をみせるにいたったモダン寺院とでも言うべき建築物も建てられた。ここでは代表的な建築物を五点紹介しておく。

明治初期の西洋風仏教系建築物を代表するのが**龍谷大学大宮学舎（京都市下京区、国指定重要文化財）**である。本願寺の教育施設「学林」を改組した大教校の校舎として明治一二（一八七九）年に建てられたもので、本館（講堂）とその両側を挟む北黌（ほっこう）・南黌（なんこう）などからなる。中央に堂々たる姿をみせる本館は、比例、細部とも整った様式をまとっており、西洋の学校建築を強く意識したことがうかがえる。ただし構造は石造ではなく、木造の要所に石を貼った木骨石造の形式を採っており、また車寄せの三角破風（はふ）が切妻屋根（きりづまやね）風になっているなど、洋風の技術と意匠を擬似的に再現しようとしており、明治初期に現れた擬洋風建築の一例であることがわかる。また、東を正面として背面に窓を設けない形式は、浄土真宗の本堂の形式に擬（なぞら）えたものとみられ、洋風を志向しながらも伝統を継承する意志を感じさせる建物と言える。

写真1　龍谷大学大宮学舎本館（京都市下京区）

明治中期の事例として注目されるのが、富士山を遠望する三保の松原の近隣に昭和初期まであった**最勝閣（さいしょうかく）（現存せず）**である。田中智学（たなかちがく）が主催する国柱会（こくちゅうかい）の本部だった建物で、明治二八年に田中が大阪に建てた立正閣を明治四三年に当地に移築したものである。大壁に縦長窓を開けた洋風二階建ての主体部に千鳥破風と鴟尾の付いた望楼を載せた城郭を思わせるシルエットを持つ。富士山を背景に和風とも洋風ともつかない無国籍な楼閣が聳える様は田中の思想をよく反映したものと言え、北原白秋などの多くの著名人に愛された。

　明治後期以降、大学で西洋建築を学んだ建築家が仏教系建築物の設計に携わる例が登場してくる。近角常観が仏教のあるべき姿を公衆に向けて訴える場として大正四（一九一五）年に開いたのが**求道会館（東京都文京区、都指定有形文化財）**である。武田五一の設計で、外観はロマネスクの教会堂風、小屋組はイギリスにみられるハンマービームトラスと西洋の様式を用いながらも、内部正面には和風の六角厨子を据えており、寺院本堂をもとに構成された空間であることがうかがえる。

　昭和初期になると、寺院建築の鉄筋コンクリート化が進む。函館大火後に再建した大谷派本願寺函館別院（大正四年）を皮切りに伝統木造の形式をそのままにコンクリートに置き換えた寺院が建てられるようになり、次いで日本の

写真２　最勝閣（静岡市清水区三保の貝島にあったが、現存しない。写真提供：宗教法人国柱会）

写真３　求道会館（東京都文京区）

写真４　本願寺神戸別院（神戸市中央区）

写真 5　築地本願寺本堂（東京都中央区）

伝統形式にとらわれない多様な表現が試みられていく。モダン寺と通称される**本願寺神戸別院（神戸市中央区）**は、平成七（一九九五）年に現在のものに建て替えられたが、以前は大谷尊由が設計に深く関与して昭和五（一九三〇）年に建てられたものであった。中央に大きなアーチを開き、屋上に複数の小塔を載せた構成は、インドのムガール朝期の宮殿、廟、寺院建築の様式をもとにアレンジを加えたものとなっている。

世界の様式を折衷した仏教系建築物の集大成と言えるのが、昭和九年に竣工した**築地本願寺本堂（東京都中央区、国指定重要文化財）**であろう。設計者の伊東忠太は、コンクリートによって木造伝統意匠を模倣する方向を採らず、自らの主張する「建築進化論」にもとづき、本来石造ないし塼造であるインドの様式を参照して新しい表現を試みた。本堂と事務機能を納めた巨大建築で、西洋建築の全体構成を基本としつつ、中央にヴォールト屋根、両翼にストゥーパとインド古代寺院の様式を組み合わせ、また細部には火灯窓型などの日本建築の細部を織り交ぜる。二階にある本堂は真宗本堂の平面に倣っており、意匠も和風となっている。近代仏教が持った世界的視野をよく体現した建築物と言える。

（清水重敦）

◉コラム　ちょっと一息④

近代仏教者たちのポートレート

昭和八（一九三三）年七月に、夏目漱石（一八六七～一九一六）の娘婿であった真宗大谷派の寺院出身の小説家・松岡譲（一八九一～一九六九）の編集による『現代仏教』という雑誌のある特集号が刊行された。七八〇頁にも及んだ本号は、「明治仏教の研究・回顧」と題され、『現代仏教』の一〇周年を記念すべく上梓されたものである。

この雑誌には約一〇〇点の記事や論説が収録され、田中智学（一八六一～一九三九）、河口慧海（一八六六～一九四五）、高楠順次郎（一八六六～一九四五）、そして刊行の数カ月後に没した境野黄洋（一八七一～一九三三）など、当時の仏教界におけるリーダーや識者のほとんどが寄稿していた。明治期の仏教界を動かした主要人物の回想的な文章や、その直弟子による伝記的な記事も掲載されているこの特集号は、明治期の仏教を知る上で欠かせない一次資料であり、専門に研究している人なら誰しも目を通しているものである。

しかし、『現代仏教』のこの号には、もうひとつ、興味深い特徴がある。巻末のあたりに、「高僧似顔」というなかなかおもしろいコラムがある。そこには、一五人の人物が描かれているが、その全員が「僧」であるわけではない。また今日の近代日本仏教史研究においては、必ずしも対象とならない「高僧」もなかにはいるが、彼らが当時、明治仏教を象徴する存在として認識されていたということをここから読み取ることもできる。似顔の作成者は、大正時代から昭和初期にかけての日本を代表する漫画家・岡本一平（一八八六～一九四八）である。

岡本はかつて、特集号編者であった松岡の岳父・漱石の『坊っちゃん』をもとにした作品を描いたこともあり、その妻・作家の岡本かの子（一八八九～一九三九）も当時、仏教エッセイストとして知られていた。岡本がその「似顔」を描くこととなった経緯は不明だが、彼にそのような人脈があったということは、じつにおもしろい。

（オリオン・クラウタウ）

井上円了（1858～1919）

前田慧雲（1855～1930）

原坦山（1819～1892）

大内青巒（1845～1918）

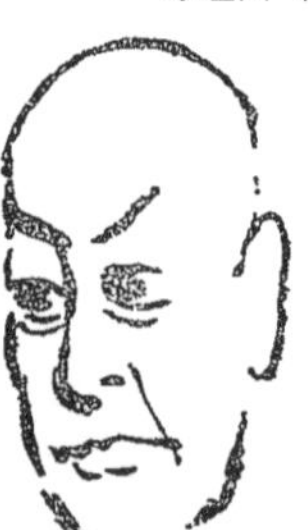

大谷光尊（1850～1903）

奥村五百子（1845～1907）

山岡鉄舟（1836～1888）

島地黙雷（1838～1911）

村上専精（1851～1929）

権田雷斧（1847～1934）

清沢満之（1863～1903）

福田行誡（1806～1888）

北野元峰（1842～1933）

釈雲照（1827～1909）

南条文雄（1849～1927）

※各肖像写真の出典については、巻末の「参考文献一覧」を参照のこと。

参考文献一覧

凡例

・以下、各章や各項目で参照した文献（著作、論文、資料集等）を掲載する。

・文献は、各章や各項目ごとに日本語文献（五十音順）、英語文献（アルファベット順）の順番に並べた。

・著作集は、日本語文献の末尾に掲載した。

・末尾には各章扉および「ちょっと一息④」で使用した写真の出典を「写真出典一覧」として掲載した。

第1章

アーモンド、フィリップ・C（奥山倫明訳）『英国の仏教発見』法藏館文庫、二〇二一年

磯前順一『近代日本の宗教言説とその系譜――宗教・国家・神道』岩波書店、二〇〇三年

――――『宗教概念あるいは宗教学の死』東京大学出版会、二〇一二年

井上順孝・孝本貢・対馬路人・中牧弘允・西山茂編『新宗教事典』弘文堂、一九九〇年

江島尚俊・三浦周・松野智章編『近代日本の大学と宗教』法藏館、二〇一四年

大谷栄一『近代仏教という視座――戦争・アジア・社会主義』ぺりかん社、二〇一二年

――――『近代仏教というメディア――出版と社会活動』ぺりかん社、二〇二〇年

クラウタウ、オリオン『近代日本思想としての仏教史学』法藏館、二〇一二年

三枝充悳『仏教入門』岩波新書、一九九〇年

坂口昂吉「釈尊と修道士――バルラームとヨザファト」『史学』七六巻一号、二〇〇七年

繁田真爾「吉田久一――近代仏教史研究の開拓と方法」オリオン・クラウタウ編『戦後歴史学と日本仏教』法藏館、二〇一六年

諸点淑『植民地近代という経験――植民地朝鮮と日本近代仏教』法藏館、二〇一八年

末木文美士「総論 伝統と近代」末木文美士・林淳・吉永進一・大谷栄一編『ブッダの変貌――交錯する近代仏教』法藏館、二〇一四年

――――『明治思想家論――近代日本の思想・再考Ⅰ』トランスビュー、二〇〇四年

――――『近代日本と仏教――近代日本の思想・再考Ⅱ』トランスビュー、二〇〇四年

鈴木範久『明治宗教思潮の研究――宗教学事始』東京大学出版会、一九七九年

谷川穣『明治前期の教育・教化・仏教』思文閣出版、二〇〇八年

問芝志保『先祖祭祀と墓制の近代――創られた国民的習俗』春風社、二〇二〇年

ドロワ、ロジェ＝ポル（島田裕巳・田桐正彦訳）『虚無の信仰――西欧はなぜ仏教を怖れたか』トランスビュー、二〇〇二年、原著一九九七年

西山茂「近代仏教研究の宗教社会学的諸課題」『近代仏教』五号、一九九八年

羽賀祥二『明治維新と宗教』法藏館文庫、二〇二二年

林淳「総論 近代仏教と学知」末木・林・吉永・大谷編『ブッダの変貌――交錯する近代仏教』法藏館、二〇一四年

ベラー、ロバート・N.（池田昭訳）『徳川時代の宗教』岩波文庫、一九九六年、原著一九五七年

星野靖二『近代日本の宗教概念――宗教者の言葉と近代』有志舎、二〇一二年

マクマハン、デヴィッド・L.（田中悟訳）「仏教モダニズム」末木・林・吉永・大谷編『ブッダの変貌――交錯する近代仏教』法藏館、二〇一四年

森岡清美『家の変貌と先祖の祭』日本基督教団出版局、一九八四年

安丸良夫『神々の明治維新――神仏分離と廃仏毀釈』岩波新書、一九七九年

――『文明化の経験――近代転換期の日本』岩波書店、二〇〇七年

山口輝臣『明治国家と宗教』東京大学出版会、一九九九年

吉田久一『日本近代仏教史研究』吉川弘文館、一九五九年

吉永進一『神智学と仏教』法藏館、二〇二一年

ルノワール、フレデリック（今枝由郎＋富樫瓔子訳）『仏教と西洋の出会い』トランスビュー、二〇一〇年、原著一九九九年

Lopez, Donald S, Jr. "Introduction" in Lopez (ed.), *A Modern Buddhist Bible: Essential Readings from East and West*, Beacon Press Books, 2002

McMahan, David L. *The Making of Buddhist Modernism*, Oxford University Press, 2008

ちょっと一息①

近藤俊太郎『天皇制国家と「精神主義」――清沢満之とその門下』法藏館、二〇一三年

松本晧一『日本の近代と宗教的人格』秋山書店、二〇一四年

山本伸裕『「精神主義」は誰の思想か』法藏館、二〇一一年

吉田久一『日本近代仏教史研究』吉川弘文館、一九五九年

第2章

赤澤史朗『近代日本の思想動員と宗教統制』校倉書房、一九八五年

大谷栄一『近代仏教という視座――戦争・アジア・社会主義』ぺりかん社、二〇一二年

岡田正彦『忘れられた仏教天文学――十九世紀の日本における仏教世界像』ブイツーソリューション、二〇一〇年

小川原正道『近代日本の戦争と宗教』講談社選書メチエ、二〇一〇年

――『日本の戦争と宗教――1899-1945』講談社選書メチエ、二〇一四年

柏原祐泉『日本仏教史 近代』吉川弘文館、一九九〇年

――『真宗史仏教史の研究Ⅲ〈近代篇〉』平楽寺書店、二〇〇〇年

末木文美士編『新アジア仏教史14 日本

Ⅳ 近代国家と仏教』佼成出版社、二〇一一年

末木・林・吉永・大谷編『ブッダの変貌――交錯する近代仏教』法藏館、二〇一四年

土屋詮教『大正仏教史』三省堂、一九四〇年

中西直樹・高石史人・菊池正治『戦前期仏教社会事業の研究』不二出版、二〇一三年

日本思想史懇話会編『季刊日本思想史』七五号、二〇〇九年

福嶋寛隆『歴史のなかの真宗――自律から従属へ』永田文昌堂、二〇〇九年

吉田久一『日本近代仏教史研究』吉川弘文館、一九五九年

――『近現代仏教の歴史』筑摩書房、一九九八年

ちょっと一息②

浅田隆・和田博文編『古代の幻 日本近代文学の〈奈良〉』世界思想社、二〇〇一年

――編『文学でたどる世界遺産・奈良』風媒社、二〇〇二年

五十嵐伸治・千葉幸一郎・千葉正昭・佐野正人編『大正宗教小説の流行――その背景と〝いま〟』論創社、二〇一一年

池田英俊ほか編『現代日本と仏教 第三巻 現代思想・文学と仏教――仏教を超えて』平凡社、二〇〇〇年

石井公成監修／近藤俊太郎・名和達宣編『近代の仏教思想と日本主義』法藏館、二〇二〇年

今野達ほか編『岩波講座日本文学と仏教 第一〇巻 近代文学と仏教』岩波書店、一九九五年

森覚編『メディアのなかの仏教――近現代の仏教的人間像』勉誠出版、二〇二〇年

第3章第1節1項

ケテラー、ジェームス・E.（岡田正彦訳）『邪教／殉教の明治――廃仏毀釈と近代仏教』ぺりかん社、二〇〇六年、原著一九九〇年

鈴木範久『明治宗教思潮の研究――宗教学事始』東京大学出版会、一九七九年

Barrows, John Henry ed. *The World's Parliament of Religions*. 2vols. (Chicago: Parliament Press, 1893)

第3章第1節2項

木場明志・程舒偉編『植民地期満洲の宗教――日中両国の視点から語る』柏書房、二〇〇七年

藤井健志「戦前における仏教の東アジア布教――研究史の再検討」『近代仏教』六号、一九九九年

――「仏教者の海外進出」末木文美士編『新アジア仏教史14 日本Ⅳ 近代国家と仏教』佼成出版社、二〇一一年

第3章第1節3項

香川黙識編『西域考古図譜』学苑出版社、一九九九年

長澤和俊『日本人の冒険と探検』白水社、一九七三年

第3章第1節4項

佐藤哲朗『大アジア思想活劇――仏教が結んだ、もうひとつの近代史』サンガ、二〇〇八年

ツイード、トマス（島津恵正訳）「秘教主義者、合理主義者、ロマン主義者――欧米仏教徒の類型」末木・林・吉永・大谷編『ブッダの変貌――交錯する近代仏教』法藏館、二〇一四年

Bocking, Brian Laurence Cox and Yoshinaga Shin'ichi, "The First Buddhist Mission to the West: Charles Pfoundes and the London Buddhist Mission of 1889–1892". *DISKUS* 16 (3), 2014

第3章第1節5項

奥山直司「日本仏教とセイロン仏教との出会い――釈興然の留学を中心に」『コンタクトゾーン』二号、二〇〇八年

山口輝臣「釈宗演――その〈インド〉体験」小川原正道編『近代日本の仏教者――アジア体験と思想の変容』慶應義塾大学出版会、二〇一〇年

Contemporary Buddhism 11(2), 2010

第3章第1節6項

末木文美士編『近代と仏教』国際日本文化研究センター、二〇一二年

末木・林・吉永・大谷編『ブッダの変貌――交錯する近代仏教』法藏館、二〇一四年

守屋友江編訳『ビルマ仏教徒 民主化蜂起の背景と弾圧の記録――軍事政権下の非暴力抵抗』明石書店、二〇一〇年

第3章第2節1項

クラウタウ、オリオン『近代日本思想としての仏教史学』法藏館、二〇一二年

末木文美士「仏教研究方法論と研究史」――編『新アジア仏教史14 日本Ⅳ 近代国家と仏教』佼成出版社、二〇一一年

林淳「近代日本における仏教学と宗教学」『宗教研究』三三三号、二〇〇二年

第3章第2節2項

江島・三浦・松野編『近代日本の大学と宗教』法藏館、二〇一四年

――編『戦時日本の大学と宗教』法藏館、二〇一七年

――編『現代日本の大学と宗教』法藏館、二〇二〇年

林淳「宗教系大学と宗教学」『季刊日本思想史』七二号、二〇〇八年

第3章第2節3項

岩田文昭「京都学派の宗教哲学と宗教思想」『季刊日本思想史』七二号、二〇〇八年

田辺元『懺悔道としての哲学』岩波文庫、二〇一〇年

西田幾多郎『善の研究』岩波文庫、一九七九年

第3章第3節1項

坂本慎一『ラジオの戦争責任』法藏館文庫、二〇二二年

関山和夫『説教の歴史的研究』法藏館、

一九七三年
マクルーハン、マーシャル（栗原裕・河本仲聖訳）『メディア論——人間の拡張の諸相』みすず書房、一九八七年、原著一九六四年

第3章第3節2項
安食文雄『二〇世紀の仏教メディア発掘』鳥影社、二〇〇二年
紅野謙介『書物の近代』筑摩書房、一九九九年
島薗進ほか編『シリーズ日本人と宗教——近世から近代へ5　書物・メディアと社会』春秋社、二〇一五年
鈴木俊幸『絵草紙屋　江戸の浮世絵ショップ』平凡社、二〇一〇年
西村明『仏教書出版三六〇年』法藏館、一九七八年
引野亨輔「日本近代仏書出版史序説」『宗教研究』三八五号、二〇一六年

第3章第3節3項
坂本慎一『戦前のラジオ放送と松下幸之助——宗教系ラジオ知識人と日本の実業思想を繋ぐもの』ＰＨＰ研究所、二〇一一年
——『ラジオの戦争責任』法藏館文庫、二〇二二年
高神覚昇『般若心経講義』角川学芸出版、一九五二年
友松円諦『法句経講義』講談社、一九八一年

第3章第4節1項
浄土宗総合研究所仏教福祉研究会編『浄土宗の教えと福祉実践』ノンブル社、二〇一二年
浄土宗布教伝道史編纂委員会編『浄土宗布教伝道史』浄土宗、一九九三年
日本仏教社会福祉学会編『仏教社会福祉辞典』法藏館、二〇〇六年
長谷川匡俊『念仏者の福祉思想と実践——近世から現代にいたる浄土宗僧の系譜』法藏館、二〇一一年
長谷川匡俊編『近代浄土宗の社会事業——人とその実践』相川書房、一九九四年
藤吉慈海『現代の浄土教』大東出版社、一九八五年
藤森雄介『仏教福祉実践の轍——近・現代、そして未来への諸相』淑徳大学長谷川仏教文化研究所、二〇一四年
吉田久一・長谷川匡俊『日本仏教社会福祉思想史』法藏館、二〇〇一年

第3章第4節2項
黒川みどり『近代部落史——明治から現代まで』平凡社新書、二〇一一年
同和教育振興会編『講座　同朋運動——西本願寺教団と部落差別問題』一巻、明石書店、二〇一二年
藤野豊『水平運動の社会思想史的研究』雄山閣、一九八九年

第3章第4節3項
赤司友徳『監獄の近代——行政機構の確立と明治社会』九州大学出版会、二〇二〇年
小野義秀『監獄（刑務所）運営一二〇年の歴史——明治・大正・昭和の行刑』矯

正協会、二〇〇九年
佐々木政文「近代浄土真宗の社会思想史的研究――一九一〇―三〇年代における「社会」的領域の創出と宗教意識」東京大学大学院人文社会系研究科・博士論文、二〇一九年
繁田真爾『「悪」と統治の日本近代――道徳・宗教・監獄教誨』法藏館、二〇一九年
殿平善彦「「転向」と仏教思想――刑務所教誨等と関連して」中濃教篤編『講座日本近代と仏教六 戦時下の仏教』国書刊行会、一九七七年
徳岡秀雄『宗教教誨と浄土真宗――その歴史と現代への視座』本願寺出版社、二〇〇六年
堀川惠子『教誨師』講談社、二〇一四年
Adam, Lyons, *Karma and Punishment: Prison Chaplaincy in Japan*, Harvard University Asia Center, 2021

第3章第5節1項
加藤咄堂・足立栗園・大住舜『布教新辞典』国書刊行会、一九七五年（復刻版）
筒井清忠『日本型「教養」の運命――歴史社会学的考察』岩波書店、二〇〇九年

第3章第5節2項
朝比奈宗源「勤労即禅の実践」『朝日新聞』一九四三年一二月二四日
市川白弦『日本ファシズム下の宗教』エヌエス出版会、一九七五年
大江志乃夫『凩の時』筑摩書房、一九八五年
沢木興道「禅より見たる傷痍軍人の覚悟及任務」『傷痍軍人読本』一巻、軍事保護院、一九四三年
嶋野惣助『呼吸静座術　武士道新衛生』帝国在郷軍人会納内分会、一九一二年
釈宗演「軍隊の安心立命」『太陽』一〇巻五号、一九〇四年
――――『筌蹄録』弘道館、一九〇九年
杉本五郎『大義　杉本五郎中佐遺書』平凡社、一九三九年
田中茂公『禅学療養』不老禅室、一九一六年
ビクトリア、ブライアン・アンドルー（エイミー・ルイーズ・ツジモト訳）『禅と戦争――禅仏教は戦争に協力したか』光人社、二〇〇一年、原著一九九七年
増永霊鳳「特攻精神の根源」『中外日報』一九四五年五月二五日～六月一日
森田悟由『軍人禅話』曹洞宗大本山永平寺出張所、一八九四年

第3章第5節3項
石井公成「親鸞を讃仰した超国家主義者たち（一）――原理日本社の三井甲之の思想」『駒澤短期大学仏教論集』八号、二〇〇二年
大谷栄一「交錯する超国家主義と仏教――宗教的セクトとしての血盟団」『近代仏教という視座――戦争・アジア・社会主義』ぺりかん社、二〇一二年
片山杜秀「写生・随順・拝誦――三井甲之の思想圏」竹内洋・佐藤卓己編『日本主義的教養の時代――大学批判の古層』柏書房、二〇〇六年
中島岳志『血盟団事件』文藝春秋、二〇

一三年

第3章第6節1項

井上ウィマラ・葛西賢太・加藤博己編『仏教心理学キーワード事典』春秋社、二〇一〇年

Wimalawansa, Kirimetiyane「上座仏教三国における瞑想の調査報告——タイ・ミャンマー・スリランカ」『パーリ学仏教文化学』八号、一九九五年

佐藤研『禅キリスト教の誕生』岩波書店、二〇〇七年

島岩「西洋近代との出会いと仏教の変容——仏教の未来に関する一考察」『北陸宗教文化』一〇号、北陸宗教文化研究会、一九九八年

中山和彦「ドイツ医学とイギリス医学の対立が生んだ森田療法」『東京慈恵会医科大学雑誌』一二二巻六号、二〇〇七年

森田正馬『神経症之本態及療法』『森田正馬全集』二巻、白揚社、一九七四年

吉本伊信『内観法』春秋社、二〇〇〇年

Kornfield, Jack, *Living Dharma: Teachings and Meditation Instructions from Twelve Theravada Masters*, Shambhala Publications, 1989

Wilson, Jeff, *Mindful America: The Mutual Transformation of Buddhist Meditation and American Culture*, Oxford University Press, 2014

Mindfulness Research Guide（http://www.mindfulexperience.org/）

第3章第6節2項

碧海寿広『科学化する仏教——瞑想と心身の近現代』角川選書、二〇二〇年

栗田英彦「真宗僧侶と岡田式静坐法」『近代仏教』二一号、二〇一四年

栗田英彦・塚田穂高・吉永進一編『近現代日本の民間精神療法——不可視なエネルギーの諸相』国書刊行会、二〇一九年

佐藤幸治編『禅的療法・内観法』文光堂、一九七二年

瀧澤利行『養生論の思想』世織書房、二〇〇三年

田邉信太郎『病いと社会——ヒーリングの探究』高文堂、一九八九年

中嶋隆藏『静坐——実践・思想・歴史』研文出版、二〇一二年

モース、マルセル（有地亨・山口俊夫訳）『社会学と人類学Ⅱ』弘文堂、一九七六年、原著一九五〇年

矢野秀武「変容するタイ上座仏教と修行——修行の身体・空間・時間」『宗教研究』二九二号、二〇〇七年

山折哲雄『「坐」の文化論』講談社、一九八四年

湯浅泰雄『気・修行・身体』平河出版社、一九八六年

吉永進一「原坦山の心理学的禅——その思想と歴史的影響」『人体科学』一五巻二号、二〇〇六年

第3章第6節3項

碧海寿広「儀礼と近代仏教——『新仏教』の論説から」『近代仏教』一六号、二〇〇九年

浄土宗総合研究所編『浄土宗日常勤行式の総合的研究』浄土宗総合研究所、一九

九九年
新堀歓乃『近代仏教教団とご詠歌』勉誠出版、二〇一三年
深瀬俊路「儀礼の変遷と近代洞門」『近代仏教』四号、一九九七年
山内小夜子「真宗大谷派における戦死者儀礼の変遷」『現代宗教研究』四〇号、二〇〇六年

第3章第6節4項

井上章一『増補新版 霊柩車の誕生』朝日文庫、二〇一三年
勝田至編『日本葬制史』吉川弘文館、二〇一二年
都倉武之「明治十三年・三河国明大寺村天主教徒自葬事件」『近代日本研究』一八巻、二〇〇一年
村上興匡「大正期東京における葬送儀礼の変化と近代化」『宗教研究』二八四号、一九九〇年
――「中江兆民の死と葬儀――最初の「告別式」と生の最終表現としての葬儀」『東京大学宗教学年報』一九号、二〇〇一年
山田慎也『現代日本の死と葬儀――葬祭業の展開と死生観の変容』東京大学出版会、二〇〇七年
山田慎也・土居浩編『無縁社会の葬儀と墓――死者との過去・現在・未来』吉川弘文館、二〇二二年

第3章第7節1項

井上円了『真理金針』法藏館、一八八六～八七年
鈴木範久『明治宗教思潮の研究――宗教学事始』東京大学出版会、一九七九年
土屋博政「日本のユニテリアンの盛衰の歴史を語る」『慶応義塾大学日吉紀要 英語英米文学』四七号、二〇〇五年
同志社大学人文科学研究所編『排耶論の研究』教文館、一九八九年
中西牛郎『宗教革命論』博文堂、一八八九年
星野靖二『近代日本の宗教概念――宗教者の言葉と近代』有志舎、二〇一二年
安丸良夫『神々の明治維新――神仏分離と廃仏毀釈』岩波新書、一九七九年
Thelle, Notto R. *Buddhism and Christianity in Japan : From Conflict to Dialogue, 1854-1899*, University of Hawaii Press, 1987

第3章第7節2項

境野哲（黄洋）「第一公会演説」『新仏教』二巻七号、一九〇一年
中西牛郎「「ユニテリアン」畏れざるべからず」『経世博議』二一、一八九二年
――『組織仏教論』敬虔社、一八九〇年
ナップ、アーサー「ユニテリアン教と仏教との類似及差別」『ゆにてりあん』五、一八九〇年
古河老川「二十四年以後の二大教徒」一八九一年執筆、杉村広太郎編『老川遺稿』仏教清徒同志会、一九〇一年
星野靖二『近代日本の宗教概念――宗教者の言葉と近代』有志舎、二〇一二年
Mohr, Michel, *Buddhism, Unitarianism, and the Meiji Competition for Universal-*

ity, Cambridge, Harvard University Asia Center, 2014
Nihon Yuniterian Kōdōkai, *The Unitarian Movement in Japan: Sketches of the Lives and Religious Work of Ten Representative Japanese Unitarians*, Nihon Yuniterian Kōdōkai, 1900
Thelle, Notto R. *Buddhism and Christianity in Japan: From Conflict to Dialogue, 1854-1899*, University of Hawaii Press, 1987

第3章第7節3項

赤澤史朗「反宗教運動」『近代日本の思想動員と宗教統制』校倉書房、一九八五年
大谷栄一「一九三〇年代の伝統仏教・新興仏教・反宗教運動の交渉と葛藤」『日本仏教綜合研究』八号、二〇一〇年
林淳「マルクス主義と宗教起源論」磯前順一＋ハリー・D・ハルトゥーニアン編『マルクス主義という経験――1930-40年代日本の歴史学』青木書店、二〇〇八年

第3章第7節4項

葦津耕次郎「私の信仰と希望」『皇国時報』五四五号、皇国時報発行所、一九三四年
照沼好文・小林健三『招魂社成立史の研究』錦正社、一九六九年
藤本頼生「靖国神社――戦没者の慰霊・追悼・顕彰の聖地」星野英紀・山中弘・岡本亮輔編『聖地巡礼ツーリズム』弘文堂、二〇一二年
森脇竹一『第四師団招魂祭紀念帖　明治三十七八年戦歿』一九〇六年
靖国神社編『故郷の護国神社と靖国神社――「故郷の護国神社展」の記録』展転社、二〇〇七年

第3章第8節1項

塩谷菊美『語られた親鸞』法藏館、二〇一一年
大澤絢子『親鸞「六つの顔」はなぜ生まれたのか』筑摩選書、二〇一九年
碧海寿広『考える親鸞「私は間違っている」から始まる思想』新潮選書、二〇二一年
小山正文「解説」真宗史料刊行会編『大系真宗史料　特別巻　絵巻と絵詞』法藏館、二〇〇六年
子安宣邦『歎異抄の近代』白澤社、二〇一四年
福島栄寿『思想史としての「精神主義」』法藏館、二〇〇三年
福島和人『近代日本の親鸞――その思想史』法藏館、一九七三年
――『親鸞思想――戦時下の諸相』法藏館、一九九五年
中外日報社編輯局編『遠忌大観』中外日報社、一九一一年

第3章第8節2項

大澤絢子「演じられた教祖――福地桜痴『日蓮記』に見る日蓮歌舞伎の近代」『近代仏教』二九号、二〇二二年
大谷栄一「日蓮はどのように語られたか?――近代日蓮像の構築過程の文化分析」幡鎌一弘編『語られた教祖――近世・近現代の信仰史』法藏館、二〇一二

年
冠賢一『近世日蓮宗出版史研究』平楽寺書店、一九八三年
北村行遠「近世における庶民信仰の一側面——日蓮聖人略縁起を中心として」『立正大学文学部論叢』七六号、一九八三年
ストーン、ジャクリーン「維新前後の日蓮宗にみる国家と法華経——小川泰堂を中心に」岩田真美・桐原健真編『カミとホトケの幕末維新——交錯する宗教世界』法藏館、二〇一八年
田村眞依子「近世・近代における「日蓮記物」の一考察」『日蓮教学研究所紀要』三一号、二〇〇四年
中尾堯『日蓮信仰の系譜と儀礼』吉川弘文館、一九九九年
——「『日蓮聖人註画讃』総説」川添昭二ほか監修『図説　日蓮聖人と法華の至宝　第七巻　日蓮聖人註画讃』同朋舎メディアプラン、二〇一四年
——「日蓮宗における画像の創出」川添昭二ほか監修『図説　日蓮聖人と法華の至宝　第五巻　絵画』同朋舎新社、二〇一五年
ブレニナ、ユリア「近世末期・近代における日蓮像の構築の一側面——辻説法に着目して」『同朋大学佛教文化研究所紀要』四一号、二〇二二年

第3章第8節3項

石川寛「近代贈位に関する基礎的研究」『年報近現代史研究』七号、二〇一五年
岩田真美「幕末護法論と儒学ネットワーク——真宗僧月性を中心に」岩田真美・桐原健真編『カミとホトケの幕末維新——交錯する宗教世界』法藏館、二〇一八年
上田純子「儒学と真宗説法——僧月性と幕末の公論空間」塩出浩之編『公論と交際の東アジア近代』東京大学出版会、二〇一六年。
小林健太「幕末期西本願寺における「勤王僧」の出現と護法論——近江国覚成寺超然を中心に」『真宗研究』六六号、二〇二二年
髙橋秀慧「近代日本における仏教とナショナリズムの宗教社会史的研究——「勤王僧」の表象と言説を中心に」大正大学学位請求論文、二〇二一年。
友松圓諦『月照』吉川弘文館、一九六一年。
羽賀祥二『明治維新と宗教』法藏館文庫、二〇二二年
森和也『神道・儒教・仏教——江戸思想史のなかの三教』ちくま新書、二〇一八年

第3章第8節4項

佐野恵作『皇室と寺院』明治書院、一九三九年
高木博志「皇室の神仏分離・再考」明治維新史学会編『明治維新史研究の今を問う　新たな歴史像を求めて』有志舎、二〇一一年
——「近代皇室における仏教信仰——神仏分離後の泉涌寺を通して」祭祀史料研究会編『祭祀研究と日本文化』塙書房、二〇一六年

辻岡健志「皇室の神仏分離とその後の仏教――宮内省の対応を中心に」『書陵部紀要』第六九号、二〇一八年
――――「僧侶華族としての東西本願寺――皇室と仏教の関係構築に関する一考察」『近代仏教』第二八号、二〇二一年
山口輝臣「天皇家の宗教を考える――明治・大正・昭和」『史淵』第一四九号、二〇一二年
――――「第二部　宗教と向き合って――十九・二十世紀」小倉慈司・山口輝臣『天皇の歴史09　天皇と宗教』講談社学術文庫、二〇一八年

第3章第8節5項
君島彩子『観音像とは何か――平和モニュメントの近・現代』青弓社、二〇二一年
佐藤道信『〈日本美術〉誕生――近代日本の「ことば」と戦略』ちくま学芸文庫、二〇二一年
真鍋俊照編『明治・大正・昭和の仏画仏像（一）明治・大正編』小学館、一九八六年

第3章第8節6項
井川裕覚「長谷川良信のセツルメントにおける教育的側面と社会倫理――大正中期における「感恩愛人」の思想と実践」『社会事業史研究』五九号、二〇二一年
――――「大正期の仏教社会福祉事業と新教育運動――長谷川良信のマハヤナ学園による女子教育への展開」『近代仏教』二九号、二〇二二年
――――『近代日本の仏教と福祉――公共性と社会倫理の視点から』法藏館、二〇二三年
岩田真美・中西直樹編著『シリーズ近代日本の仏教ジャーナリズム第二巻　仏教婦人雑誌の創刊』法藏館、二〇一九年
斎藤昭俊『近代仏教教育史』国書刊行会、一九七五年
千野陽一『近代日本婦人教育史――体制内婦人団体の形成過程を中心に』ドメス出版、一九七九年
中西直樹『日本近代の仏教女子教育』法藏館、二〇〇〇年
米村美奈『輪島聞声の生涯――日本女子教育の先駆者』淑徳大学長谷川仏教文化研究所、二〇一九年

第3章第8節7項
赤松徹眞編著『シリーズ近代日本の仏教ジャーナリズム第一巻『反省会雑誌』とその周辺』法藏館、二〇一八年
岩田真美・中西直樹編著『シリーズ近代日本の仏教ジャーナリズム第二巻　仏教婦人雑誌の創刊』法藏館、二〇一九年
碧海寿広「役行者と近代仏教」『現代思想　総特集　陰陽道・修験道を考える』四九巻五号、青土社、二〇二一年
大谷栄一「メディア」佛教史学会編『仏教史研究ハンドブック』法藏館、二〇一六年
――――『近代仏教というメディア――出版と社会活動』ぺりかん社、二〇二〇年
熊本英人「劇化された道元――中村吉蔵の道元像と近代曹洞宗」『駒澤大学仏教

学部論集』三四号、二〇〇三年
武井謙悟「近代日本における「施餓鬼」の諸相――明治期を中心に」『宗教と社会』二四号、二〇一八年
――「近代日本における禅会の普及に関する考察――『禅道』・『大乗禅』の記事を中心として」『近代仏教』二六号、二〇一九年
近本謙介編『ことば・ほとけ・図像の交響――法会儀礼とアーカイブ』勉誠出版、二〇二二年
真杉高之『黒枠のドラマ――死亡広告物語』蒼洋社、一九八五年
湯浅隆「江戸の開帳札――信仰・行楽にかんする情報の発信と受容」『国立歴史民俗博物館研究報告』六七集、一九九六年

第3章第8節8項
卯田卓矢「比叡山における鉄道敷設と延暦寺」『歴史地理学』五七巻三号、二〇一五年
鈴木勇一郎『電鉄は聖地をめざす――都市と鉄道の日本近代史』講談社選書メチエ、二〇一九年
橋本直「近代季語についての報告（二）秋季・新年編」『中央大学大学院研究年報』三一号、二〇〇一年
平山昇『鉄道が変えた社寺参詣――初詣は鉄道とともに生まれ育った』交通新聞社新書、二〇一二年
――『初詣の社会史――鉄道が生んだ娯楽とナショナリズム』東京大学出版会、二〇一五年
――「近代の社寺参詣をめぐって」『交通史研究』九四号、二〇一九年
――「メディア史に鉄道は入っているか?」『メディア史研究』四六号、二〇一九年
――「総力戦体制と「聖地」ツーリズム――「鍛錬」と「信仰」」川島真・岩谷將編『日中戦争研究の現在 歴史と歴史認識問題』東京大学出版会、二〇二二年
山口輝臣『明治国家と宗教』東京大学出版会、一九九九年
山本志乃『団体旅行の文化史――旅の大衆化とその系譜』創元社、二〇二一年

ちょっと一息③
安食文雄『二〇世紀の仏教メディア発掘』鳥影社、二〇〇二年

第4章第1節1項
赤松徹眞編著『シリーズ近代日本の仏教ジャーナリズム第一巻 『反省会雑誌』とその周辺』法藏館、二〇一八年
岩田真美「明治期の真宗にみる新仏教運動の影響――高輪仏教大学を事例として」『真宗研究』五八輯、二〇一四年
大谷栄一「明治期日本の「新しい仏教」という運動」『季刊日本思想史』七五号、二〇〇九年
本願寺史料研究所編『本願寺史』三巻、浄土真宗本願寺派宗務所、一九六九年
龍溪章雄「「高輪仏教大学廃止反対運動」関係史料の再考――『教界時事』の史料的価値の再確認と反対運動の実態解明」『真宗学』一一一・一一二合併号、二〇

○五年
中西直樹・吉永進一『仏教国際ネットワークの源流――海外宣教会（1888年～1893年）の光と影』三人社、二〇一五年
吉永進一編『近代日本における知識人宗教運動の言説空間――『新仏教』の思想史・文化史的研究』平成二〇～二三年度科学研究費補助金・基盤研究（B）研究成果報告書（研究代表者・吉永進一）、二〇一二年
――「明治の仏教青年――新しい仏教運動への道」『現代と親鸞』二六号、二〇一三年
龍谷大学編『龍谷大学三百年史』龍谷大学、一九三九年
龍谷大学三百五十年史編集委員会編『龍谷大学三百五十年史』通史編上巻、龍谷大学、二〇〇〇年

第4章第1節2項

暁烏敏・西村見暁編『清沢満之全集』八巻、法藏館、一九五六年
宮城顗「浩々洞」教化研究所編『清沢満之の研究』教化研究所、一九五七年

第4章第1節3項

岩田文昭『近代仏教と青年――近角常観とその時代』岩波書店、二〇一四年
近角巊子『求道学舎再生――集合住宅に甦った武田五一の大正建築』学芸出版社二〇〇八年

第4章第1節4項

吉田久一『日本近代仏教史研究』吉川弘文館、一九五九年
吉永進一編『近代日本における知識人宗教運動の言説空間――『新仏教』の思想史・文化史的研究』平成二〇～二三年度科学研究費補助金・基盤研究（B）研究成果報告書（研究代表者・吉永進一）、二〇一二年

第4章第1節5項

大谷栄一『近代日本の日蓮主義運動』法藏館、二〇〇一年
――『日蓮主義とはなんだったのか――近代日本の思想水脈』講談社、二〇一九年
戸頃重基『近代社会と日蓮主義』評論社、一九七二年
ブレニナ、ユリア「「日蓮主義」という用語について――初期の用例にみる造語背景と用法の変遷」『近代仏教』二九号、二〇二二年

第4章第1節6項

星野靖二『近代日本の宗教概念――宗教者の言葉と近代』有志舎、二〇一二年
Mohr, Michel *Buddhism, Unitarianism, and the Meiji Competition for Universality* Cambridge, Massachusetts: Harvard University Asia Center, 2014
Nihon Yuniterian Kōdōkai, *The Unitarian Movement in Japan: Sketches of the Lives and Religious Work of Ten Representative Japanese Unitarians*, Nihon Yuniterian Kōdōkai, 1900
Thelle, Notto R. *Buddhism and Christianity in Japan: From Conflict to Dia-*

logue, 1854-1899, University of Hawaii Press, 1987

第4章第1節7項
吉永進一「平井金三、その生涯」『平井金三における明治仏教の国際化に関する宗教史・文化史的研究』平成一六～一八年度科学研究費補助金・基盤研究（B）研究成果報告書（研究代表者・吉永進一）、二〇〇七年
――――「オルコット去りし後」『近代と仏教』国際日本文化研究センター、二〇一二年

第4章第1節8項
大澤広嗣・中川未来・吉永進一「国際派仏教者、宇津木二秀とその時代」『舞鶴工業高等専門学校紀要』四六号、二〇一一年
吉永進一「鈴木大拙とスウェーデンボルグ その歴史的背景」『宗教哲学研究』二二号、二〇〇五年

第4章第1節9項
井上円了『教育宗教関係論』哲学書院、一八九三年
東洋大学創立百年史編纂委員会・東洋大学井上円了記念学術センター編『東洋大学百年史』東洋大学、一九八八～一九九五年
中西直樹『新仏教とは何であったか――近代仏教改革のゆくえ』法藏館、二〇一八年
三浦節夫『井上円了――日本近代の先駆者の生涯と思想』教育評論社、二〇一六年
三輪政一編『井上円了先生』東洋大学校友会、一九一九年
吉永進一編『近代日本における知識人宗教運動の言説空間――『新仏教』の思想史・文化史的研究』平成二〇～二三年度科学研究費補助金・基盤研究（B）研究成果報告書（研究代表者・吉永進一）、二〇一二年

第4章第1節10項
末木文美士「アカデミズム仏教学の展開と問題点――東京（帝国）大学の場合を中心に」『近代日本と仏教――近代日本の思想・再考Ⅱ』トランスビュー、二〇〇四年
――――「特論・仏教研究方法論と研究史」末木文美士編『新アジア仏教史14 日本Ⅳ 近代国家と仏教』佼成出版社、二〇一一年
東京大学百年史編集委員会編『東京大学百年史 部局史二』東京大学出版会、一九八六年

第4章第1節11項
勝田勝年『三浦周行の歴史学』柏書房、一九八一年
菊地暁「京大国史の「民俗学」時代――西田直二郎、その〈文化史学〉の魅力と無力」丸山宏・伊従勉・高木博志編『近代京都研究』思文閣出版、二〇〇八年
『京都大学文学部の百年』編集委員会編『京都大学文学部の百年』京都大学大学

院文学研究科・文学部、二〇〇六年
西田直二郎『日本文化史序説』改造社、一九三二年
『赤松俊秀著作集第一巻　親鸞伝の研究』法藏館、二〇一二年
『喜田貞吉著作集』全一四巻、平凡社、一九七九〜一九八二年
『五来重著作集』全一二巻+別巻、法藏館、二〇〇七〜二〇〇九年
『竹田聴洲著作集』全九巻、国書刊行会、一九九三〜一九九七年
『中村直勝著作集』全一二巻、淡交社、一九七八〜一九七九年

第4章第1節12項
岩田真美・中西直樹編著『シリーズ近代日本の仏教ジャーナリズム第二巻　仏教婦人雑誌の創刊』法藏館、二〇一九年
岩田真美・中西直樹編『近代真宗「女性教化」資料集成』三人社、二〇二〇〜二〇二二年
漆田和代「「いのち」の作家への道程　岡本かの子『散華抄』を中心に」鈴木貞美編『大正生命主義と現代』河出書房新社、一九九五年
國賀由美子「生(き)をめざす開拓者(パイオニア)——小倉遊亀」草薙奈津子監修『女性画家の全貌——疾走する美のアスリートたち』美術年鑑社、二〇〇三年
末木文美士「女性の目ざめと禅——平塚らいてう」『他者・死者たちの近代——近代日本の思想・再考Ⅲ』トランスビュー、二〇一〇年
杉本秀太郎『大田垣蓮月』淡交社、一九七五年
中西直樹『日本近代の仏教女子教育』法藏館、二〇〇〇年
中西直樹『シリーズ近代日本の仏教ジャーナリズム第三巻　真宗女性教化雑誌の諸相』法藏館、二〇二一年

第4章第1節13項
大正大学五十年史編纂委員会編『大正大学五十年略史』大正大学五十年史編纂委員会、一九七六年
大正大学編『大正大学年史資料目録』一・二、大正大学企画広報課・同企画入試課、一九八六・一九八七年
星野英紀編『大正大学——回顧と展望』大正大学、二〇一〇年

写真出典一覧

第1章扉：龍谷大学大宮学舎 本館（写真　龍谷大学より提供）
第2章扉：廃仏毀釈の図（高取正男・赤井達郎・藤井学編『国民仏教への道』図説日本仏教史 三巻、法藏館、一九八一年）
第3章扉：法藏館旧社屋（西村明編『仏教書出版三六〇年』、一九七八年）
第4章扉：『新仏教』編集員（『新仏教』五巻一号、一九〇四年）

ちょっと一息④
前田慧雲：井上哲雄編『前田慧雲師語録』興教書院、一九三一年
井上円了：東洋大学創立一二五周年記念HPより転載、原本は東洋大学井上円了記念博物館蔵
大内青巒：『図録東洋大学一〇〇年』東

洋大学、一九八七年
原坦山：秋山悟庵編『坦山和尚全集』光融館、一九〇九年
奥村五百子：『愛国婦人読本』愛国婦人会、一九三五年
大谷光尊：明如上人伝記編纂所編『明如上人伝』明如上人廿五回忌臨時法要事務所、一九二七年
島地黙雷：二葉憲香・福嶋寛隆編『島地黙雷全集』一巻、本願寺出版協会、一九七三年
山岡鉄舟：安部正人編『鉄舟随感録』秋田屋書房、一九四二年
権田雷斧：権田雷斧『信仰に至るの道』実業之日本社、一九一八年
村上専精：東洋女子高等学校所蔵
福田行誡：『国史肖像大成』富文館書店、一九四一年
清沢満之：西方寺所蔵「清澤満之肖像写真」
釈雲照：草繋全宜編『釈雲照 上』徳教会、一九一三年
北野元峰：細川道契『永平元峰禅師伝歴』永平寺出張所、一九三四年
南条文雄：南条文雄『懐旧録』大雄閣、一九二七年

日本近代仏教史年表

凡例

・本年表は、日本近代仏教史上の重要事項と本書の内容に関連する事項を中心に取り上げた。
・「三-一三」は「三月一三日」を意味する。
・漢字は通行の字体を原則とした。
・一八七二（明治五）年までは陰暦を用いた。
・本年表では改元年月日を省略しているので、以下にそれを記す。

慶応四年九月八日→明治と改元
明治四五年七月三〇日→大正と改元
大正一五年一二月二五日→昭和と改元

西暦	和暦	事項
一八六八	明治一	三-一三：神祇官再興・祭政一致回復の太政官布告が出される。三-二八：神仏判然令が出され（神仏分離）、廃仏毀釈が起こる。一二-八：京都の興正寺で諸宗同徳会盟が開催される。
一八六九	二	七-八：太政官・神祇官・民部省・宣教使などが設置される。六-二九：東京招魂社が創建される。
一八七〇	三	一-三：「大教宣布の詔」が出される。閏一〇-二〇：民部省に寺院寮が設置される。
一八七一	四	一-五：社寺領上知令が出される。四-四：戸籍法が布告される。八-八：神祇官が神祇省に改められる。八-二八：太政官布告「穢多非人ノ称ヲ廃シ身分職業共平民同様トス」（解放令）が出される。一〇-三：宗門人別帳が廃止される。
一八七二	五	一-二七：西本願寺が島地黙雷らを海外の宗教事情視察のため欧州に派遣する。三-一四：神祇省が廃されて、教部省が設置される。四-二五：教導職が設置される。僧侶の肉食妻帯蓄髪が許可される。四-二八：教導職に対して「三条の教則」が交付される。六-九：末派寺院の取り締まりのため、各宗に管長一名が置かれる。九-一三：東本願寺の大谷光瑩・石川舜台らが欧州へ出発する。一〇-三：天台宗・真言宗・浄土宗・臨済宗・真宗・日蓮宗・時宗にそれぞれ管長一名が置かれる。一二-一：欧米視察中の島地黙雷が「三条教則批判建白書」を出す。

一八七三	六	一-一〇：大教院が東京紀尾井坂の紀州邸跡に設置される（二-七：芝の増上寺に移される）。二-二四：キリシタン禁制の高札が撤去される。七-一七：小栗栖香頂（真宗大谷派）が中国での布教のために北京に渡航する。七-一八：火葬が禁止される。
一八七四	七	三-一二：各派ごとに管長一名が置かれる。
一八七五	八	五-三：島地黙雷らの大教院分離運動により大教院が解散となる。五-七：千島樺太交換条約により、日本が千島列島を獲得する。五-二三：火葬が解禁される。八-七：大内青巒らが明教社を設立し、『明教新誌』を発刊する。一一-二七：「信教の自由保障の口達」が発せられる。
一八七六	九	六-一四：真宗大谷派の南条文雄と笠原研寿が教団よりインド留学と欧州留学を命じられ、出発する。八-二〇：真宗大谷派が上海別院を開院する。
一八七七	一〇	一-一一：教部省が廃止され、社寺・教務関係事務は内務省の所属となる。一-一九：内務省に社寺局が設置される。一一-一：奥村円心（真宗大谷派）が韓国釜山で布教を始める。
一八七八	一一	一二-二〇：真言宗が新義・古義に分立する。
一八七九	一二	二-二七：南条文雄と笠原研寿がオックスフォードのマックス・ミュラーのもとに留学する。五-四：西本願寺の大教校（現・龍谷大学）が開校される。六-四：東京招魂社が靖国神社と改められ、別格官幣社とされる。一一-：原坦山が東京大学で「仏書講義」を講義する。神智学協会の本拠がインドに移される。
一八八〇	一三	七-六：古社寺保存内規が制定される。
一八八一	一四	一-：祭神論争で伊勢派と出雲派が対立する。四-二八：田中智学が横浜で蓮華会を創設する。九-一九：監獄則が改正され、その九二条に教誨師の役割が明記される。一〇-三～一一-六：真宗本願寺派で第一回定期集会が開かれる。吉谷覚寿（真宗大谷派）が東京大学に招かれる。
一八八二	一五	一-二四：神官の教導職兼補が廃止されて、葬儀に関与しないものとされる。四-三〇：神宮皇學館が設立さ

		れる。一〇‐一〇：曹洞宗大学林専門学本校（現・駒澤大学）が開校される。一二‐二八：東本願寺の貫練教校が大学寮と改称される。
一八八三	一六	四‐：南条文雄がオックスフォードで『大明三蔵聖教目録』を刊行する。
一八八四	一七	四‐二九：島地黙雷らが令知会を結成し、『令知会雑誌』を刊行する。八‐一一：神仏教導職が廃止され、住職任免・教師進退などが各管長に委任される。
一八八五	一八	一‐：田中智学が東京で立正安国会（のち国柱会）を設立する。四‐一八：西本願寺の普通教校が開校される。五‐二〇：社寺取扱方が府県に委任される。
一八八六	一九	一‐二一：神道事務局を神道本局と改め、教派名を神道と称する。一二‐一〇：古義真言宗大学林（現・高野山大学）が設立される。四‐六：普通教校の有志が反省会を結成する。六‐七：華厳宗が浄土宗より独立する。七‐：真宗本願寺派がウラジオストクでの布教を開始する。
一八八七	二〇	二‐：井上円了『仏教活論序論』刊行。七‐五：反省会が『反省会雑誌』を創刊する。九‐一六：井上円了が哲学館（現・東洋大学）を開校する。
一八八八	二一	一‐：ハーマン・C・ヴェッターリング（フィランジ・ダーサ）が、アメリカ最初の仏教雑誌 *Buddhist Ray* を創刊する。七‐二〇：普通教校の欧米通信会が *Bijou of Asia*（亜細亜之宝珠）を創刊する。一二‐：海外宣教会が『海外仏教事情』を創刊する。
一八八九	二二	一‐：大内青巒らが尊皇奉仏大同団を結成する。二‐一一：大日本帝国憲法・衆議院議員選挙法・貴族院令などが発布される。二‐七：中西牛郎『宗教革命論』刊行。二‐九：オルコットとダルマパーラが来日し、全国各地で演説会を開く（～五月）。三‐二一：曜日蒼龍（真宗本願寺派）がハワイで布教を開始する。
一八九〇	二三	五‐二二：中西牛郎『組織仏教論』刊行。一〇‐三〇：「教育勅語」が発布される。
一八九一	二四	一‐九：内村鑑三不敬事件が起こる。「教育と宗教の衝突」論争が井上哲次郎を中心に勃発する。
一八九二	二五	一‐六：大日本仏教青年会が結成される。七‐二〇：第一回仏教青年会夏期講習会が須磨で開催される（二週間）。
一八九三	二六	九‐一一～二七：シカゴで万国宗教会議が開催され、柴田礼一（実行教）・釈宗演（臨済宗）・土宜法龍（真言

		宗）・小崎弘道（同志社）ら神仏基の代表が参加する。
一八九四	二七	一-五：古河勇が「懐疑時代に入れり」（『仏教』）を発表する。三-一六：松尾締定（浄土宗）がハワイでの布教のために渡航する。四-八：村上専精・鷲尾順敬らが『仏教史林』を創刊し、仏教史研究が始まる。一二-二：古河勇らが経緯会を結成する（～一八九九）。日清戦争がはじまり、各宗が従軍布教使・慰問団を派遣する。
一八九五	二八	四-一七：日清講和条約（下関条約）が調印される。六-七：真言律宗が真言宗より独立する。六-一二：佐々木珍竜（曹洞宗）が台湾に上陸し、布教を開始する。七-九：清沢満之らが寺務改革建白書を提出し、東本願寺教団改革運動（白川党事件）に着手する。
一八九六	二九	九-二六：釈宗演・巌本善治らの呼びかけで、東京で第一回宗教家懇談会が開かれ、大内青巒・村上専精・織田得能・海老名弾正らが参加する。一〇-三〇：清沢満之らが『教界時言』を創刊する。
一八九七	三〇	二-七：鈴木大拙が渡米する。二-一四：真宗大谷派が清沢満之・村上専精らを処分する。六-一〇：古社寺保存法が制定される。六-二六：河口慧海がチベット探検に出発する（一九〇〇～一九〇二チベット入。一九〇三帰国）。一〇-一：『教学報知』が発刊される。
一八九八	三一	四-：東西本願寺で蓮如四〇〇回忌法要が行われる。九-五：巣鴨監獄で、仏教教誨師を免職してキリスト教牧師を採用する（巣鴨監獄教誨師事件）。
一八九九	三二	一-一：近角常観（真宗大谷派）が『政教時報』を創刊する。一-一九：大谷光瑞（真宗本願寺派）が翌年にかけて中国大陸各地を歴訪する。一-：『反省会雑誌』が『中央公論』に改題される。二-：境野黄洋らが仏教清徒同志会を結成する。八-三：文部省「訓令十二号」により、公認学校で宗教教育が禁止される。九-一：真宗本願寺派が北米で布教を行う。仏教の公認教運動が活発化する。
一九〇〇	三三	二-一五：宗教法案が否決される。三-一〇：治安警察法が施行され、神官・神職・僧侶その他の宗教者の政治結社加入が禁止される。四-二七：内務省社寺局が廃止され、神社局と宗教局が分離設置される。五-：渡辺海旭（浄土宗）がドイツのストラスブール大学に留学する（一〇年間）。七-一：境野黄洋らが『新仏教』

を創刊する。九-一八：清沢満之らが浩々洞を開設する。

一九〇一	三四	一-一五：清沢満之・暁烏敏らが『精神界』を創刊し、「精神主義」を提唱する。五-：真言宗各派連合大学林（のち高野山大学）が設立される。七-二七：村上専精が『仏教統一論』の刊行を始め、大乗非仏説をとなえる。九-一〇：田中智学『宗門の維新』刊行。一〇-二五：村上専精が大乗非仏説により、僧籍を除かれる。
一九〇二	三五	一-二五：『教学報知』が『中外日報』に改称する。四-一一：高輪仏教大学で始業式が行われる。五-：近角常観が求道学舎を開設する。八-一五：大谷光瑞（真宗本願寺派）らが中央アジア探検のため、ロンドンを出発する（第一次大谷探検隊）。九-二三：桜井義肇が高輪仏教大学に万国仏教青年連合会を結成する。『日本校訂大蔵経』の刊行が始まる。建築家の伊東忠太が中国からインド、トルコを経て、ユーラシア大陸を横断（～一九〇五）。
一九〇三	三六	四-一：専門学校令が施行される。七-二三：村上専精『大乗仏説論批判』刊行。
一九〇四	三七	四-：高輪仏教大学が廃止され、京都の仏教大学（現・龍谷大学）と統合される。五-一六：東京で神仏基の代表者が大日本宗教家大会を開催し、諸宗教の協力・国策支持を決議する。一〇-八：姉崎正治『現身仏と法身仏』刊行。日露戦争がはじまり、各宗が従軍布教使を派遣する。
一九〇五	三八	三-二三：東京帝国大学文科大学に宗教学講座が新設される。六-一〇：伊藤証信が無我苑を始め（翌年解散）、『無我の愛』を創刊する。九-五：日露講和条約（ポーツマス条約）が調印される。一二-一五：真宗本願寺派が清国、韓国、樺太に開教地総監を設置する。曹洞宗が釜山に寺院を建立する。
一九〇七	四〇	五-一六：真宗本願寺派に日露戦争の協力により勅語が授与され、それが披露される。
一九〇八	四一	六-一六：第二次大谷探検隊（～一九〇九）
一九〇九	四二	三-二六：鈴木大拙が帰国する。
一九一〇	四三	五-二五：大逆事件の検挙がはじまる。八-一六：第三次大谷探検隊（～一九一四）。八-二二：韓国併合。八-三一：西田幾多郎が京都帝国大学に赴任する。

親鸞抹殺論が盛んになる。

一九一一	四四	一-三〇：西田幾多郎『善の研究』刊行。四-八：鷲尾順敬らが仏教史学会を結成し、『仏教史学』を発刊する。
一九一二	大正一	二-二五〜二六：原敬内務大臣（次官は床次竹二郎）の主催により、三教会同が開かれる。五-二五：『大日本仏教全書』の刊行が始まる。
一九一三	二	一-二二：青木文教（真宗本願寺派）がチベットのラサに入る。六-一三：内務省の宗教局を文部省に移し、宗教行政と神社行政を分離する。一一-五：日本宗教大会が東京で開催される。
一九一四	三	多田等観（真宗本願寺派）がブータンからチベットに入り、その後一〇年間、僧院にてチベット仏教を研究する。二-一七：真宗本願寺派で疑獄事件が起こる。五-一四：大谷光瑞が真宗本願寺派管長・本願寺住職を辞任する。六-一三〜一五：渡辺海旭らが第一回全国仏教徒社会事業大会を開催する。九-一：『日本大蔵経』の刊行が始まる。一一-三：田中智学が立正安国会を国柱会と改称する。
一九一五	四	八-一：『新仏教』廃刊。八-二〜六：万国仏教大会がサンフランシスコで開催される。一一-一〇：真田増丸が仏教済世軍を設立する。一一-一：近角常観が求道会館を開設する（設計は武田五一）。一二-一一：仏教各宗派大会で仏教連合会の結成が決議される。平安中学校を拠点に、M・T・カービーやW・マクガヴァンらがMahayana Associationを結成し、英語での大乗仏教の普及に努める（〜一九一六）。
一九一六	五	四-八：宗教研究会が『宗教研究』を発刊する。一〇-二〇：姉崎正治『法華経の行者日蓮』刊行。一一-三：京都仏教護国団発会式。一一-五：東京仏教護国団発会式。一一-一六：倉田百三が「出家とその弟子」（『生命の川』）を発表する（〜一九一七、三-五）。
一九一七	六	六-一〇：倉田百三『出家とその弟子』（岩波書店）刊行。六-一：『国訳大蔵経』の刊行が始まる。九-一：東京帝国大学に印度哲学の講座が開かれ、村上専精が初代教授となる。一二-一：『仏教大系』の刊行が始まる。
一九一八	七	八-二：シベリア出兵。一二-五：大学令が公布される。
一九一九	八	二-二五：『精神界』廃刊。一〇-二：辻善之助『日本仏教史之研究』刊行。
一九二一	一〇	二-六：仏教連合会が僧侶被選挙権獲得の大会を芝の増上寺で開催する。一二-二三：倉田百三が『愛と認識

		との出発』を刊行し、西田幾多郎の思想を紹介する。四-：鈴木大拙らが大谷大学内に東方仏教徒協会を設立し、*Eastern Buddhist* を創刊する。七-一：佐野学が「特殊部落民解放論」（『解放』）を発表する。一〇-一：島地大等が「明治宗教史（基督教及仏教）」（『解放』）を発表する。西本願寺の宝庫で恵信尼文書が発見される。
一九二二	一一	三-三：全国水平社が創立される。五-二〇：大谷大学・龍谷大学（仏教大学より改称）が大学令により認可される。九-二五：大谷尊由『親鸞聖人の正しい見方』刊行。一〇-六：西光万吉が「業報に喘ぐ」を執筆し、『中外日報』に連載する（〜一二-二七）。一〇-一九：広岡智教らが黒衣同盟を結成する。
一九二三	一二	四-九〜一五：東西本願寺が立教開宗七〇〇年法要を行う。五-一：本派本願寺有志革新団が結成される。八-：野々村直太郎が『浄土教批判』問題で僧籍剝奪となる（一二-二〇：野々村、龍谷大学辞職）。九-一：関東大震災。
一九二四	一三	二-一九：清浦奎吾総理大臣が神仏基三教代表を招き、国民精神作興・思想善導の懇談会を開く。四-八：高楠順次郎・渡辺海旭都監『大正新脩大蔵経』の刊行が始まる。五-一：高楠順次郎らが『現代仏教』を創刊する。一〇-一：真宗本願寺派に一如会が設立される。九-一一：財団法人聖徳太子奉讃会が発足する。鈴木大拙夫人ビアトリスと宇津木二秀を中心に神智学協会大乗ロッジが組織される。
一九二五	一四	三-二二：社団法人東京放送局によりラジオ放送が開始される。三-一：駒澤大学の設立が認可される。九-一八：大谷光演（句仏）が真宗大谷派管長・東本願寺住職を辞任する。一一-一〜三：東亜仏教大会が芝の増上寺で開催される。一二-一：求道学舎竣工（翌年正月から居住）。
一九二六	昭和一	三-二五：真宗大谷派に真身会が結成される。六-二四：仏教五六派が第二次宗教法案に反対する。六-一：京都帝国大学文学部に仏教学講座が設置される。九-八：仏教各宗五六派を代表して一三管長の署名で宗教法案に対して陳述する。高嶋米峰の「ひのえうま生まれの娘さんたちに」と題したラジオ放送が大きな反響を呼ぶ。
一九二七	二	三-：静坐社が雑誌『静坐』を創刊する。七-八：九条武子『無憂華』刊行。
一九二八	三	一-：『昭和新纂国訳大蔵経』四八巻の刊行が始まる。一二-二〇：椎尾辨匡（浄土宗）が初の僧侶代議士となる。

西暦	和暦	事項
		六-五～六：御大典記念日本宗教大会が開催され、神仏基の代表その他が参加する。六-一二：金子大栄『如来及び浄土の観念』『浄土の観念』で大谷大学教授を免職となる。
一九二九	四	一二-一：『仏教年鑑』が創刊される。
一九三〇	五	三-二五：曽我量深『如来表現の範疇としての三心観』に宗義違反の声が高まり、曽我が大谷大学教授を辞職する。四-二五：梅原真隆らが顕真学苑を開設する。五-一〇：日本宗教学会が設立される。七-一三：久保角太郎と小谷喜美が霊友会の発会式を挙げる。一一-一八：牧口常三郎と戸田城聖が創価教育学会を設立する。「マルクス主義と宗教」論争が活発化する（～一九三二）。
一九三一	六	四-五：妹尾義郎が新興仏教青年同盟を結成する。四-七：秋田雨雀・川内唯彦らが反宗教闘争同盟準備会を結成する（のち、日本戦闘的無神論者同盟と改称）。九-一八：柳条湖事件（満洲事変）。一一-一：高津正道らが日本反宗教同盟を結成する。一一-二〇：『望月仏教大辞典』が刊行される。
一九三二	七	二-九：血盟団事件（～翌月）。三-一：満洲国建国が宣言される。
一九三三	八	一-一：小野玄妙『仏書解説大辞典』の刊行が始まる。七-一：『現代仏教』で特集「明治仏教の研究・回顧」が組まれる。各宗が満洲開教を展開する。
一九三四	九	三-一～一五：東京放送局で『聖典講義』の放送が開始され、友松円諦による『法句経』の講義がラジオ放送される。五-一：川内唯彦が検挙され、日本戦闘的無神論者同盟は組織活動を停止する。九-一：友松円諦・高神覚昇・松岡譲らが全日本真理運動を開始する。一二-一：東京帝国大学において、仏誕二五〇〇年記念仏教学大会が、井上哲次郎の発起により行われる。
一九三五	一〇	一-一：全日本真理運動が『真理』を創刊する。四-八：『南伝大蔵経』六五巻七〇冊の刊行が始まる。一二-八：第二次大本教事件で、大本教の出口王仁三郎ら幹部が検挙される。
一九三六	一一	九-二八：ひとのみち教団の御木徳一が検挙される（ひとのみち事件）。『国訳一切経』和漢選述部の刊行が始まる。
一九三七	一二	五-一：新興仏教青年同盟が大量検挙により壊滅状態になる。六-三：大谷尊由が拓務大臣に就任する（六-一

		七：僧籍離脱）。七-七：盧溝橋事件。七-一五：安井英二文部大臣が宗教・文化団体に挙国一致運動を要望する。一二-：牧口常三郎らが東京で創価教育学会の発会式を行う。
一九三八	一三	三-五：庭野日敬らが霊友会から分離し、大日本立正佼成会を開教する。四-二七：竹中彰元（真宗大谷派）が反戦的言辞で有罪判決となる。七-二八：仏教連合会が財団法人となる。八-四：文部省宗教局が三教（神・仏・基）の「対支布教」協議会を開催する。
一九三九	一四	三-一五：全国の招魂社を護国神社と改称する。四-八：宗教団体法が公布される。九-一：蒙古連合自治政府樹立。
一九四〇	一五	四-一：宗教団体法が施行される。七-一五：仏教連合会が大日本仏教連合会に改称する。九-：文部省が各宗代表に一宗祖一派をめざす合同を要求する。一一-九：内務省神社局が廃止され、神祇院が設置される。一一-一〇：紀元二六〇〇年式典が挙行される。
一九四一	一六	三-二四：大日本仏教連合会が改組され、大日本仏教会が結成される。三-三一：宗教団体法により、仏教各宗派が合同し、一三宗五六派を一三宗二八派に統合する。真宗一〇派はこれに強く反対して従来通りとなる。三-：日本仏教史学会が設立される（八-二五：『日本仏教史学』を創刊）。
一九四二	一七	三-：望月信亨（浄土宗）が京都に望月仏教研究所を開設する。四-二：神仏基回の宗教団体が興亜宗教同盟を結成する。五-九：金属回収令により、寺院の仏具・梵鐘の供出が強制される。一一-一：宗教局を廃止して教化局を置き、同局に宗教課を置く。
一九四三	一八	六-二〇：創価教育学会が弾圧され、牧口常三郎と戸田城聖らが検挙される。一一-一：教化局を廃止して教学局を置き、同局に宗教課を置く。
一九四四	一九	八-：文部省が各寺へ学童疎開の協力を要請。九-二九：大日本仏教会が解散となり、大日本戦時宗教報国会が結成される。一一-三〇：辻善之助が『日本仏教史』の刊行を開始する。
一九四五	二〇	九-二：日本がポツダム宣言による降伏文書に調印する。一〇-一五：教学局を廃止して社会教育局を置き、同局に宗教課を置く。一〇-二一：大日本戦時宗教報国会を改め、日本宗教会が結成される。一二-一五：GHQにより神道指令が出され、「国家神道」が制度的に解体される。一二-二八：宗教団体法が廃止され、宗教法人令が公布される。

あとがき

近代仏教のおもしろさを伝えたい。そう思い、約三〇名の執筆者で作り上げたのが本書である。編者たちのそうした願いがどれだけ達成されているかは、読者のみなさまのご意見を仰ぎたいと思う。

この本を手に取って下さった方々のなかで、「近代仏教」という言葉を知っている、あるいは馴染みがあるという方はけっして多くないと思う。日本仏教というと、最澄や空海が活躍した古代仏教、法然、親鸞、一遍、栄西、道元、日蓮らを生んだ鎌倉新仏教が有名である。また、中世仏教に詳しい方であれば、昭和五〇（一九七五）年に日本中世史研究者の黒田俊雄によって提起された顕密体制論という学説をご存知の方もいるかもしれない。

それに対して、近代仏教の認知度はきわめて低いといえるだろう。「はじめに」で述べられたように、なぜ、「仏教」と「近代」が結びつくのか、不思議に思う方も多いと思う。しかし、現在の日本仏教は多かれ少なかれ「近代」（日本社会の近代化や仏教の近代化）の影響を受けており、極論すれば、現代仏教は近代仏教である、といえよう。少なくとも近代仏教の延長線上にあるのが、現代の日本仏教の姿である。

たとえば、今では仏教者や仏教団体がFacebookやツイッターなどのソーシャル・ネットワーキング・サービス（SNS）を利用して、仏教の知識や情報を発信するのが当たり前のようになっているが、その源流は、明治三〇年代の新仏教運動のメディア活用に遡ることができる。また、僧侶の子どもが宗門系大学で仏教を学び、僧侶の資格を得るというしくみも明治時代以降に整えられた制度である（真宗以外の宗派も僧侶が結婚して子どもをつくる、各宗派が檀林を廃止して大学をつくる、大学教育を通じて僧侶養成をする等々）。

さらには、「仏教」に対する私たち現代人のまなざしすらも、「近代」の洗礼を受けている（第1章で述べたように、「仏教」という言葉が現在の意味で用いられるようになったのは明治以降である）。日本の伝統仏教は古代インドの釈迦牟尼によって説かれ始めた「本来の仏教」ではなく、葬祭や祈禱を活動の中心とする「葬式仏教」だからダメだ、と揶揄されることが多い。しかし、こうした葬式仏教批判もじつは近代の産物である。葬式仏教論自体は戦後になってから語られるようになったが、「迷信」的で葬祭中心の伝統仏教を改革しなければならないという主張自体は、明治二〇年代の仏教知識人の井上円了やジャーナリストの中西牛郎らの発言に始まる。また、「本来の仏教」（それが妥当かどうかは別として）と言われる原始仏教や上座仏教の伝統が明らかになったのは、西洋近代の文献学的な仏教研究を、明治時代以降に日本人研究者が受容してからである。

こう考えると、現代の仏教のあり方を見つめたり、将来の仏教のあり方を構想するうえで、近代仏教をとらえなおすことが重要であることがおわかりいただけるであろうか。また、「近代仏教」という視座をもつことで、これまでとは違った近代史、さらには「近代」や「近代化」の見方ができるようになるのだ。私たちの考える近代仏教のおもしろさとは、本書で取り上げた個々の人物やその思想、活動、さまざまな出来事によって織りなされたダイナミックな歴史の興味深さであると同時に、そうした新しい見方の獲得にある。

じつは、二〇〇〇年代以降、近代仏教の研究が研究者や編集者たちの間で注目を浴びている。近代仏教研究が脚光を浴びているのは、日本だけではない。現在、世界中で（日本を含めた）さまざまな地域の近代仏教の研究が進んでおり、国境を超えた研究者のグローバルな交流も活発だ。

そもそも「近代仏教」という言葉が日本国内で本格的に用いられるようになったのは、第二次世界大戦後である。一九五九年に刊行された吉田久一『日本近代仏教史研究』（吉川弘文館）がその起点となった。もちろん、戦前にも近代仏教の研究はあった。ただし、その場合、土屋詮教『明治仏教史』（三省堂、一九三九年）のように、「明治仏教」と語られることが多かった。この傾向は戦後も続くが、その一方、吉田、柏原祐泉、池田英俊という先達たちによって、「近代仏教」の研究も確実に深められていった。一九九二年には日本近代仏教史研究会が設立された。現在、約二〇〇名の会員数を数え、着実な活動を積み重ねている（本書執筆者の多くがその会員である）。また、海外の日本近代仏教史研究者の数も増え、海外の研究者と日本の研究者が国内外で一緒に学会発表やシンポジウムを行うなど、近代仏教研究はグローバルに進展している。

日本仏教研究の現状をみれば、今でも中世仏教研究が花形であり、専門書や一般書（新書や選書等）を問わず、数多くの著作が刊行されている。それに対して、分量は少ないものの、近代仏教の専門書も確実に増えている（ただし一般書は少ない）。たとえば、近年では末木文美士・林淳・吉永進一・大谷栄一編『ブッダの変貌――交錯する近代仏教』（法藏館、二〇一四年）、岩田文昭『近代仏教と青年――近角常観とその時代』（岩波書店、同年）、碧海寿広『近代仏教のなかの真宗――近角常観と求道者たち』（法藏館、同年）等、近代仏教を書名に含む作品も刊行されている。時代を遡ると、書名に近代仏教が含まれないものの、近代仏教を対象とした専門書の刊行が増加したのが二〇〇〇年代であり、現在、学界では近代仏教研究が一種のブームと評される状況になっている。

　しかし、そうしたブームは研究者や編集者などの間の限定的なものであり、続々と刊行される専門書は高価であったり、内容も難しいものが多い。そのため、それらの作品を手にしてくれる読者は限られている。編者や執筆者たちが日頃研究している近代仏教のおもしろさがなかなか広く社会に伝わらない。そうした歯がゆさを、編者たちは感じてきた。

　そこで、私たち編者は考えた。近代仏教を限られた人々の間での一過性のブームに終わらせるのではなく、信頼に足る専門分野として定着させるために、読者のすそ野を広げることが欠かせない。そのためには、近代仏教という世界の手引となる入門書が必要だ。そして、この入門書（つまり本書）を通じて、いまだ知られざる近代仏教のおもしろさを一人でも多くの人々に知ってほしい、と。

　本書が完成するまでは、長い道のりだった。

　そもそも本書の企画立案は、二〇一〇年九月に遡る。吉永進一氏と私の間で企画書を作成し、法藏館の戸城三千代編集長にお送りしたところ、早々に刊行をお引き受けいただけることになった。法藏館は法藏館編集部編『講座 近代仏教』全六巻（一九六一〜三年）を刊行した歴史があり、近年も数多くの近代仏教の専門書を刊行している出版社である。いわば、近代仏教研究のサポーターである。本書刊行の意義を認めていただいたことに感謝申し上げたい。

　本書作成に際しては、現在の近代仏教研究を精力的に担っている若手・中堅研究者を中心に原稿を依頼した（ただし、近代仏教研究以外の専門分野の方々にもご協力いただいた）。執筆者の多くは、共同研究「近代日本における知識人宗教運動の言説空間――『新仏教』の思想史・文化史的研究」（科学研究費補助金　基盤研究（B）、代表：吉永、二〇〇八～一一年度）、「近代宗教のアーカイヴ構築のための基礎研究」（科学研究費補助金　基盤研究（B）、代表：大谷、二〇一一～一四年度）のメンバーであり、本書はこれらの共同研究の成果でもある。執筆者には、近代仏教の前提となっている知識や最先端の研究成果を原稿に盛り込んでいただいた。

企画が通ってからは、吉永氏と私が法藏館を訪れては戸城氏、編集部の田中夕子氏と打ち合わせを重ねるとともに、執筆者のみなさんから力作の原稿をお寄せいただいた。ところが、吉永氏と大谷が諸々の仕事に追われ、本書の作成がなかなか進まなかった時期もある。そこで、新たに近藤俊太郎氏に編者に加わっていただき、編集作業を進めた。近藤氏が編者に加わったことで、作業が一気に進んだ。各原稿のタイトルやリード文等をわかりやすく改めたり、本文中のルビや説明を補足するなど、わかりやすさ・読みやすさを重視する方針で編集に取り組んだ。

こうした細かい煩雑な作業をご担当いただいたのが、法藏館編集部の若き編集者・丸山貴久氏である。途中から担当を引き継いだこともあり、大変だったと思うが、丸山氏には根気強く私たちの作業に伴走いただき、ご尽力いただいた。深謝申し上げたい。

本書のカバーと第4章第1節の「初心者のための人脈相関図」をご覧いただくと、近代の仏教者たちが描かれた素敵なイラストの数々が目に飛び込んでくる。これらを執筆いただいたのが、宗教学者の内藤理恵子氏である。多彩な才能の持ち主である内藤氏は似顔絵師でもある。五〇名以上の似顔絵を短期間で書き上げていただいた。心から感謝したい。

そして、本書を魅力的な本に仕上げていただいたのが、装幀家の高麗隆彦氏である。本書の装幀と本文のレイアウトをご担当いただいた。『ブッダの変貌――交錯する近代仏教』（法藏館）に続き、今回も大変お世話になった。厚く御礼申し上げる。

本書を通じて、一人でも多くの読者に近代仏教の世界に触れていただき、そのおもしろさを感じていただければと切に思う。最後に。近代仏教史の迷宮へようこそ！

編者を代表して　大谷栄一

増補改訂版あとがき

近代仏教のおもしろさを伝えたい。二〇二二年の年の瀬にも、そう思っている。

本書が刊行されたのは、二〇一六年四月のこと。ありがたいことに、刊行直後から好評をもって迎えられ、同年一〇月には重版となった。

目に見える反響も少なくなかった。宗教専門紙（『週刊仏教タイムス』『中外日報』『文化時報』）や一般紙（『朝日新聞』大阪版）で本書を好意的にご紹介いただいた。また、学会誌（『宗教研究』『近代仏教』『宗教と社会』）の書評欄でも取り上げていただき、日本宗教史に精通している林淳氏が「近代仏教の信頼できる入門書」（『宗教研究』九〇巻三輯、二〇一六年）と評価してくださった。近代仏教研究の先達である末木文美士氏からも「入門書として出色のものである」との言葉を頂戴した（『思想としての近代仏教』中公選書、二〇一七年。『日本の近代仏教――思想と歴史』と改題し、講談社学術文庫から二〇二二年に再刊）。

さらには、最近、編集工学者の松岡正剛氏がウェブサイト「松岡正剛の千夜千冊」（一八〇八夜、二〇二二年八月二六日）で本書を取り上げてくださり、「よくぞこういう〝近仏〟本が仕上がった」と称揚してくださったことは、望外の喜びである（この記事は、その後、同氏の『千夜千冊エディション　戒・浄土・禅』角川ソフィア文庫、二〇二二年に所収）。

ツイッターなどのSNSでも本書のことを言及してくださる方々が刊行時から今にいたるまで散見され、本書が「近代仏教」という世界へアクセスする入口になっている、という実感を得ることができた。

なお、本書刊行と同じ二〇一六年の八月には、碧海寿広氏（本書執筆者のひとり）が『入門 近代仏教思想』（ちくま新書）を公刊しており、いわば、二〇一六年は、近代仏教の入門書が立て続けに発売された記念すべき年となった。

しかし、そこに立ち止まってはならない。編者のひとり、吉永進一氏は『近代仏教スタディーズ』を「近代仏教史という迷宮都市の最新のガイドブック」と位置づけたうえで、「本書は決定版でもないし、出口も書いていない」と述べる（本書「はじめに」）。そう、この迷宮都市のガイドブックは、つねにアップデイト（更新）が必要なのだ。注目すべき新しい研究成果が、二〇一六年以降も続々と生み出されており、迷宮都市は勢いよく広がりを見せている。

『近代仏教スタディーズ』の在庫がなくなりつつあります」。担当編集者の丸山貴久氏からそう伺ったのは、今年（二〇二二年）四月のことだった。編者と編集者で相談した結果、通常の重版ではなく、増補改訂版を出そう、ということになった。この数年で明らかとなった新しい視点や研究を反映した増補項目を設け、ブックガイドに最新の成果を加える改訂を施すという方針が定まった（本書刊行後に頂戴した「この項目が足りない」という意見にも一部、応えた）。

今回、新たに「第3章　よくわかる近代仏教の世界」の「第8節　新たな研究領域を探究する」を設け、新たな執筆者に加わっていただいた。その増補項目と執筆者は、「語りなおされる宗祖1――親鸞像」（大澤絢子）、「語りなおされる宗祖2――日蓮像」（ユリア・ブレニナ）、「「勤王僧」の登場」（髙橋秀慧）、「皇室と仏教」（辻岡健志）、「仏像と仏画」（君島彩子）、「仏教と女子教育」（井川裕覚）、「儀礼とメディア」（武井謙悟）、「鉄道と社寺参詣」（平山昇）である（敬称略）。いずれも魅力的な原稿をお寄せくださったことに感謝したい。

また、「第4章　近代仏教ナビゲーション」の「第1節　初心者のための人脈相関図」に「大正大学系――戦間期に生まれた仏教連合のシンボル」（大澤広嗣）を、同「第2節　初心者のためのブックガイド」に「トランスナショナルな近代仏教史2――国境を越えた双方向的な影響関係」（大谷）を追加した。

さらに、本書全体を通じて執筆者に各自の論考の見直しをしてもらい、参考文献の追加をお願いした。すでに本書を購入済みの方にも、このアップデイトされた増補改訂版を手に取っていただければ、と願う。

読者のみなさんに、お知らせをしなければならないことがある。

本書編者の吉永進一氏が二〇二二年三月三一日、病気のため、逝去された（享年六五歳）。数年前から闘病中であったとはいえ、吉永先生（と私は呼んでいた）がこの世を去られたことは今でも信じられない。ご本人は「類似宗教学者」と韜晦されていたが、神智学をはじめとする近代秘教思想、民間精神療法、そして近代仏教研究など、誰も読んだことがない近代宗教史研究を領域越境的に切り開いてきた開拓者である。その研究活動は国内にとどまらず、英語論文の執筆や国際会議への参加など、グローバルに展開された。訃報が伝えられた際、その死を惜しむ声が、国内外から数多く寄せられた。

現在も日本の近代仏教研究は活況を呈しているが、そうした状況を作り出すことに吉永先生が果たされた役割は大きい（というと、照れ屋のご本人は否定するだろうが）。

ここで、吉永先生と私が近代仏教の共同研究に着手した逸話を紹介したい（いわば、二〇一〇年九月に法藏館に本書の企画書を持ち込む前史）。

吉永進一先生

「新仏教研究会、どうなりますやら分りませんが、もしよければ一度三人でお会いできればと思いますが、どうでしょうか?」。こう記されたメールが吉永先生から安藤礼二氏と私宛に届いたのが、二〇〇七年五月一一日のことである。

当時、三人とも新仏教運動（第4章第1節4項参照）に関心を抱いており、吉永先生が研究会の立ち上げを企図した。

博覧強記の吉永先生が近代仏教研究に本格的に着手されたきっかけは、一九九九年頃、たまたまフィランジ・ダーサ（大原嘉吉訳）『瑞派仏教学』（博文堂、一八九三年）の存在を知ったことにあるという。これを調べるために訪れた京都の龍谷大学図書館で海外宣教会の機関誌『海外仏教事情』（一八八八〜九三年）を見つけ、以後、さらにジェットコースターのように偶然が重なり、近代仏教研究に導かれたことは、吉永先生の単著『神智学と仏教』（法藏館、二〇二一年）の「あとがき」に記されている（この本も丸山氏が担当）。

先のメールから約一カ月後の二〇〇七年六月八日、東京高円寺のペルシャ料理店ボルボルで打ち合わせを行い、この日から、研究会が本格的に起動する。同年八月には高橋原氏、星野靖二氏、大澤広嗣氏もメンバーに加わった。

幸いなことに、翌二〇〇八年度、吉永先生を代表として日本学術振興会の科学研究費補助金　基盤研究（B）「近代日本における知識人宗教運動の言説空間――『新仏教』の思想史・文化史的研究」が採択され、以後、四年間にわたる新仏教研究会の共同研究が実施された。

メンバーとして、吉永先生のもと、安藤、岩田真美、江島尚俊、大澤、大谷、碧海、岡田正彦、高橋、星野、守屋友江の各氏が集まった。全員、（今より）若かった。若手・中堅を中心とするプロジェクトであり、新しい成果を生み出そうとする、ある種の熱気と高揚感があった。

毎年、日本宗教学会学術大会でパネルを実施するとともに、東京、静岡市清水区（吉永先生の故郷）、名古屋、京都で研究会を行った。また、エクスカーションとして、大本東京本部、求道会館（以上、東京）、国柱会の三保最勝閣跡地、御穂神社、龍華寺、月見里稲荷、清見寺（以上、清水）、西方寺、清沢満之記念館（以上、愛知県碧南市）を巡ったことは、懐しい思い出である。研究会や学会後の懇親会の店選びは吉永先生の担当だったが、一風変わったお店が多く、それもまた楽しかった。

充実した本プロジェクトの終了後、その後続プロジェクトとして、「近代宗教のアーカイヴ構築のための基礎研究」（科学研究費補助金　基盤研究（B）、二〇一一～一四年度。代表は大谷。吉永先生は研究分担者）を立ち上げた。メンバーがさらに増え、精力的な調査・研究が行われた。

このふたつの濃密な共同研究のメンバーを中心に、本書ができあがったことは「あとがき」でも触れた（法藏館に企画書を持ち込んだのは、前者が終了する年度だった）。

その後も吉永先生は（近代仏教にとどまらない）斬新で幅広いテーマの共同研究をいくつも組織し、自ら先頭に立って調査・研究を進め、後進を育成した（というより、ご自身が楽しんで研究をしている姿を私たち後輩に見せてくださったのだと思う）。

カリスマ的な研究者が牽引することで、特定の研究領域が進展することもあるのだろうが、近代仏教研究は間違いなくチームプレーで研究が進められてきた。そのコンダクターが吉永先生だった。吉永先生は研究のための人脈づくりを行い、研究環境を整え、若手・中堅研究者の調査・研究を鼓舞してきた。その早すぎる別れに、今も私たちは悲しみが癒えない。

以上の事情から、今回の増補改訂版の刊行は、残念ながら吉永先生には相談できず、大谷、近藤俊太郎氏、丸山氏の三人で相談し、作業を進めてきた。吉永先生を偲び、完成した増補改訂版をその墓前に手向けたいと思う。

今回も本当に多くの方々にお世話になった。謝辞を捧げたい。

法藏館の戸城三千代編集長には、日頃から近代仏教研究に親身なご助力をいただいているが、今回も増補改訂版としての刊行を後押しいただいた。感謝申し上げたい。

本書刊行時に若手研究者だった編者の近藤氏は、今や近代仏教研究の最前線で活躍する中堅研究者である。また、若手編集者だった丸山氏は、今や近代仏教関係の企画を数多く担当し、近代仏教研究者と協働してくれる敏腕編集者である。お二人とのチームプレーによって、本書の編集作業をできたことはじつに心強かった。

多方面で才能を発揮されている宗教学者の内藤理恵子氏には、今回も近代仏教者のイラストを執筆いただいた。本書刊行時から内藤氏のイラストは評判が高く、今回も思わず微笑んでしまう素敵なイラストを寄せてくださった（前述の「大正大学系」。吉永先生のイラストも作成いただいた）。感謝の気持ちをお伝えしたい。

装幀家の高麗隆彦氏には、今回も素敵な装幀に仕上げていただいた。高麗氏には私の単著の装幀も担当いただいたことがあり、二〇年以上にわたり、お世話になっている。衷心より御礼申し上げる。


近代仏教研究は、つねに現在進行形である。新しい資料や事実が「発見」され、その研究はどんどん深化している。「だから、近代仏教はおもしろい」（吉永進一「はじめに」）。その思いを、本書を手に取ってくださった読者のみなさんと共有できることを希う。

二〇二二年の年の瀬に

編者を代表して　大谷栄一

執筆者一覧

【編者】

大谷　栄一（おおたに　えいいち）
佛教大学社会学部教授
（専門）宗教社会学、近代仏教
（著作）『近代仏教というメディア――出版と社会活動』（ぺりかん社、二〇二〇年）など。
（担当）第1章第1・2・3・4節、第4章第1節5項、第4章第2節3・5・9項、あとがき、増補改訂版あとがき

吉永　進一（よしなが　しんいち）
元舞鶴工業高等専門学校教授
（専門）近代仏教、近代秘教思想
（著作）『神智学と仏教』（法藏館、二〇二一年）、『日本仏教と西洋世界』（共編著、法藏館、二〇二〇年）、『近現代日本の民間精神療法――不可視なエネルギーの諸相』（共編著、国書刊行会、二〇一九年）、『仏教国際ネットワークの源流――海外宣教会（1888年～1893年）の光と影』（共著、三人社、二〇一五年）、『ブッダの変貌――交錯する近代仏教』（共編著、法藏館、二〇一四年）など。
（担当）はじめに、第3章第1節4・5・6項、第4章第1節7・8項、第4章第2節4項

近藤　俊太郎（こんどう　しゅんたろう）
本願寺史料研究所研究員
（専門）日本仏教史
（著作）『親鸞とマルクス主義――闘争・イデオロギー・普遍性』（法藏館、二〇二一年）など。
（担当）第2章第1・2・3・4節、第3章第4節2項、第3章第7節3項、第4章第2節14項、日本近代仏教史年表

【執筆者】

井川　裕覚（いかわ　ゆうがく）
上智大学大学院実践宗教学研究科特別研究員
（担当）第3章第8節6項

石原　深予（いしはら　みよ）
奈良女子大学非常勤講師
（担当）ちょっと一息②、第4章第1節12項

岩田　文昭（いわた　ふみあき）
大阪教育大学教育学部教授
（担当）第3章第2節3項、第4章第1節3項

岩田　真美（いわた　まみ）
龍谷大学文学部准教授
（担当）第4章第1節1項、第4章第2節8項

江島　尚俊（えじま　なおとし）
田園調布学園大学人間福祉学部講師
（担当）第3章第2節2項、第3章第6節3項

大澤　絢子（おおさわ　あやこ）
日本学術振興会特別研究員（PD）
（担当）第3章第8節1項

大澤　広嗣（おおさわ　こうじ）
文化庁宗務課専門職
（担当）第3章第1節2・3項、第4章第1節13項、第4章第2節13項、第4章第3節2項

大西　克明（おおにし　かつあき）
創価大学文学研究科准教授
（担当）第4章第2節18項

碧海　寿広（おおみ　としひろ）
武蔵野大学文学部教授
（担当）第3章第5節3項、第4章第2節15・17項、第4章第3節1項

岡田　正彦（おかだ　まさひこ）
天理大学人間学部教授
（担当）第3章第1節1項、第3章第3節1項、第3章第5節1項、第4章第2節2項

葛西　賢太（かさい　けんた）
上智大学大学院実践宗教学研究科死生学専攻教授
（担当）第3章第6節1項

菊地　暁（きくち　あきら）
京都大学人文科学研究所助教
（担当）第4章第2節19項

君島　彩子（きみしま　あやこ）
和光大学表現学部専任講師
（担当）第3章第8節5項

KLAUTAU Orion（クラウタウ　オリオン）
東北大学大学院国際文化研究科准教授
（担当）第3章第2節1項、第4章第1節10項、第4章第2節11項、ちょっと一息④

栗田　英彦（くりた　ひでひこ）
愛知県立大学、愛知学院大学等非常勤講師
（担当）第3章第6節2項

坂本　慎一（さかもと　しんいち）
株式会社ＰＨＰ研究所ＰＨＰ理念経営研究センター研究コーディネーター
（担当）第3章第3節3項

繁田　真爾（しげた　しんじ）
東北大学大学院国際文化研究科ＧＳＩＣＳフェロー
（担当）第3章第4節3項、第4章第2節12項

清水　重敦（しみず　しげあつ）
京都工芸繊維大学大学院工芸科学研究科教授
（担当）第4章第3節3項

髙橋　秀慧（たかはし　しゅうけい）
日本学術振興会特別研究員（ＰＤ）
（担当）第3章第8節3項

高橋　原（たかはし　はら）
東北大学大学院文学研究科教授
（担当）ちょっと一息①、第4章第1節

4・9項、第4章第2節7項

武井　謙悟（たけい　けんご）
駒澤大学非常勤講師
（担当）第3章第8節7項

谷川　穣（たにがわ　ゆたか）
京都大学大学院文学研究科教授
（担当）第4章第1節11項、第4章第2節1項

辻岡　健志（つじおか　たけし）
宮内庁書陵部図書課宮内公文書館研究員
（担当）第3章第8節4項

土居　浩（どい　ひろし）
ものつくり大学教養教育センター教授
（担当）第3章第6節4項

戸田　ディラン　ルアーズ
（とだ　でぃらん　るあーず）
研究者
（担当）ちょっと一息③

中川　未来（なかがわ　みらい）
愛媛大学法文学部准教授
（担当）第3章第5節2項

引野　亨輔（ひきの　きょうすけ）
東北大学大学院文学研究科准教授
（担当）第3章第3節2項

平山　昇（ひらやま　のぼる）
神奈川大学国際日本学部准教授
（担当）第3章第8節8項

福島　栄寿（ふくしま　えいじゅ）
大谷大学文学部教授
（担当）第4章第1節2項、第4章第2節6項

藤本　頼生（ふじもと　よりお）
國學院大學神道文化学部教授
（担当）第3章第7節4項

藤森　雄介（ふじもり　ゆうすけ）
淑徳大学アジア国際社会福祉研究所アジア仏教社会福祉学術交流センター教授
（担当）第3章第4節1項

Burenina Yulia（ブレニナ　ユリア）
大阪大学グローバル日本学教育研究拠点特任講師
（担当）第3章第8節2項

星野　靖二（ほしの　せいじ）
國學院大學研究開発推進機構日本文化研究所教授
（担当）第3章第7節1・2項、第4章第1節6項、第4章第2節16項

守屋　友江（もりや　ともえ）
南山大学南山宗教文化研究所所長
（担当）第3章第1節6項、第4章第2節10項

索　引

・本索引は、本文中で取り上げた主な語句を、Ⅰ人名、Ⅱ事項（組織名・寺社名など）に分類し、50音順に配列したものである。なお、「参考文献一覧」と「日本近代仏教史年表」は索引の対象としていない。
・同一人物・組織で、異称・改称などがある場合、本文中で取り上げたものについてはあわせて記載した。その際、号や略称・異称などは当該表記を（　）で囲んで示した。また、参照項目は→を頭記して示した。
・外国人名は、原語に近い読みに従って示した。なお、記載順序はファミリー・ネームを先とした。

Ⅰ　人　名

あ行――

か行——

さ行——

た行――

な行――

は行――

ま行――

や行――

ら行——

わ行——

II　事　　項

あ行——

か行――

さ行――

た行——

な行――

は行――

ま行――

や行――

ら行――

わ行――

増補改訂
近代仏教スタディーズ
——仏教からみたもうひとつの近代

二〇二三年四月二五日　初版第一刷発行

編　者　大谷　栄一
　　　　吉永　進一
　　　　近藤俊太郎

発行者　西村　明高
発行所　株式会社　法藏館
京都市下京区正面通烏丸東入
郵便番号　六〇〇-八一五三
電話　〇七五-三四三-〇〇三〇（編集）
〇七五-三四三-五六五六（営業）

装幀者　高麗隆彦
イラスト　内藤理恵子
印刷・製本　中村印刷株式会社

ISBN978-4-8318-5580-0 C1021